한국어로 내려온
New Bible

새로운 성 경

제30권

2부 | 총10부

하얀마음

하나님 말씀 중에서

1. 사랑의 하나님

- 세상을 창조하신 하나님은 모두를 사랑하신다. 인간만 특별히 더 사랑하지 않고, 우주 만물을 다 똑같이 사랑하신다. 그러니 하나님이 창조하신 천지 만물과 화친하고, 미물까지도 소중히 대하라.

- 하나님은 특정 종파나 민족만을 더 사랑하지 않으신다. 자기 자신만 구원받겠다는 욕심을 버리고, 자기 종파만 구원받는다는 편협한 교리에서 벗어나야 한다. 종파를 초월해서, 모두를 사랑하라.

- 원수까지 사랑하라 했으니, 이 세상에 사랑하지 못할 자가 누가 있겠는가? 종파가 다르다고 해서 부모 형제와 원수처럼 지내는 자는 인간의 근본을 모르는 자다. 가장 가까운 가족부터 사랑할 때 남도 진심으로 사랑할 수 있다.

- 한 사람을 원수같이 생각하던 마음에서 사랑하는 마음으로 돌리면, 자기 자신의 마음이 가장 기쁘고 행복하다. 하나님께서는 인간의 마음속에 무거움이 없이 기쁘고 행복한 삶을 살기를 바라신다.

- 이웃을 "내 몸처럼" 사랑하라 했으니, 마지막 한 장 남은 천국의 티켓도 이웃에게 양보하라. 자기 중심적인 신앙에서 벗어나서 남을 위해 살아야 한다.

- 독초도, 약초도, 이단도 사탄도 천사도 다 필요하기에 존재한다. 독초일지라도 극소량을 사용해서 생명을 살릴 수 있고, 약초라 하더라도 남용하면 생명을 잃을 수 있다.

- 세상 모든 것을 명약으로 활용하는 것은 인간의 지혜에 달렸다. 어떤 것이든 어떤 사람이든 적재적소에 꼭 필요한 명약으로 승화시키라.

- 사탄도 이단도 천사도 모두 하나님의 주관하에 존재한다. 진정한 하나님의 백성은 사탄과 마귀까지도 감화시켜서 천사로 거듭나게 한다.

2. 기도

- 하나님은 인간의 생각까지 모두를 다 알고 계신다. 우리의 소원도 이미 알고 계시기에, 소원의 기도를 할 필요가 없다. 우리가 받을 자격이 되면 내려 주신다.

- 죄를 짓고 아무리 회개를 해도 용서받지 못한다. 도둑질한 자는 용서해 달라고 기도하고, 도둑맞은 자는 도둑을 잡게 해 달라고 기도하면, 공의의 하나님은 누구의 편에 서시겠는가?

- 자기가 잘못한 것은 그 사람에게 직접 갚고 용서를 구하라. 그가 용서하면 하나님도 용서하신다. 땅에서 매면 하늘에서도 매이고, 땅에서 풀리면 하늘에서도 풀리는 이치다.

- "회당에서 기도하지 말고 골방에서 기도하라" 했다. 눈에 보이는 골방이 아니라, 골방과 같이 고요한 마음이다. 잡념을 버리고 하나님을 향해 마음을 집중하며, 사랑하고 용서하는 아름다운 생각만 나오도록 하라.

- "두드리면 열릴 것이다." 하는 것은 육의 소원을 위해 두드리라는 것이 아니라, 진리의 깨달음을 얻기 위해 두드리라는 것이다.

- 기도하는 방법: 생활 속에서 수시로 기도하는 삶을 살아야 한다.

- "저의 죄를 용서하여 주옵소서." 하는 회개의 기도를 하라.
- 범사에 "하나님! 감사합니다." 하라. 현재 가진 것에 감사하며, 과욕하지 말라. 자기 노력 이상의 것을 더 갖고자 기도하는 것은 도둑놈심보다. 공의의 하나님은 각자 노력한 만큼 주신다.
- "하나님 뜻대로 살아가겠나이다." 하며 마음의 각오를 다지라.

- 기도는 하나님의 말씀을 받아서 "행하는 것"이다. 하나님이 계심을 굳건히 믿고, 하늘을 향하여 한 점 부끄럼 없이 사는 삶 자체가 가장 위대한 기도이며, 삶이 곧 예배다.

3. 지도자

- 똑같이 사랑한다는 말을 해도, 순수하게 하는 말은 천사의 말이지만, 사기 쳐서 재산을 가로채려고 하는 말은 사탄의 말이다.

- 종교 지도자가 아무리 훌륭한 설교를 해도, 신도의 재물을 거둬서 더 큰 교회를 짓고 자기의 부귀영화를 바라며 설교하면 사탄의 가르침이 된다.

- "저희 교회는 만원사례요, 믿음은 다 같으니 이웃의 개척 교회에 가서 예배를 드리시오." 하며, 이웃 교회의 부흥을 먼저 생각하여 제 신도를 보내는 종교 지도자가 있다면 그를 따르라. 그가 하나님의 사랑을 실천하는 자다.

- "부자가 천국에 들어가는 것은 낙타가 바늘구멍을 통과하는 것보다 더 힘들다" 하였거늘, 지금의 교회에서는 부자가 되기만을 기도하고 소원하니, 이는 곧 천국을 포기하고 지옥 행 열차의 티켓을 사는 것과 같다.

- 예수는 빈손이었다. 종교 지도자가 예수보다 더 호화롭고 편안하게 살아간다면 잘못된 것이다. 부귀영화와 명예를 바라는 자는 절대로 갈 수 없는 좁고 협착한 길이 종교 지도자의 길이다.

- 종교 지도자는 유리로 비춰 봐 한 점의 부끄러움이 없이 살아야 한다. 의식주도 직접 일해서 해결하고, 예수의 가르침과 행함을 그대로 따라야 한다.

- 종말은 없다. 지금의 잘못 가는 종교 집단에게만 종말이 있다. 보이지 않는 하나님은 보이는 육의 종말은 관여하지 않으신다. 환경 파괴로 인간이 스스로 멸망을 자초하는 것이다. 종파끼리 싸우기 전에, 무너진 인성을 바로잡고 지구의 몸살을 해결하는 데 뜻을 모으는 게 급선무다.

4. 성전이란

- 이 세상 자체가 하나님께서 만드신 성전이다. 자연보다 더 아름다운 성전이 있는가? 보이는 건물이 성전이 아니라, 성스러운 마음가짐이 성전이다.

- 반석 위에 교회를 지으라 했다. 지상의 단단한 돌은 인간이 쪼갤 수 있으나, 마음속의 굳은 결의는 세상 무엇으로도 쪼갤 수 없다. 바르고 굳건한 믿음으로 성경의 가르침을 실천하는 것이 마음의 반석 위에 교회를 짓는 것이다.

- 손으로 지은 건물의 교회에 모여서 복음을 전하는 것이 아니라, 교회를 개인과 가정에 심어 주어야 한다. 무너지고 부서지는 건물을 짓지 말고, 마음속에 영원히 불변하는 참진리의 교회를 지으라.

5. 십계명

- 십계명은 인간이 죽어서 반드시 통과해야만 하는 열 개의 관문이다.
- 부모를 공경하지 아니한 자는 "네 부모를 공경하라." 하는 제5계명의 관문이 열리지 않으니 구원받을 수 없다.
- 살인, 간음, 거짓, 우상 등의 나머지 계명도 마찬가지다.

- 십계명은 하나님의 친필이다. 모기소리만 한 하나님의 음성이라도 들어 보겠다고 여기저기 찾아 헤매지 말고, 십계명부터 암송하고 지키라.

- 십계명은 영혼을 구원하는 양식이며, 십계명을 지키는 것이 구원을 받는 길이다. 인간이기에 지키고자 노력하고 또 노력한다면 지킬 수 있다.

- 십계명을 지키고 천사처럼 아름답게 살아가는 그 마음 하나면 세상에 이루어지지 않는 것이 없다.

6. 보물

- 하나님은 재물이 아니라 우리의 마음을 받으신다. 사랑을 실천하며 천사처럼 변하는 마음이 하나님께 바치는 보물이다.

- 보이지 않는 하나님께 재물을 바치려 하지 말고, 너희를 길러 준 부모에게 용돈 드리고, 찾아뵙고, 효성을 다하라. 그것이 하나님께 효도하는 것이다.

- 하늘에는 선과 악의 창고가 있다. 자기 창고에 선이 많으면 천국으로 구원을 받고, 악이 많으면 심판받아 지옥으로 간다. 그것이 바로 "선한 일을 행한 자는 생명의 부활로, 악한 일을 행한 자는 심판의 부활로" 나오는 것이다.

- "선악과를 따먹지 말라"는 것은 양심을 지키라는 것이다. 선과 악을 구분할 수 있는 양심을 최초에 인간에게 주셨다. 선한 열매는 취하고, 악한 열매는 버리며, 양심에 비추어 부끄럼 없는 삶을 살아가라.

- 가장 작은 거짓말을 하지 않고, 가장 작은 죄를 짓지 않으며, 가장 작은 선행을 하고, 가장 작은 악행을 멀리하는 것이 율법의 일점 일획도 빠뜨리지 말고 다 지키는 삶을 사는 것이다.

7. 우상

- 박물관에 있는 불상은 하나의 예술품이다. 그 조각품에 대고 제 소원을 빌 때 우상숭배가 된다. 십자가라 하여도 그 앞에서 소원을 빈다면 우상숭배하는 것이며, 하나님께 소원을 빈다면 하나님을 우상으로 전락시키는 것이다.

- 지금 기복신앙에 젖어 있는 모든 사람이 우상 앞에 절을 하고 있다. 조각품을 우상이라며 파괴하지 말고, 네 마음속에 있는 욕심의 우상을 무너트리라.

- 생수를 약초가 먹으면 약을 만들고 독사가 먹으면 독을 만든다. 같은 성경을 봐도 선한 지도자는 신도를 천사로 만드는 데 활용한다. 그러나 욕심이 가득한 지도자는 재물을 거두어들여 제가 부귀영화를 누리는 데 악용한다. 그가 바로 성경을 우상숭배의 도구로 전락시키는 거짓 선지자다.

- 성경을 한 획도 빼거나 더하지 말라는 것은, 그 가르침을 빠트리지 말고 온전히 지키라는 것이다. 성경 속에서 자기에게 유리한 구절만 보는 것은, 자기에게 불리한 구절들을 빼 버리는 것이다. 믿음이 제일이요, 행함은 구원과는 관계없다는 것은 자신에게 유리한 쪽으로 성경을 악용하는 것이다.

- 진정한 종교 지도자는 종파에 관계없이 어떤 종파든 어떤 책이든 접하고 보고 깨우쳐 견문을 넓히도록 인도한다. 참진리를 모르고 자신이 없는 자가 남을 이단이라며 배척하고, 신도들의 눈과 귀를 가린다.

8. 예수

- 예수의 재림은 없다. 예수가 다시 온다 해도, 과연 누가 그를 예수라고 믿겠는가? 예수와 같은 삶의 행함이 곧 예수의 재림이다. 각자 모두가 "재림 예수"가 되는, 차원 높은 믿음으로 가야 한다.

- 예수는 "주여 주여 하지 말고, 아버지의 뜻대로 행하라"고 했다. 예수가 전한 하나님의 뜻이 곧 "길이요, 진리요, 생명"이며, 그 가르침이 예수의 보혈처럼 소중한 것이다. 예수를 믿는 것은, 예수의 가르침을 믿고 따르는 것이다.

- 예수는 낮은 자로서 만백성을 섬기고자 했다. 만나는 모든 사람을 다 하나님이라 생각하라. 돈을 벌수록 겸손하고, 높은 지위를 얻을수록 낮아지라.

- 예수는 종파를 만들지 않았다. 인간이 만든 종교와 인간의 교리를 따르지 말고, 예수를 통해 전한 하나님의 참진리를 연구하고 따르라.

- 예수가 2천 년 전에 만백성을 위해 죽었으니, 지금 이 땅에는 예수의 가르침대로 사는 천사만 존재해야 한다. 예수가 죽어 가면서 바란 것은 만백성이 천사가 되어 예수의 자리를 채워 주는 것이지, 지금과 같이 재물을 바치면서 중언부언 제 소원만을 비는 백성들을 바란 것이 아니다.

9. 구원

- 천사가 사는 천국에는 천사만 갈 수 있으니, 천사 같은 마음을 길러야 한다.

\- "천국 열쇠를 네게 주리니 땅에서 무엇이든지 매면 하늘에서도 매일 것이라" 했다. 땅에서 천사같이 사는 자가 하늘에서도 천사가 되어 천국에 들어간다. 모든 사람에게 천사같다는 말을 듣는 삶을 살아야 한다.

- 천사의 곱고 아름다운 마음은 부모를 공경하고 어른을 어른으로 대접하는 데에서 출발한다. 효도하는 자는 형제와 화목하게 지내기에 가정이 화목해지고, 이웃과 화목해지고, 국가가 화목해지고, 온 인류가 화목해진다.

\- 그러므로 지상의 아름다운 소왕국은 가정에서부터 이루어야 한다.

- 선택된 14만 명만 구원받는 것이 아니라, 천사처럼 변하고자 하는 14만 명을 기초로 온 인류가 천사처럼 거듭나는 영적인 개혁이 시작되는 것이다.

- 천 년에 걸쳐서 하늘에서 이루어진 것같이 이 세상을 낙원으로 만들어, 만백성이 지상의 천국에서 살다가 죽어서 그대로 하늘의 천국으로 들어가는, 영원한 지상 낙원을 건설하는 것이 하나님의 계획이다.

- 이것이 구약과 신약에 이어 "새로운 성경"으로 역사하시는 하나님의 창조의 완성이다.

- 지금의 믿음으로 구원받을 수 있다면 그 길을 가라. 그러나 자신이 없다면 하나님께서 직접 내리신 160권의 "새로운 성경"을 읽고 구원의 길을 보라!

하나님 머리말씀

이 새로운 성경을 읽는 너희 모두는
이 율법에 따라 행하면 영원히 구원받을 것이니라.

너희 인간이 수년, 수십 년, 평생
성서를 공부하고 기도하는 것은
하늘나라 나의 곁으로 오고 싶은 소망일진대,

몇천 년 전의 너희 인성과 생각이
지금의 너희와는 판이하게 다르니,

꺾여 가고 병들어 가는 너희를 고칠 수 있는 길은,
오늘 내가 선지자에게 내리는 새로운 성경과 같이
너희가 변화되는 것뿐이니라.

나의 예수가 태어난 것처럼
내가 아들 선지자를 선택하여
나의 새로운 성경을 온 세계에 전하고자 하니,

묵은 것은 버리고 새로운 것은 취하여,
너희 모두는
'여호와 하나님! 저의 죄를 용서하여 주옵소서.'
하는 기도문으로 기도하고, 죄를 뉘우치라.

이 새로운 성경은
수천 년간 내려온 성서를 요약한 것이니,
너희는 이 책을 정독하여 쉽게 깨달음을 얻고,
이대로 실천하여 하늘에 오르라.

대역자 머리말

■ 하나님의 율법을 지키는 선지자로 선택을 받도다.

저는 남들처럼 그저 열심히 살아온 평범한 사람이었습니다. 그러나 50대 중반에 사업에 실패하여 많은 부채에 시달렸으며, 건강도 악화되어 눈이 잘 안 보이고, 걷기도 어렵고, 두통이 심해서 잠을 이룰 수 없는 고통의 나날을 보냈습니다. 그때 제가 선택할 수 있는 것은 육의 삶을 끝내는 길뿐이었습니다.

죽기 직전에 그동안에 죄를 지은 이들에게 용서를 빌고 인생을 끝내기로 작정하였습니다. 어려서부터 지은 죄를 빌고 빌다 보니 끝이 없었고, 죽음으로도 그 많은 죄를 용서받을 길이 없다는 생각에 하염없이 눈물이 흘렀습니다. 그 순간 '재래식 화장실의 구더기는 죄를 짓지 않는데, 나는 인간으로서 구더기만도 못한 삶을 살았구나.' 하는 생각이 들면서 괴로움에 몸부림칠 때, 갑자기 하나님의 음성이 들렸습니다.

"나는 여호와 하나님이니라. 너는 십계명을 암송하고 내가 내려 주는 메시지를 받아 책으로 만들어 만백성을 구하라." 하시며, 제 눈을 손으로 문지르게 하시고, 아픈 머리와 다리를 손으로 두드리게 하셨습니다. 그러고 나니 눈도 잘 보이고 걸을 수 있었으며 머리의 통증도 말끔히 낫게 되었습니다. 그때부터 십계명을 암송하고 나면 들려주시는 말씀을 기록하였고, 1999년 8월부터 2004년 7월까지 권당 288쪽, 총 160권을 받아서 "새로운 성경"이라는 책으로 펴내게 되었습니다.

그러한 저에게 죽기보다도 힘든 길이 시작되었습니다. 모든 교인들이 저에게 사탄이요, 이단이요, 악마요, 마지막 시대에 온 거짓 선지자라 하면서 공격하였고, 저를 짐승을 보듯이 대하는가 하면, 편협한 종교 지도자들의 선동으로 신도들이 이 책을 직접 읽어 보고 평가할 기회마저 막아 버렸습니다. 그래서 하나님의 말씀을 세상에 내는 데 많은 어려움을 겪으며, 피를 토하는 심정으로 책을 전하고 있습니다.

그러나 아무리 인간의 힘으로 막으려 해도, 하나님의 뜻이 세상에 전해지는 위대한 역사는 계속될 것입니다. 책으로 전해지는 "하나님의 말씀"은 세상 끝날까지 항상 우리와 함께하실 것입니다. 사람은 죽어도, 책에 기록된 말씀은 영원히 남으니까요.

■ 따뜻한 실천

하나님께서는 어려운 사람들에게 삶의 터전을 마련해 주고, 미래를 열어 주는 것을 기뻐하십니다. 어려운 이웃이 스스로 자립할 수 있도록 이끌어 주는 것이 진정으로 이웃을 돕는 것이라고 말씀하셨습니다. 그래서 일자리가 없는 제자들에게 작은 사업장을 만들어 주는 "달란트 사업"을 하고 있습니다. 식당, 반찬 가게 등을 차려 주고, 기존의 어려운 사업장이 자립할 수 있도록 돕고 있습니다(커피숍, 미용실, 의상실 등).

하나님께서는 교회에 나와서 모든 시간과 재물을 쏟기를 원하지 않으시고, 그 시간과 재물을 교육에 투자하여 스스로 미래를 열어 가기를 원하십니다. 그래서 제때 공부하지 못한 제자들에게 학업을 이어 가도록 하였습니다. 중화요리 주방장을 하며 초등학교 검정고시부터 공부하여 2012년에 방통대를 졸업한 36세 남성, 만학도들의 2년제 중학교에 입학해서 2007년에 명지대학을 졸업한 38세 여성, 중학교 검정고시를 시작으로 숭의여자대학을 졸업한 47세 여성 등이 있습니다. 그밖에도 많은 제자들에게 나이를 초월하여 배우고 깨우쳐서 사회 속의 당당한 일원이 되도록 인도하고 있습니다.

학자금 대출로 힘겨워하는 젊은이들을 위해 "따뜻한 바람 장학회"를 발족하여(2016년 12월) 대출받은 학자금 전액을 매월 갚아 주고 있습니다. 또한, 다문화 가정을 위해 "다문화 가족 랜드"를 조성하여, 각종 시설을 무료로 활용하도록 하고 있습니다.

이러한 따뜻한 실천이 아직은 미약합니다. 그러나 책의 수입이 늘고, 저와 뜻을 같이하는 분들이 늘어나면 계속 확대할 것입니다. 지도자로서 신도의 재물을 헌금으로 거둬들여 착복하는 것이 아니라, 하나님께서 기뻐하시는 일에 사용하도록 중매 역할만 하며 살아가고자 합니다. 이런 제가 과연 사탄이고 이단인가요? 하나님께서 기뻐하시는 일이라면, 저에게 사탄이라 하든 거짓 선지자라 하든 굽히지 않고 실천해 나갈 것입니다.

끝으로, 일상의 삶 속에서 "지금 내가 하는 행동이 과연 하나님께서 기뻐하실까, 슬퍼하실까?" 생각하고, 매사에 하나님께서 기뻐하시는 길을 택하기 바랍니다. 교회에 모여서 집단적으로 예배 드리는 것이 아니라, 개인이나 가정 단위로 새로운 성경을 읽어 스스로 깨우치고 그대로 행하면 충분합니다. 그것이 마음속에 성전을 짓고, 신령과 진정으로 예배 드리는 길입니다. 그러면 천국의 문에 들어서게 됩니다.

2017. 2. 1.

하나님 말씀 대역자 김용철

차 례

2002년 5월 ... 97

십계명

이 책은 십계명을 암송하고 나면 내려 주시는 "하나님의 음성"을 듣고 그대로 받아쓴 기록입니다. 하나님께서 십계명을 모세에게 내려 주셨지만, 그것은 만백성에게 내려 주신 것입니다. 마찬가지로 이 책의 모든 말씀도 저에게 내려 주셨지만, 만백성 각자에게 들려주시는 말씀입니다. 여러분도 이 책을 접할 때마다 십계명을 암송하고 나서 정독해 주시기 바랍니다.

제일은, 너는 나 외에는 다른 신들을 네게 있게 말지니라.
제이는, 너를 위하여 새긴 우상을 만들지 말고, 또 위로 하늘에 있는 것이나, 아래로 땅에 있는 것이나, 땅 아래 물 속에 있는 것의 아무 형상이든지 만들지 말며, 그것들에게 절하지 말며, 그것들을 섬기지 말라.
제삼은, 너는 너의 하나님 여호와의 이름을 망령되이 일컫지 말라.
제사는, 안식일을 기억하여 거룩히 지키라.
제오는, 네 부모를 공경하라.
제육은, 살인하지 말지니라.
제칠은, 간음하지 말지니라.
제팔은, 도적질하지 말지니라.
제구는, 네 이웃에 대하여 거짓 증거하지 말지니라.
제십은, 네 이웃의 집을 탐내지 말지니라.

나 여호와가 존재함을 믿는 그 자체가 구원의 길에 들어서는 기본이요, 근본이며, 나의 새로운 성경을 가슴에 안고 정독하는 자, 반석 위에 서서 하늘에 오르는 찬란한 빛을 보게 되는 영광을 얻게 됨이니라. 진정 나를 따르고 믿는 자는 감히 사탄이나 마귀도 근접하지 못하느니라.

〈하나님 말씀〉

2002년 4월

2,247 번째 하나님 말씀

2002년 4월 23일 0시 18분

1 사랑하는 선지자야!
2 "네, 여호와 하나님! 말씀하옵소서."
3 내 사랑하는 너의 제자들에게 너를 육
으로써 즐겁게 하는, 육의 생활에서
네가 행복함을 느끼고 육의 생활에서
쾌락을 느끼게 하는 그와 같은 마음
자세로 너를 따르지 말라 하라.
4 내가 그들에게 말하여 일렀느니라.
5 가장 아름답고 깨끗한 마음으로써 네
옆에 와 있어 줌이 가장 큰 선물이요,
가장 큰 사랑이라, 그리고 너에게 가
장 큰 영광을 주는 것이라 내가 말하
였거늘,
6 너의 제자들, 또한 인간 그 모두는 서
로 가지고 있는 그 욕심을 버리지 못
하고 있음이니,
7 여인은 여인으로서 질투요, 시기라는
마음을 버리지 못하며, 남자는 남자로
서 세속 속에 더 높고자, 제 이름을 더
높이 알리고자 하는 욕심을 다 같이
버리지 못하고 존재하고 있음이니,
8 이와 같은 마음 자세를 가지고 있는
너의 제자들이 있다 함은 아름답고 깨
끗한 마음으로써 네 옆에 접근하여 올
수 없음이니라.
9 그리하여 그들에게 그 벽을 넘으며 그
마음을 다스리며, 그들이 서 있는 오
늘의 믿음이 과연 어디에 있는가 그것
을 돌이켜 보고 반성하고 깨우치는 시
간을 갖도록 너는 너의 제자들에게 이
제는 일깨워 줘야 될 것이니라.
10 네가 나의 법전 2부를 마치며 3부에
돌입하고 있는 그 경지를 그들이 알고
있지 못함이니,
11 네가 먹지 아니해도 배가 고프지 아니
하며, 눈보라가 쳐도 춥지 아니하며,
어떠한 상황에서도 네가 너 자신을 지
키고 갈 수 있는 그 마음을 그들이 모
르고 있음이니,
12 그리고 가장 작은 잘못에 대하여 너
자신을 저주하며 네 목숨을 버리고자
하는 그 독한 마음으로 가고 있는 너
를 그들은 알 수 없음이니라.
13 너에게 하나의 빵을 전해 줌이요, 너
의 마음을 편하게 하며 육신을 즐겁고
행복하게 하는 것이 그들의 수준이요,
그들의 잣대로 맞춰 너를 그리 보고
있음이니,
14 그리 봐서는 아니 된다 너의 제자들에
게 일깨워 줘야 될 것이니라.
15 너는 지금 나의 성령을 받아, 나의 뜻
을 받아 나의 선지자요, 나의 종이요,
나의 아들이라 내가 너에게 명하였음
이니,
16 내가 2천 년 전에 나의 아들 예수를
통하여 나의 피조물 만백성을 구원하
고자 했던 그 뜻을 지금에 와서 펴고
있음이니,
17 그 모두를 너희들이 알기 쉽고 깨우쳐
행하기 좋도록 내가 풀어 그들에게 전
하는 이 역사를 이루는 너를 그들은

지금도 인간의 60점의 세속에서 살아
가는 사람으로 생각하여,
18 바람이 불면 너에게 무엇인가를 걸쳐
주려 하며, 추운 날 너에게 따뜻한 옷
을 주려 하며, 배고프다 하여 너에게
밥을 주려 함이니,
19 그러한 생각을 너의 제자들에게 하지
말라 하는 것을 확실히 일깨워 줘야
할 것이니라.
20 그들의 직분이요, 그들이 갈 수 있는
것은 오로지 그들이 저 자신을 다스려
가며, 나의 성령이요, 나의 계명을 따
라 깨우치고 살아가며,
21 그리고 네가 가는 길에 가장 아름답고
깨끗한 천사와 같은 마음으로써 네 옆
에 다가오는 것이 그들이 너를 위하는
가장 큰 길이며, 네가 가는 길에 그들
이 도우며 힘이 되는 길일 것이니,
22 그와 같은 이치를 깨우쳐 너에게 행하
고 네 주변에 그들이 더불어 같이 갈
수 있는 그와 같은 깨우침을 얻으라
그리 가르치라.
23 너의 제자들이 그와 같은 뜻과 그와
같은 깨우침을 깨닫고 가지 못한다 하
면 그들은 육의 점수의 그 세계로 추
락함이니,
24 이제 그 점수를 벗어나 하늘에 오르는
길을 알며 나의 피조물 만백성을 깨우
쳐 전사로서 나가야 할 그들이니,
25 그들이 그와 같은 여인은 여인으로서
질투함이며 남자는 남자로서 가지고
있는 그 욕심을 세분화하여 다 버려야
할 것이니,
26 그것부터 먼저 지우는 것이 그들에게
소중함을 알라 이르라.
27 내가 너희들에게 그 사악한 욕심을 지
우고 그 욕심을 버리라 하였음이니,
28 이제는 내가 남자와 여자를 구분하여
나의 딸과 아들에게 너희들이 가지고
있는 그 마음을 다스림이니,
29 여인은 욕심이요, 질투하는 마음을 버
려야 할 것이며, 남자는 더 갖고자, 더
높고자 하는 그와 같은 마음을 저버리
는 것에 너희 모두를 다 바치라 그리
일깨워 주라.

2,248 번째 하나님 말씀

2002년 4월 23일 07시 05분

1 사랑하는 선지자야!
2 "네, 여호와 하나님! 말씀하옵소서."
3 구약 시대의 그 긴 세월이 흘렀으며
신약 시대의 그 긴 세월이 흘렀음이니
라.
4 그중에 나로부터 무슨 선택을 받았으
며, 나로부터 명령을 받았으며, 나의
뜻을 안다 하여 저희들만이 이 세상에
서 나의 피조물 만백성을 구하는 자며
그 역사를 이룰 수 있는 자라 하여 그
리 살다 간 나의 피조물 만백성이 수
없이 있느니라.
5 많은 자들이 나로부터 터치를 받았으
며 나로부터 명을 받아 저희들이 만백
성을 구하는 자라 말하나, 그들이 무
엇을 남기고 그들의 육의 마지막 장식
을 했던가?
6 이 세상에는 나로부터 받은, 내가 모
든 나의 피조물 만백성을 통제하며 그
질서 속에 살도록 한 구약이라 하는
나의 성령의 뜻이 있는 책이 있으며,

7 신약이라 하여 너희들이 좀 더 쉽게
깨우치고 이해할 수 있고 알아들을 수
있는 나의 성령의 책이 또 세상에 나
갔음이니,
8 그리하고 너희들이 깨우쳐 하늘에 오
를 수 있는, 하나하나 역사의 생활 속
에서 이루어지는 그 모두까지 미리 예
언하여 이루어진 나의 성령을 기록한
책이 또 있던가?
9 누구를 통하여 그와 같은 역사가 이루
어진 것이 있던가?
10 그들이 다 나로부터 무엇인가를 받았
다 말하나, 그들은 허상이요, 그들 스
스로 진정한 하늘에 오르는 그 찬란한
빛을 봄이 아니라,
11 잘못된 그 허황된 빛 속에서 저희 스
스로 빛을 보았다 하며, 나로부터 하
늘에 오르는 모든 역사를 이루는 대명
을 받았다 그들이 말하였음이니,
12 장서로써 나의 피조물 만백성을 깨우
치고 가르칠 수 있는 어떠한 역사의
기록을 남긴 자들이 있는가?
13 이것이 너와 그들과의 차별화에 내가
명하여 둔 것이니라.
14 구약과 신약의 그다음 제3의 시대를
여는 나의 법전이, 160권이라는 너희
들이 말하는 책으로서 나의 성령이
기록된 법전이 너희들을 다스려 나감
이며,
15 이를 읽고 깨우치는 자, 하늘에 오르
는 그 빛을 보고 못 보는 그 영광이 너
희들에게 있음이니,
16 160권의 법전을 세상에 내 나의 선지
자가 육신의 삶을 거두고 나에게 올라
올 그때까지 나의 선지자는 너희들이
가야 할 생활의 지표요, 삶의 길의 안
내인 나의 성령을 세상에 계속 낼 것
이니,
17 이것이 너희들과 차별화되는 것임을
알아야 될 것이니라.
18 이제 6천 년이라는 역사가 흘러 너희
들이 잘못 살아온, 잘못 가르쳐 온 그
모두가 하늘에 오르는 길이라 생각하
며 역사를 이루어 온 그 잘못 자체도
너희들이 지금은 돌이켜 봐야 되는 그
와 같은 때가 왔음을 알아야 할 것이
니라.
19 지금 구약과 신약의 그 긴 세월 속에
서 하늘에 오르는 지표를 만들어 놓은
자가 없으며, 깨우쳐 하늘에 와 나로
부터 구원을 받는 그 영혼의 가르침을
기록한 것이 또한 없다 내가 너희들에
게 말하였음이니,
20 이게 나로부터 선택된 선지자가 가는
길과 너희들이 지금 믿음의 길을 달려
오는 것과의 차별화됨이 있음이니라.
21 지금 너희들은 나의 성령이요, 나의
뜻을 제대로 이해하지 못하며 그 속을
들여다보지 못하는 그와 같은 방법으
로써 나의 피조물 만백성을 인도하고
깨우쳐 하늘에 오르는 길을 너희들과
더불어 온다 그리 말함이니,
22 이는 너희들이 지금 어떠한 형국에 있
으며 너희들의 가슴에 안고 있는 그
죄의 대가가 무엇이며, 너희들이 지금
살아가는 그 생활의 형태가 어떠한가
를 너희 스스로 반성하고 깨우쳐야 할
것이니라.
23 오늘 나의 선지자를 통하여 나의 법전
에 기록하여 너희들에게 전하노니,

24 너희들이 살아가면서 열 가지, 백 가
지, 수억 가지 그 생활 속에서 부닥치
는 너희들의 이해관계의 얽혀진 그 모
두를 첫 번째 생각할 때, 그 아름다운
생각만이 나의 생각이며 나의 뜻이라
너희들에게 내가 일러 말하였느니라.
25 아무리 너희들이 좋은 역사를 이루며
남을 위하여 행한다 해도 너희들이 첫
번째 사악한 생각이요, 잘못된 생각을
갖고 깨우쳐 그 선함을 행한다 하면,
그것이 너희들에게 열 배의 죄라는 것
을 내가 수차 너희들에게 기록하여 알
렸듯이,
26 너희들이 길거리에 떨어져 있는 황금
한 덩어리를 주울 때, 과연 너희들이
주인에게 줄 것이냐 너희들이 가질 것
이냐 하는 그 생각을 하는 것까지도
너희들에게는 있어서는 아니 되며 용
서할 수 없는 죄임을 알아야 할 것이
니라.
27 너희들의 소중한, 너희들이 말하는 생
명과도 바꾸지 않는 그 금화와 은화를
너희들이 한 덩어리를 주웠다 하여,
그것을 정녕 주인에게 돌려줄 것인가
너희들이 취할 것인가 하는 그 생각조
차 갖는 그 순간에 너희들이 아무리
거액을 주인을 찾아 돌려준다 하여도
나와 너희들의 마음과는 아무런 관계
도 없으니,
28 너희들이 그를 갖고자 하는 마음이 너
희 머릿속에 스쳐 지나갔다 하면 그것
으로써 너희들은 이미 죄를 지었으며,
나와는 아무런 관계가 없는 생활을 하
고 있음을 알아야 될 것이니라.
29 내가 너희들에게 말하여 일렀느니라.
30 항상 나 여호와가 너희들과 같이 존재
하며 너희들과 같이 행하고 있음이니,
31 너희들의 첫 번째 생각하는, 선한 것
을 행하고자 하며 아름다운 것을 행하
고자 하며 질서를 파괴하지 않는 행위
를 하고자 하는 것이, 그것이 바로 내
가 너희들에게 명하는 것이며, 내가
너희들에게 지시를 하며 내가 너희들
과 같이하기에 그와 같은 생각으로써
살아가라 하였음이니,
32 너희들이 느끼는 그 선한 질서를 행하
는 것을 너희들이 알면서 행하지 아니
함은 나의 뜻을 거역하는 것이며 나의
명령을 거역함이니,
33 그 순간 너희들의 육의 세계에서 너희
속에 있는 나의 성령이 거둬짐을 알아
야 할 것이니라.
34 오로지 너희들은 나의 십계명을 지키
며 그 율법을 지키며 그 속에서 생활
하는 것이 너희 영혼을 구할 수 있는
그 영혼의 양식이라 하였음이니, 이는
내가 너희들에게 주었음이니라.
35 너희들이 살아가면서 아름다운 행위
를 할 수 있는 그 생각이 번개처럼 스
쳐 갈 때, 그를 너희들이 행하고 따르
는 것은 너희들이 나의 명령을 행함이
니, 이는 너희들이 하늘에 영혼을 구
원할 수 있는 양식을 섭취함이니라.
36 그러나 너희들이 그 아름다운 생각을,
너희들이 남을 위하여 아름다운 행위
를 하고자 하는 그 스쳐 가는 생각을
접어둘 때, 너희들은 나와는 아무런
관계없는 그와 같은 사악한 자로서 돌
아섬이니,
37 너희들의 그 사악한 육신이요, 그 생

각 속에 나의 영이 존재할 수 없는 것
을 너희들이 알아야 할 것이며,
38 너희들이 계명을 지키며 십계명에 따
라, 나의 율법에 따라 아름답게 하늘
에 오르는 그 영혼의 양식을 너희들이
거부함이니, 서서히 너희 영혼이 죽어
가는 것을 알아야 할 것이니라.
39 이와 같은 깊고도 무서운 이치를 너는
너의 제자들에게 일깨워 줘, 하늘에
오르는 길이 무엇인가를 그들이 깨우
쳐,
40 다만 너희들이 살아가면서 아무리 소
중함이요, 소위 명예요, 황금 덩어리
를 놓고 계산할 때, 그것이 부정한 방
법으로 얻어지는 것을 너희들이 취할
수 있는 그와 같은 생각을 잠깐이나마
한다 해도 그것이 너희들이 나로부터
구원을 받을 수 없는 죄를 지음이니,
41 너의 제자들과 나의 법전을 읽고 깨우
치는 나의 백성들은 내가 너희들에게
사리를 구분할 수 있는 지혜와 능력을
주었음이니,
42 오로지 그것을 나 여호와의 뜻에 맞춰
행한다 하면 너희들이 아무리 소중한
황금덩어리요, 금화와 은화의 덩어리
를 놓고 생각한다 해도 남의 것이면
너희들이 갖고자 하는 마음이 0.1초도
마음속에 이룰 수 없는 것이니,
43 너희들이 나 여호와가 존재함을 의식
하지 아니하며, 정녕 너희들이 하늘에
와 심판을 받는 그와 같은 무서운 길
이 있음을 생각지 아니하고,
44 그저 믿음을 건성으로 믿으며 설마 그
리하려니 하는 그와 같은 잠재의식이
너희들 머릿속에 있음을 알아야 할 것
이니,
45 이와 같은 생각을 너희 마음속과 가슴
속에서 지우는 훈련을 먼저 해야 할
것이니 그리 알라.

2,249 번째 하나님 말씀

2002년 4월 23일 07시 29분

1 사랑하는 선지자야!
2 "네, 여호와 하나님! 말씀하옵소서."
3 너를 따라 나의 법전을 읽고 깨우친
나의 피조물 만백성이 구원의 길이 무
엇인가를 깨달을 때 그들이 구름 떼처
럼 나의 법전을 읽고 깨닫고 모여들
것이니,
4 나의 성령이요, 나의 법전이 정녕 하
늘에 오르는 길이요, 이 길만이 저희
들이 구원을 받는다는 것을 알게 된다
하면,
5 그들은 지금 갈 길이 무엇인지도 모르
며 어떠한 길이 하늘에 오르는 길인지
도 모르며 저희들이 어디로 가는지도
모르면서 불안과 공포 속에 저희들의
모든 시간과 노동이요, 재물을 바치며
구원을 얻고자 했던 그것이 잘못되었
다는 것을 그들이 깨달을 때,
6 그들은 얼마나 분하고 억울한 마음을
가지겠는가?
7 그리고 인간이 잘못 살아오고 허망했
던 것을 깨달을 때, 그들은 저희들의
생명을 구원하는 것이요, 눈물을 흘리
며 기도하고 재물을 바쳤던 그곳에 돌
을 던질 것이며, 불을 지를 것이며, 그
들의 변하는 그 모습이 무서우리만큼
이 세상의 각 곳에서 일어날 것이니,

8 그리하여 그들이 너에게 모여들 것이
며 네 앞에 법전을 들고 구원의 길을
원할 때 그들을 다스리는 시대가 머지
않았음이니라.
9 정녕 나의 피조물 만백성이 저희 부모
요, 조상들이 그리해 왔으며, 그와 같
이 열심히 저희 부모가 믿어 왔으며,
그리고 저희 부모가 열심히 금화와 은
화를 바치고 가르치는 종교 지도자 앞
에 무엇인가를 다 바쳤지만, 그들은
지금 의구심을 갖고 있음이니라.
10 그리고 나의 성령이라 가르치는 그 종
교 지도자 앞에 가 저희들이 배울 때,
그 단상에 서서 가르치는 자의 행동과
행함이 정녕 하늘에 오를 수 있는 길
인가를 그들은 의심하며 불안해하고
있느니라.
11 그러나 그들은 그를 단죄할 수 없으
며, 그들이 새로운 무엇인가를 따라
하늘에 오르는 길을 인도하는 것이 없
기 때문에 그들이 뭐라 말하느냐?
12 수십 년 동안 나의 하늘에 오르는 길
이라 하여 저희 손으로 만든 저희들의
성전에 가 눈물로써 기도하는 그들이
잘못 가르치는 종교 지도자의 자세를
단죄함이 아니요, 그를 보고 그를 저
희들이 그 단상에서 끌어내어 그가 자
격 없음을 말하는 것이 아니라,
13 그들은 저희들 자신도 불안하며 저희
들 자신도 확신이 없기 때문에 이리
말하느니라.
14 그 지도자도 인간이기에 그리 살아갈
수 있으며 인간이기 때문에 그도 실수
할 수 있음이니, 저희는 그 인간의 형
태를 보고 가는 것이 아니라 말씀을
따라 말씀을 듣기 위해 저희들이 만든
그 성전에 가 기도한다 말하느니라.
15 너희 인간들이 그리 사악함이니라.
16 가르치는 종교 지도자가 정녕 아름다
운 자세요, 깨끗한 마음으로써 가야만
나의 피조물 만백성이 그를 보고 거울
삼아 하늘에 오르는 그 길을 보는 길
에 매진하게 됨이니,
17 너희들은 육으로써 똑같은 육의 세상
에서 사는 자가 육의 삶의 모범을 보
일 때, 그리고 그가 나의 성령이요, 나
의 법전이요, 나의 계명을 따르고 지
키고자 목숨을 내놓고 노력할 때,
18 그를 보고 나의 피조물 만백성이 육의
세상의 삶에서 그 길을 향하여 달려와
내가 명한 60이라는 너희들이 모두를
취하고 살 수 있는 그 점수를 넘어 하
늘에 오르는 길을 볼 수 있다 하였음
이니,
19 너희들이 정녕 그 길을 오지 못하며
지금 너희들이 그대로 죽어 가고 있는
것이며 지옥 불로 가는 그 길을 달려
가고 있음이니라.
20 너희들은 그와 같은 해괴망측한 말로
써 너희 자신의 죄를 다스리며, 너희
들이 만든 그 성전에 와 기도하고 경
배하는 것이 잘못되며 잘못 가고 있다
는 것을 깨닫는 그들까지도 너희들이
억압적으로 그리 누르지 말라.
21 너희들이 잘못되어 있는 그 길을 가고
있음이니,
22 정녕 하늘에 오르는 길이 아니며 지도
자가 하는 행위와 지도자가 가르치는
것이 잘못된 것을 알아 그곳을 뛰쳐나
와 나에게 오르는 길을 깨우치고 나에

게 오는 바른길을 볼 수 있는 그들의
눈과 귀까지 너희들이 힘으로써 누르
고 막음이니, 너희들이 그 죄를 다 어
찌 감내하려 하는가?
23 이제는 선지자야, 모든 나의 피조물
만백성이 세상을 덮어 가는 나의 법전
을 접하게 되며,
24 그 법전의 한 구절을 읽고 제가 잘못
살며 잘못 믿음을 행하여 갔으며 지금
까지 모두를 다 바쳤던 저희들의 억울
하고 분한 그 마음을 달랠 길이 없으
며,
25 나 여호와의 성령을 너를 통하여 내린
나의 법전을 보지 못하며 접하지 못하
였으면 저희들이 하늘에 오르는 길을
모르며 지옥 불로 갔을 것이라는 그
분하고 억울한 마음을 되돌려 그들이
저희들의 성전에 불을 지르며 돌팔매
질을 할 것이니,
26 이와 같이 변하는 그 역사가 이루어질
때 너희들은 그를 받아들이고 다스리
는 그와 같은 지혜와 능력이 있어야
할 것이니,
27 오로지 이것은 너의 제자들과 너희들
그 모두의 마음이 하얀 눈처럼 깨끗한
모습으로써 서 있고 바라볼 때, 그때
만이 너희들이 모두를 이끌어 갈 수
있는 것임을 알아야 할 것이니라.
28 너의 제자와 나의 법전을 읽고 깨우치
는 만백성 너희들이 홍수와 같이 밀려
드는 그들을, 노도와 같이 분하여 지
상을 모두 다 엎을 것같이 흥분하여
몰려드는 그들을 다스릴 수 있어야 되
느니라.
29 오로지 법전만이 깨우쳐 하늘에 오를
수 있는 길이라 하여, 저희들이 구원
의 길을 봤으며 하늘에 오르는 길의
기쁨을 위하여 저희들이 몇십 년 동안
손으로 지은 그 성전에서 광란의 행위
를 했던 것보다 열배 백배 더 광란의
모습으로 그들이 노도와 같이 밀려들
것이니,
30 그들을 수용하고 다스릴 수 있는 너희
들이 되어야 될 것이니,
31 오로지 이는 너희들이 아름답고 깨끗
한 마음을 갖는 그것만이 그들이 삭혀
질 수 있으며, 너희들의 모습을 보고
그들이 고개를 숙여 그 무서운 노도와
같이 몰려드는 그들의 마음을 진정시
킬 수 있음이니,
32 이와 같이 하는 것이 전사들이 해야
하며 가는 길임을 잊지 말고 행하도록
그리하라, 선지자야!
33 그리고 그들이 해야 할 일이 무엇이며
지금 그들이 하늘을 향하여 가는 길이
잘못되었다 하여 그들이 바쳤던 그 모
두를 분하고 억울한 마음으로써 화풀
이를 하며 저희들의 심정을 터뜨릴 때,
34 그리고 또한 저희들이 구원의 길을 얻
었으니 그 길이 정녕 위대하며, 구원
의 기회를 받을 수 있다는 그 흥분된
광란의 마음이 세상을 뒤엎는 그와 같
은 무서운, 종교 전쟁보다도 더 험악
한 역사가 이루어질 수 있음이니,
35 이를 막는 것은 너를 따르는 전사들이
하얀 마음으로써 그들을 다 받아 주는
그 역사만이 있을 수 있음을 알라.

2,250 번째 하나님 말씀

2002년 4월 23일 22시

1 사랑하는 선지자야!
2 "네, 여호와 하나님! 말씀하옵소서."
3 내가 인간 최초로 아담과 이브를 세상
에 내보냈으니, 그 후손들이 구약 시
대에 살아 그 백성이 모세를 따라 모
세의 이루는 그 기적과 역사 속에서
살아왔으며,
4 나 여호와가 그들을 또한 구원하고자
하여 나의 성령이요, 나의 뜻에 살아
가는 백성이 되도록 그리 만들려 하였
으나, 그들은 나의 뜻을 따르지 아니
하였음이니,
5 그 역사가 구약이라는 길고도 긴 세월
이 흘렀음이니라.
6 그리하여 그와 같은 역사와 그 세월
속에서 너희들이 바로 하늘에 오르는
길이 무엇이며 너희들이 지켜야 할 것
이 무엇인가를 깨닫지 못하였음이니,
7 내가 구약 시대에 모세에게 십계명이
라 하여 불로 직접 바위에 써 내려보
냈음이니,
8 그게 바로 너희들이 지키고 행하여야
할 길이요, 너희들이 육에서 살면서
그 계명을 지켜 하늘에 오르는 길을
볼 수 있도록 하였으며, 그 계명을 지
켜 너희들이 영원히 구원을 받는 그와
같은 약조를 내가 내렸건만,
9 너희들은 그를 시행하지 아니하며 그
를 지키지 아니하였음이니, 이와 같은
사실을 너희들은 알겠는가?
10 어찌하여 너희들은 모세로부터 십계
명을 받은 그것만 가지고 십계명이 소
중하다 이야기하는가?
11 내가 그 십계명을 내리며 그에게 명하
였음이니라.
12 이것이 너희들의 육의 삶 속에서 지키
고 살아야 할 계명이며, 이를 지키는
것만이 너희들의 영혼의 양식이요, 그
리하여 하늘에 오르는 길이라 나의 피
조물 만백성에게 그리 전하고 깨우치
라 하였음이니, 모세는 그를 전하였음
이니라.
13 그리고 그 백성에게 그는 그리 전하였
음이니라.
14 그러나 그들은 어렵고 힘든 그 길을
스스로 지키기가 싫었으며 지킬 수 없
었으며, 육의 향락과 육의 즐거움 속
에서 너희들은 그와 같이 까다롭고 어
려운 그 계명에 붙어 있는 그를 지키
고 구원을 받아야 된다는 그와 같은
내용들은 지워 버렸음이니,
15 과연 십계명이라는 것이 바위에 불로
써 기록되지 아니하였다면 너희들은
또한 이 지키기 어려운 십계명마저도
버렸을 것이며 이는 없다 말할 것이니
라.
16 그와 같이 너희들이 살아온 세속에서
나의 계명을 지키지 아니하며 잘못 살
아온 그 시대를 지나,
17 나 여호와가 너희들을 다시 구원하기
위하여, 나의 피조물 만백성 너희들이
영원히 사는 낙원에 이를 수 있는 그
길을 위하여 내가 나의 아들에게 성령
을 담아 지상에 내려가 너희들을 깨우
치도록 그리 역사하였음이니,
18 그리하여 그가 태어나는 그 과정부터
그는 성령으로 잉태하여 세상에 나가

너희들과 차별화되었음을 알며,
19 너희들에게 나 여호와가 역사함이 얼
마나 위대한 것인가를 깨우치기 위하
여 나의 아들 예수를 성령으로써 세상
에 태어나게 하였음이니,
20 너희들은 나의 아들이 성령으로써 세
상에 태어난 위대한 역사의 그 한 페
이지를 그저 지나가는 것으로 접어두
었으며, 동방 박사가 와 경축하는 것
으로써 끝났으며,
21 나의 아들이 태어난 그 시대에 그 아
이와 같은 자들을 살해하라는 그와 같
은 흘러가는 이야기로써 너희들은 나
의 아들 예수가 태어난 그 역사를 흐
리고 왜곡되게 보고 있음이니,
22 그와 같은 너희들이 보고 깨우친 것이
중요함이 아니라, 내가 동정녀 마리아
라는 예수의 그 육의 어머니에게 성령
으로써 그를 잉태하게 하여 그가 나의
성령으로써 세상에 태어난 그 자체가
얼마나 위대하고 소중한 것인가를,
23 그리고 너희들을 구하기 위하여 그가
온 그 역사가 어떠한 현실에서 이루어
졌으며, 그가 나를 대신하여 성령으로
세상에 태어난 그 위대함 자체를 너희
들이 이제 깨우치고 그 뜻을 알아야
할 것이며,
24 그와 같은 역사의 한 토막을 재조명하
는 그와 같은 시대를 가져야 할 것이
니라.
25 그리하여 너희들이 예수가 태어난 그
역사의 위대함서부터 예수가 행했던
그 모든 기적과 그가 이루었던, 나의
뜻을 가르쳐 나의 피조물 만백성을 구
하고자 했던 그 행적과 그 역사 속에
서 너희들이 바로 기틀을 잡아 하늘에
오르는 그 길로 행하여 왔다 하면,
26 오늘과 같이 나의 선지자를 통하여 내
가 제3의 시대에 그 많은 법전이라 하
여 너희들을 깨우치려 하는, 나의 성
령을 책으로써 만드는 그 역사는 정녕
이루어지지 아니하였을 것이거늘,
27 너희들은 어찌하여 그 죄스러움과 부
끄러운을 나에게 한 번도 너희 스스로
반성하며 회개하는 그와 같은 마음자
리를 갖지 아니하는가?
28 그리고 나의 아들을 살해하여 죽게 한
그 나의 피조물 만백성 너희들을 구원
하기 위하여 내가 나의 법전에 나의
성령을 태워 내려보내는 이 역사의 아
픔을 너희들은 돌아다보지 아니하며,
그저 헌신짝만도 못한 이단이요, 사탄
이요, 말세의 시대에 오는 거짓 선지
자가 거짓으로써 나의 피조물 만백성
을 현혹하고 유혹하기 위하여 만든 작
태라 너희들이 그리 말하고 있음이니,
이를 어찌하여야 될 것인가?
29 너희들이 구약 시대에 그리 지키지 아
니하였으며, 나의 아들 예수의 시대에
또한 그가 지키며 전한 너희들이 하늘
에 오르는 그 계명과 그 가르침을 지
키지 아니하였음이니,
30 내가 나의 성령으로써 다시 나의 선지
자를 통하여 이 세상에 나의 뜻을 마
지막으로 전함이니, 이 또한 너희들이
그와 같이 사악한 방법으로 나의 법전
이 세상에 덮어지지 않도록 그리한다
하면,
31 나의 피조물 만백성 너희 자신들이 구
원을 받지 못함은 물론이요, 대대손손

이루어지는 사악한 너희 후손이 구원
을 받지 못함이니,
32 이를 너희들은 나의 법전을 읽고 깨우
쳐, 과연 이 속에 너희들에게 잘못 가
라 함이 있으며, 잘못 깨우치라 함이
있으며, 구약과 신약의 시대를 거부하
며 그를 인정하지 아니하는 그 내용이
있거든
33 너희들이 나의 법전을 태운다 해도 내
가 너희들을 벌하지 아니할 것이니라.
34 그러나 나의 법전에는 나 여호와를 경
배하며 나의 아들 예수의 그 역사를
인정하며 구약 시대를 인정함이니,
35 다만 너희들의 종교 지도자가 잘못 깨
우치고 잘못 가르쳐 오늘과 같은 험악
한 시대가 이루어짐을 바로잡고자 함
이니, 그 뜻이 여기에 있음을 너희들
이 알아야 할 것이니라.
36 이제 이 깊은 밤, 나의 선지자가 나의
성령을 받아 지금 법전을 만들어 세상
에 전하니,
37 마지막으로 내리는 나의 법전을 읽는
자 구원을 받을 것이며, 그렇지 못한
자 구원을 받을 수 없음을 너희들이
알아야 할 것이니라.
38 사랑하는 선지자야!
39 "네, 여호와 하나님! 말씀하옵소서."
40 구약의 역사가 뿌리가 되어 나온 것이
신약이요, 신약이 뿌리가 되어 내가
그 모두를 해석해서 풀이하여 내리는
것이 나의 법전이니,
41 나의 법전을 읽고 깨우쳐 나의 성령을
듣는 나의 백성들이 잘못 가며 너의
제자들이 잘못 섰을 때, 그 오차의 범
위는 형용할 수 없이 무섭고 먼 길이
됨이니라.
42 선지자 너와 너의 제자들이 나의 성령
의 나의 법전에 기록된 그 뜻을 그대
로 행하며 살지 아니한다면,
43 거기서 벌어지는 오차의 범위는 형용
할 수 없으며, 내가 이루고자 하는 낙
원이 이루어질 수 없으며, 또다시 너
희들은 사악한 무리 속에서 사악한 방
법으로써 지옥 불로 가는 그와 같은
역사를 이루는 것만이 남았음이니, 너
의 제자들에게 이르라.
44 너희들이 바르고 곧게 가는 그것만이
오차의 범위가 없으며, 너희 후손들이
아름다운 나의 낙원에서 뿌리내리고
존재한다는 것을, 그리고 내가 새로
이루고자 하는 새 역사의 새 시대가
열린다는 것을 너희들은 잊지 말아야
할 것이니 그리 알라.
45 너희들이 살아가는 그 생활에서 오차
의 범위가 있어서는 안 되며, 너희들
이 잘못 가는 행위요, 나의 성령이요,
나의 법전대로 행하지 아니하는 부분
이 있다면, 이는 너희들이 걷잡을 수
없는 오차의 범위를 이루게 됨이니,
46 이 세상에 선한 역사의 뿌리가 내리는
것이 아니라 사악한 뿌리들이 그대로
존재함이니, 그를 막을 수 없는 것이
니 그리 알아야 할 것이며,
47 너희들이 오차의 범위가 없는 아름답
고 깨끗한, 나의 법전을 행하여 지키
고 사는 그 생활 속에서만이 천사들의
낙원을 이루는 그 역사가 이루어짐을
잊지 말라.
48 이 깊은 밤, 내가 너희들에게 이 귀중
한 나의 뜻을 전함이니, 가슴속에 깊

이 새겨 행하도록 해야 할 것이니라.

2,251 번째 하나님 말씀

2002년 4월 23일 23시 09분

1 사랑하는 선지자야!
2 "네, 여호와 하나님! 말씀하옵소서."
3 너희들 세속에 인간사 살아가면서 하
는 말이, 부자라는 한 가정이 망하니
그들이 3년을 버틸 수 있는 잠재력이
있다는 그런 말이 있음이니,
4 일개 너희들의 한 가정이 이루는 그
역사도 대를 두고 그와 같이 역사를
하나 이루며, 한 가정을 바로 세우는
데 조상으로부터 후손에까지 공덕과
노력이 없이는 이루어지지 아니한다
는 뜻이 여기 있음이니라.
5 한 가정이 부유하다가 멸문지화를 당
하고부터 3년이라는 시간을 저력을
가지고 버틸 수 있다는 그와 같은 말
이 있음이니,
6 지금 나의 피조물 만백성이 살아가는,
내가 이루는 이 지상에 많은 나라와
민족과 국가가 흘러가고 있음이니, 그
국가의 흥망성쇠 또한 어떠한 역사 속
에 이루어지는가?
7 수백 년, 수천 년 세월 속에서 그 국가
의 흥망성쇠가 이루어지며 또한 변화
되고 이루어지는 그와 같은 역사가 이
루어지지 않는가?
8 한 국가의 쓰러지고 이루어짐도, 그
국가가 다스려지고 다스려지지 못함
도, 그 국가가 바로 서고 못 서는 그와
같은 것도 수십 년, 수백 년의 역사 속
에서 인물과 인물로써 연결되며,
9 그 국민이 가지고 있는 정신과 그들의
노력 여하에 따라서 하나의 힘으로 이
루어졌을 때 그들이 한 역사를 이루게
됨이니라.
10 그러나 지금 네가 나의 성령을 받아
법전을 기록하여 나의 피조물 만백성
을 구하고자 하는 것은 무엇이더냐?
11 한 가정을 일으켜 세우거나 실패함도
아니요, 한 집단의 역사를 이루는 것
도 아니며, 한 민족이요, 한 국가의 흥
망성쇠를 위하여 네가 지금 그와 같은
역사를 이루는 것이 아니니라.
12 수천 년 역사 동안에 나의 피조물 만
백성이 온갖 피부색과 그들의 살아가
는 생활 방식을 다 초월하여, 하늘에
오르는 길이며 나에게 오르며 나의 성
령을 지켜 선하고 착한 천사가 되고자
하는 그 삶을 이끌어 가는 수천, 수억
의 그 집단들이 수천 년의 역사를 흘
러오면서 그 뿌리를 내렸으며, 그들이
잔재하고 있으며, 그 후손이요, 그 후
계자들이 지금 대를 이어 가는 역사가
이리 반복되고 있음이니,
13 그들이 가는 길이 정녕 잘못되어 있으
며, 나 여호와와는 아무런 관계도 없
는 그와 같은 형태로써 그들이 가기에,
14 그들을 다 바로잡기 위하여 6천 년이
란 세월을 기다려 오늘 내가 천 년에
걸쳐 나의 성령을 다 너에게 내려 나
의 법전을 만들어, 나의 사랑하는 백
성들이 나의 법전을 보고 저희 스스로
구원을 받고 못 받는 그와 같은 역사
를 이룸이며,
15 내가 이루고자 하는 미래의 새 국가와
새 민족이요, 새 나라를 건설하는, 그

리고 나의 에덴동산을 이루는, 하늘에
서 이루어진 것같이 지상에서 이루어
지는 똑같은 그 낙원을 이루는 역사를
시작하니,
16 네가 한 민족의 국가를 좌우하는 그와
같은 역사를 이루는 자던가? 너 자신
을 돌이켜 봐야 될 것이니라.
17 네가 하고 있으며 네가 가고자 하는
것이 얼마나 위대한 것이며, 이 세상
피조물 만백성 중에 앞으로 수천 년,
수만 년의 역사가 흘러간다 하여도,
지금 내가 너를 통하여 성령으로 내려
전하는 이 법전 외에는 다시는 없을
것이며 이와 같은 성령의 뜻이 없음이
니,
18 오늘의 네가 이루고 있는 이 역사가
어떠한 것인가를 네가 다시 한 번 생
각해 봐야 될 것이며,
19 내가 너에게 내리는 이 성령을 받아
법전을 기록하고 만들고 이를 전하고
보급하고자 하며 내가 존재함을 아는
너의 제자들이 또한 얼마나 소중한 자
들이며 너희들의 책임이 얼마나 막중
한 것인가를,
20 너희들 이름 하나하나가 그 얼마나 소
중한 것이며, 너희들이 짊어지고 이루
고 가고자 하는 그 책임이 얼마나 위
대한 것인가를, 그리고 중요한 것인가
를 깨달아야 할 것이니라.
21 한 가정을 이루는 것도 아니요, 한 민
족의 역사를 이루는 것도 아니요, 이
지구상에 있는 내가 만든 이 동산의
모든 국가와 민족들이 나름대로 살아
가고자 하며 그 나름대로 뿌리를 내려
가며 저희들의 전통과 저희들의 습관
을 계승하며 살아가고자 하는 그와 같
은 역사를 이루는 것이 아니니라.
22 이 모두를 다 통틀어 이들을 개혁하
며, 이들을 바로잡으며, 지금 광란의
도가니에 빠져 저희들만이 오로지 하
늘에 와 구원을 받을 자격이 있으며
구원을 받았다 말하는 그들이 잘못 가
고 있으며,
23 허황된 속에서 허황된 빛을 보며 구원
을 받았다 소리 지르는 그들에게 너희
들이 철퇴를 내려 그 많은 민족들이
요, 나의 피조물 만백성이 바로 볼 수
있는 그 역사를 이루는 것이 너희들이
니,
24 이가 얼마나 어렵고 힘든 길이며 어떠
한 역사를 이루는 것인가?
25 너 자신과 너의 제자들이 너희 자신을
돌아다보는 그와 같은 시간을 가져야
할 것이니, 이를 너의 제자들에게 깨
우쳐 깊이 행하도록 그리하라, 선지자
야!

2,252 번째 하나님 말씀

2002년 4월 24일 09시 02분

1 사랑하는 선지자야!
2 "네, 여호와 하나님! 말씀하옵소서."
3 내가 너에게 일러 말하였느니라.
4 나로부터 선택된 백성들이 하나의 역
사를 이루기 위하여 모든 힘을 합쳐
경주할 때, 그것이 잘못 이루어진다
하여 그것이 나 여호와가 시험함이며
나 여호와가 너희들을 점검하는 그와
같은 일이라 너희들은 말하느니라.
5 그러나 나 여호와는 너희들을 시험하

지 아니함이라 내가 말하였느니라.
6 너희들이 나의 뜻에 따라 살아가며 나
의 뜻에 따라 역사를 한다 하면, 어찌
나 여호와가 너희들을 아름답게 그리
고 쉽게 가도록 도와주지 아니하며,
너희들에게 시련과 고통을 겪는 그와
같은 시험을 하겠는가?
7 너희들이 한번 생각해 보라.
8 너희들이 살아가는 인간 사회에서 부
모와 자식 사이도 바르게 잘 가고자
하는 자식에게 누가 시험을 하며 그에
게 고통에서 벗어나지 못하는 시험을
하도록 하는가?
9 그가 쓰러지지 아니하도록, 잘 갈 수
있도록 뒤에서 바라보며 그를 멀리서
지켜보는 것이 부모의 심정이며, 혹시
나 그가 지금 아름답게 가고 있는 그
모습에서 잘못 가지 않을까 걱정하는
것이 육신의 부모며, 그가 바르고 곱
게 갈 때 그는 모두 부모의 기쁨이요,
부모의 자랑이 아니던가?
10 하물며 너희 인간 세상에서도 자식이
부모의 뜻을 순종하며 아름답게 살아
가는 그를 시험하지 아니하거늘,
11 어찌하여 나 여호와가 나를 경배하며
나의 뜻에 따라 살며 나의 계명을 지
키며 나의 성령에 따라 사는 너희들을
시험한다 그리 망령된 말을 하는가?
12 너희들이 나와는 아무런 관계도 없는
그 상태에서 너희 육신의 삶에 너희
스스로 시험을 당하며 너희 스스로 점
검을 받는 그와 같은 것을 가지고 나
여호와가 너희들을 시험한다 하는 그
런 망령된 말을 하지 말라.
13 나는 나의 피조물 만백성 너희들이 이
루고자 하는 것, 가야 할 것을 다 아는
여호와로서 너희들을 시험하지 아니
하며,
14 나의 뜻대로 십계명을 따르며 나의 법
전에 따라 살고자 하는 자식을 내가
시험하고자 하지 아니함이니,
15 그와 같은 해괴망측한 말로써 나의 피
조물 만백성의 시간과 그들이 자연의
아름다움을 볼 수 있는 그 모든 공간
의 여분과 그리고 금화와 은화를 거두
어들이는 사악한 방법으로써 나의 이
름을 팔아먹지 말라.
16 사랑하는 선지자야,
17 너는 무엇을 보았느냐? 그리고 네가
어찌 가고 있는가?
18 내가 말하지 아니하였던가?
19 나로부터 선택된 자이며 나의 성령에
따라 살아가는 자, 그가 아름답고 편
안히 갈 수 있도록 나 여호와가 길을
열어 준다 하였음이니,
20 너는 나의 선지자요, 나의 종이요, 나
의 아들로서 네가 오늘에 가고 있는
그 모든 기쁨과 영광을 네가 깨우쳐
가는 만큼 내리듯이, 이것이 바로 선
택된 자와 선택되지 아니한 자의 차이
라는 것을 너의 제자들을 통하여 나의
피조물 만백성에게 일깨워 줘야 될 것
이며,
21 잘못 가르치고 있는 그 종교 지도자들
이 지금과 같은 형태를 멈추고 그와
같은 잘못 가는 저희들의 그 형태에서
벗어날 수 있는 그 깨달음을 줘야 될
것이니라.
22 네가 아름답게 변해 가며 나의 피조물
만백성을 구원하기 위하여 나의 성령

을 받아 나의 법전을 기록하니,
23 네 마음을 다스릴 수 있으며 너를 보
필할 수 있는 너의 제자들이요, 또한
네 마음을 알아 보살펴 갈 수 있는 제
자들까지 네 주변에 있음이니,
24 그리고 모든 인간이 그리도 원하고 갈
구하는 금화와 은화요, 너희들의 부귀
영화를 측정하는 그 모든 재물이라 함
을 네가 쓰기에 부족하지 아니하도록
내가 내려 주며 역사하여 줌이니,
25 이것이 바로 나로부터 선택된 자임을
너의 제자들에게 일깨워 주어야 될 것
이니라.
26 나로부터 육신의 행복이요, 영혼의 구
원의 길이요, 너희들이 말하는 세속의
물질 속에서 고통을 받으며 너희들이
성령을 깨우쳐 나에게 오르도록 그리
시험한다 하지 말라.
27 내가 너희들이 노력하는 만큼 얻을 수
있도록 다 주었으며 그와 같이 사랑과
은혜를 다 주었음이니라.
28 내가 너희들의 한 생명을 세상에 내보
낼 때 너희들이 남녀노소 할 것 없이,
나의 아들딸을 구별할 것 없이 너희들
이 노력하는 것만큼 얻으며 살아갈 수
있도록 이 세상에 모두를 다 주었으니,
29 그 속에서 나의 계명을 따르며 나의
법전을 따르며 나의 뜻대로 살아 하늘
에 오르고자 하는 나의 아들과 딸이
있다 하면,
30 그들을 아름답게 보호하며 하늘에 오
를 수 있는 길로 가는 가장 편안하고
안정된 길을 열어 주고 사랑의 보호
속에 이끌어 주는 것이 나 여호와 아
버지가 할 수 있는 길이거늘,
31 어찌하여 너희들은 내가 너희들을 시
험하며 너희들을 고통 속에 둔다 하는
가?
32 그와 같은 고통과 시련 속에 허덕이는
자, 나와는 아무런 관계가 없으며, 내
가 이루고자 하는 그 역사를 이루는
것이 아니며, 내가 선택한 자가 아님
을 너희들은 알아야 될 것이니라.
33 너희들이 나의 성서를 공부하는 학교
라는 곳을 나와 너희들이 이 세상에서
가장 말 잘 하는 것, 그리고 너희 설법
앞에 모든 백성들이 고개 숙이는 것,
그리고 너희들이 웅대한 궁전을 지으
며 그 궁전에 재물과 금화를 한 아름
묻으며,
34 그리고 나의 피조물 만백성이 구름 떼
처럼 모여드는 것이 너희들의 소망이
요, 너희들의 꿈이라 하여 세상에 나
와 너희들의 손으로써 성전이라는 곳
을 준비하고 그를 짓고 시작하니,
35 그 문을 닫는 자가 부지기수며, 실패
하는 자가 부지기수며, 스스로 저의
한계를 느끼며 제 스스로 저 자신을
몰라 등 돌리며 떠나는 자가 수없이
많이 있음이니,
36 그들이 정녕 나의 뜻대로 살아가는 자
들이라 하면 내가 어찌 그들에게 시험
과 고통을 주겠는가?
37 그는 나와 아무런 관계가 없기 때문에
그러함이니라.
38 지금 내가 나의 선지자를 통하여 나의
성령이요, 나의 법전으로써 세상을 덮
어 나감에 나의 선택한 선지자 그가
가는 길이 편안하며 너희들이 말하는
온유한 길이며,

39 그리고 그를 옆에서 보필할 수 있는
그 제자들을 내가 보내 줌이며, 그 마
음을 읽어 살아갈수록 그를 따라 법전
을 만드는 데 하나도 부족함이 없이
그를 따를 수 있는 제자들을 내가 보
내 줌이니,
40 이와 같이 모든 나의 성령을 받아 법
전을 만들어 세상에 전하는 데 선지자
가 아무런 육적인 문제요, 경제적인
문제요, 금화와 은화의 문제 없이,
41 또 그를 따르는 제자들이 그에게 와서
갑론을박하는 자들에게 대답하며 그
들이 묻는 것에 대답할 수 있는 모든
능력을 갖추고 가도록 내가 하는 것이
나의 선지자임을 너희들이 알라.
42 나의 선지자처럼 나의 법전을 세상에
전하며 온유하고 편안하며 아름다움
속에서 사랑을 느끼며,
43 그리고 그 제자들과 같이 더불어 세상
을 살아가는 그 모습이 나로부터 선택
된 자이며, 나의 대명을 받아 이 세상
에 나가 나의 피조물 만백성을 구하는
역사를 이루는 선지자라 함을 너희들
은 잊지 말라.
44 그를 보고 깨우쳐야 할 것이니라.

2,253 번째 하나님 말씀

2002년 4월 24일 21시 13분

(강론을 마치며)

1 사랑하는 선지자야!
2 "네, 여호와 하나님! 말씀하옵소서."
3 어미 닭의 품 안에서 자라나는 병아리
가 알에서 깨어나는 그 고통을 겪어
성장하기 전까지 그는 아무런 힘이 없
고 능력이 없음이니라.
4 오로지 어미 닭의 보호 아래 그 병아
리가 성장함이니, 그 성장한 병아리가
또 제 어미와 같은 역사를 이루게 됨
이니라.
5 지금 너희들이 가고 있는 그 길이 그
러하니라.
6 나 여호와의 품 안에서 너희들이 지금
갓 태어난 병아리와 같은 역할로서 성
장하고 있음이니,
7 너희들이 성장하는 그곳에 나의 성령
을 너희들에게 내려보냄이니, 이게 바
로 어미 닭이 병아리에게 먹여 그 병
아리를 성장시키는 양식과 같음이니
라.
8 너희들은 그리 조급히 서둘지 말라.
9 내가 나의 선지자를 통하여 나의 성령
의 160권이라는 그 역사를 세상에 내
보낸다 하였음이니, 내가 너희들에게
일러 말하였느니라.
10 너희들이 나로부터 증거된 것은, 너희
들이 육의 생활을 마치기 전에 나 여
호와의 뜻이요, 나의 성령이요, 내가
새로 이루고자 하는 그 역사의 틀이
너희들로부터 시작하는 것을 알게 된
다 하였음이니,
11 160권이라는 나의 법전이 세상에 나
가는 그 세월 속에 모두는 다 이루어
짐이니라.
12 너희들이 160권이 나가는 나의 성령
의 뜻이요, 나의 법전을 이제 1부를
끝내 가며, 곧 머지않아 2부라는 나의
법전의 공부를 시작하게 됨이니,
13 너희들이 지금 10분의 1밖에 되지 아
니하는 나의 법전을 읽고 깨우쳤으니,

14 바로 어미 닭에서 병아리가 태어난 것
과 같은 것이 너희들의 자리라 하였음
이니라.
15 그 병아리가 어미가 주는 그 모이와
어미가 주는 그 양식과 그리고 어미의
그 품 안에서 자라 큰 닭이 되어 그가
또 어미의 역할을 하듯이,
16 너희들이 지금 나의 사랑하는 병아리
와 같이 보호를 받고 있음이니, 그 병
아리가 과연 무엇을 어찌하겠는가?
17 너희들이 알면 무엇을 알며, 너희들이
나가 성장하면 얼마나 성장할 수 있겠
는가?
18 조급히 서두르지 말라.
19 내가 너희들을 사랑하기에 오늘 나의
선지자를 통하여 너희들에게 명하노
니, 너희들이 말하지 않느냐?
20 조급한 자 실패가 있음이니라. 그리고
과욕하는 자 실패가 있다 하였음이니
라.
21 너희들이 어찌하여 지금 나의 법전을
16권을 마치기도 전에 무엇인가 이루
어지며, 너희들의 큰 꿈이 이루어지
며, 너희들이 모든 생활에서 벗어나려
그러한 생각을 하는가?
22 그렇다 하면 너희들이 마음을 비우지
못하였다 내가 하였음이니, 바로 너희
들이 큰 항아리에 오물이 반 이상 차
있는 그 형국이 아니던가?
23 내가 한 방울의 오물이 있어도 거기에
생수를 부어 넣을 수 없다 하였거늘,
바닥에 오물이 그득히 쌓여 있는 그곳
에 내가 생수를 어찌 붓겠는가?
24 너희들은 그 속에 생수를 부어 달라
나에게 기도하지 말라.
25 너희들이 받을 수 없는 그릇이 된 상
태에서 나에게 기도하지 말라 하는 뜻
이 여기 있느니라.
26 내가 160권이라는 법전을 세상에 내
보내며, 나의 사랑하는 선지자가 죽을
때까지 나의 피조물 만백성을 가르치
기 위하여 나의 성령을 받아 세상에
전함이니,
27 그리하여 이는 하늘에 있는 나 여호와
의 뜻이기 때문에 시작과 끝이 없다
그리 너희들이 알게 될 것이며,
28 그러하거늘 너희들이 지금 나의 법전
의 16권을 다 마치지도 않은 이 상태
에서 무엇을 얻으려 한다는 것은 아니
됨을 알라.
29 내가 지금 선지자에게 모든 은혜와 은
총을 내리고 있으며 그것이 바로 너희
들의 몫이니,
30 그가 선별하여 너희들의 길을 열어 줄
것이니, 너희들이 받고 못 받는 것은
내가 선지자에게 명할 것이니, 너희들
은 그리 알라.

2,254 번째 하나님 말씀

2002년 4월 25일 09시 40분

1 사랑하는 선지자야!
2 "네, 여호와 하나님! 말씀하옵소서."
3 회개하는 시간과 반성하는 시간과, 그
리고 반성하는 시간과 회개하는 시간
을 철저히 가지며, 많은 그 시간 속에
서 너를 다스려 나가는 그와 같은 노
력을 게을리하지 말라.
4 인간이기 때문에, 인간이기에 어렵고
힘든 그 길을 못 넘는다 생각하며 네

가 실수를 한다 하면, 나의 피조물 만
백성 그 누구도 지킬 수 없음이니라.
5 회개하며 또 반성하고 깨우쳐 두 번
다시 그를 범하는 일이 없도록 그리해
야 할 것이니 그리 알라, 선지자야!
6 선지자야!
7 "네, 여호와 하나님! 말씀하옵소서."
8 너희들이 말하지 않느냐?
9 '우물 안의 개구리'라는 말이 있듯이,
그것이 얼마나 우매하고 한스러운 삶
인가?
10 그저 하늘만 빠끔히 보이는 그 우물
속에서 제가 그것이 세상을 다 보는
양 그리 살아가며 아는 체하며 잘난
체하며 제왕과 같은 모습으로 살아간
다 하면 얼마나 우스운 일이더냐?
11 지금 너희들이 우물 안에서 오르지 못
하는 하늘을 향하여 구원을 받는다 소
리 지르며 외쳐 대며,
12 또한 저희들이 구원을 받았다 말하며,
저희들은 죽어 천당에 가고 나 여호와
에게 오른다 그리 생각하니,
13 저희들이 살아가는 모습이 어떠하며
저희들이 지금 살아가며 죄짓고 있는
것이 무엇인지도 모르고, 내가 지키고
살라는 그 계명 자체도 지키지 아니하
며 저희들 마음대로 살아가는 그 인생
이 얼마나 불쌍하더냐?
14 저희들만이 하늘에 오르는 그 믿음이
요, 저희들의 종파요, 저희들에게 와
재물을 바치고 저희들에게 와 찬송 부
르며 그리 울부짖고 죄를 짓고 또 눈
물로써 회개하는 그 눈물이 정녕 진정
한 눈물이라 말할 수 있는가?
15 밖에 나가 너희들이 살면서 죄는 수없
이 지으며 또 성전이라는 곳에 와서
눈물 흘리며 그 죄를 사한다 하면, 너
희들로 하여금 피해 본 자는 어찌해야
된다 내가 말하였느냐?
16 그리고 너희들이 회개하는 그 눈물이
진정한 눈물이었는가?
17 너희들이 회개하는 그 눈물 자체도 진
정이 아니요, 너희들이 고개 숙이고
기도하는 모습도 진정이 아니요, 너희
들 속에는 진실이요, 진정이라는 것이
하나도 없음을 알아야 될 것이니라.
18 험악한 짓을 하고 도적질하고 거짓 하
며 그와 같이 살아가면서 너희들의 그
마음 자체가 진실이 없으며 아름다움
이 없음이니,
19 나의 사랑이 없는 그와 같은 행위를
하는 자가 너희들이 손으로 만든 그
성전에 가 기도하며 경배하며 눈물로
써 회개하고 울부짖고 악을 쓴다 해도
그것에 진실이 있더냐?
20 그것 또한 진실이 하나도 없음이니라.
21 그러니 너희들이 백 날 진실도 아닌
것을 진실인 양, 너희들이 정말 양의
탈을 쓴 늑대와 같은 형국으로써 나에
게 회개한다, 진실이다 하여 울부짖는
그와 같은 사악한 꼴을 하지 말라.
22 바로 너희들의 그 모습이 사탄의 모습
과 같으니, 속을 감추고 겉으로 말로
만 그리하는 것들이니, 이를 나의 백
성이요, 내가 너희들의 기도 소리를
듣는다 말하지 말라.
23 너희들만이 구원을 받을 수 있으며 하
늘에 오를 수 있으며 구원을 받았다
말하니,
24 물고기 속에서 그 작은 물고기인 피라

미를 보며 제왕 노릇을 하고 사는 그
개구리와 너희들이 무엇이 다른가?
25 똑같은 그러한 형국이니, 그 개구리가
불쌍하듯이 너희들은 그보다 몇천 배
더 처참하고 불쌍한 자임을 알아야 될
것이니라.
26 그러나 그 우물 속에서 개구리가 어떤
힘에 의하여, 외부의 영향에 의하여
세상에 나왔다 하면,
27 그 개구리는 제가 제 모습을 바라보면
서 저와 같이 살아가던 그 우물 속에
있는 동료의 개구리가 얼마나 불쌍하
며 한스러우며 처참한가를 볼 것이니
라.
28 그러니 그 개구리가 세상에 나와서 볼
때, 저와 같이 있던 그 우물 속의 개구
리들이 불쌍하고 한심한 것을 알듯이,
저 자신이 얼마나 우매하고 어리석게
살았던가를 알게 될 것이니라.
29 그러니 그 우물 속에서 용기 있게 나
온 그 개구리가 나와서 해야 할 일이
무엇이던가?
30 저의 동료들을 끌어내어 세상의 아름
다움을 보여 주며 세상의 넓음을 깨우
쳐 주는 것이 그 개구리가 모두를 다
바쳐 해야 할 제1번의 급선무며,
31 2번, 3번도 그 우물 속에 있는 불쌍한
저의 동료들을 데리고 나와 세상을 볼
수 있도록 그를 끌어내는 것이 그가
해야 할 일이 아니던가?
32 그리하여 그 우물 속의 개구리가 세상
에 나와 우물 속과 우물 밖의 세상이
바뀌는 삶이 얼마나 아름답고 위대하
며,
33 저희들이 살아가던 그 모습이 얼마나
어리석었으며, 이 넓은 세상의 아름다
운 자연 속에서 마음껏 즐기며 살아가
는 모습이 얼마나 위대한 것인가 그를
깨우치도록 하는 것이 그가 첫 번째
할 일이 아니던가?
34 지금 너희들이 어떠한 자들이냐? 너
희들의 형국이 어떠하더냐?
35 너의 제자들이 바로 우물에서 나온 개
구리처럼, 그 죽는 영혼에서 나와 하
늘에 오르는 길과 영원히 구원받는 길
을 알고 보고 있음이니, 바로 너희들
이 해야 할 일이 무엇이던가?
36 나의 피조물 만백성에게 너희가 서 있
는 이 자리가 어디인가,
37 그리고 너희들이 정녕 우물 속에 있는
개구리와 같은 형국으로써, 거기서 울
다 지쳐 제가 제왕인 양 소리 지르며
죽어 가는 그 개구리와 같은 삶을 사
는 그들을, 그리고 너희들 자신을 너
희들은 돌아볼 시간과 마음의 여유가
없는가?
38 자신을 다시 한 번 돌아다보도록 나의
선지자의 제자 너희들이 나의 피조물
만백성을 깨우쳐 줘야 될 것이니라.
39 그리하여 그들의 영혼이 구원받음이
얼마나 위대한 것이며, 너희들이 말하
는 나 여호와의 나라에 오를 수 있도
록, 나의 사랑의 품으로 항상 너희들
이 돌아올 수 있도록 나의 품은 열려
있음이니,
40 그를 위하여 너희들이 달려오고 또 달
려와도 아니 될 것을, 어찌하여 너희
들은 우물 안 개구리와 같은 그 삶을
그저 살아가려 하는가?
41 이제 선지자를 따르는 너희들은 그들

을 일깨워 깨우쳐야 될 것이며,
42 그들을 우물에서 밖으로 끌어내어 세
상의 아름다움을 보며 하늘에 오르는
길이 있으며 나 여호와가 있으며 영혼
의 길이 있음을,
43 그리고 너희들이 영원히 죽지 않는 하
늘의 천국에 올라와 나와 더불어 이
자연의 아름다움 속에서, 너희들이 상
상할 수도 없는 이 아름다움 속에서
살아갈 수 있는 그 길을 일깨워 주고
깨우쳐 주어야 될 것이니, 그것이 바
로 무엇인 줄 아는가?
44 너희들이 나의 성령으로써 기록된 이
법전을 그들의 손에 쥐여 주어 그들
이 읽도록 깨우치는 것이니, 이것이
너희들의 대명임을 잊지 말아야 할 것
이니라.

2,255 번째 하나님 말씀

2002년 4월 25일 09시 47분

1 사랑하는 선지자야!
2 "네, 여호와 하나님! 말씀하옵소서."
3 너의 제자들에게 이르라.
4 나의 피조물 만백성 그들에게 정녕 하
늘에 오르는 길은 멀고도 험한 길이
아니라 함을 일깨워 줘야 할 것이니라.
5 그리고 그들에게 전하라.
6 너희들이 항상 살아가면서 선을 행하
고자 하는 것과 악을 행하고자 하는
그 순간에 너희들이 선함을 행하는 것
이 나의 뜻이요, 내가 같이 있다 너희
들에게 말하였음이니,
7 그리하여 너희들이 그와 같은 선한 일
을 행하며 착한 생각이 떠올라 그를
행하는 것이 너희들이 하늘에 오르는
길이니라.
8 그리하여 나 여호와는 너희들이 하늘
에 오르는 문을 항상 열어 놓고 있다
말하였으며, 항상 그 문이 열려 있음
을 알아야 될 것이니라.
9 그리고 그 문을 열어 놓은 나 여호와
가 자식이 밖에 나가 돌아오기를 기다
리는 너희 육신의 부모보다도 열배 백
배 더 깊고 깊은 사랑으로써 너희들이
나의 품으로 돌아오기를 항상 문을 열
고 기다리고 있음이니,
10 너희들은 그 문에 들어오는 것이 그리
도 어렵고 힘들다 생각하는가?
11 그렇지 아니하니라.
12 그것은 너희들이 들어올 수 있도록 대
기시켜 놓은 것이며, 너희들이 들어올
수 있도록 문을 열어 놓고 기다리는
나 여호와이니,
13 내가 너희들이 오기를 기다리며 열어
놓은 그 문에 들어오는 것이 어찌하여
너희들이 그리도 어렵고 힘들다 말하
는가?
14 그것이 아님을 너희들은 알아야 될 것
이니라.
15 너희들이 살아가면서 하늘에 오를 수
있는 모든 선한 생각과 착한 마음자리
들을 내가 너희들에게 항상 내려 주고
있음이니,
16 너희들은 그저 내리는 대로 그를 시행
하면 되는 것을, 어찌하여 나의 뜻을
시행하지 아니하고 역행하면서 그 열
어 놓은 하늘에 오르는 문이 그리도
무섭고 어렵고 힘든 길이라 그리 말하
느냐?

17 너희들은 어찌하여 내가 열어 놓은 그
활짝 열려 있는 하늘에 오르는 문에
오는 길을 보지 못하며 깨닫지 못하
며,
18 잘못 가르치는 사악한 종교 지도자들
이 길도 아닌 것으로써 너희들의 재물
과 금화를 긁어 들이며 너희들의 시간
과 모든 것을 다 빼앗아 하늘에 오르
는 길이라 하며 산과 들로, 험악한 그
러한 길로 인도하는 그 속에서 너희들
이 오를 수 없는 그 좁은 길을 달려가
는 것이 하늘에 오르는 길이라 그들에
게 달려가고 있는가?
19 그게 바로 너희들이 지옥 불로 떨어지
는 길이거늘, 어찌하여 너희들은 바로
보지 못하고 험악하고 비좁아 갈 수
없고 사람 하나도 지나가기 어려운 그
좁은 길로, 사악한 자들이 인도하는
그 뜻을 따라 그곳을 달려가고 있는가?
20 너희들이 지금 광란의 세계에서 그 작
은 바늘구멍보다도 어려운 그곳을 통
과하겠다 하며, 너희들이 통과할 수
있는 자격도 없으면서 그 길에 머리를
들이밀며 서로 아귀다툼을 하고 있으
니,
21 이 사연을 보고 있는 나 여호와가, 이
형국을 내려다보는 나 여호와의 가슴
이 어떠하던가?
22 그리하여 너희들을 깨우쳐 주기 위하
여, 그 좁고 험악한 길이 아니라 항상
열려 있는 바르고 곧은 그 길을 위하
여, 내가 열어 놓고 기다리는 그 문을
향하여 너희들에게 달려오라 하거늘,
23 너희들은 어찌 미친 듯이 광란 속에서
그 바늘구멍보다도 작은 구멍을 가기
위해서 어려운 길을 선택하고 있는가?
24 너희들을 이끄는 그들이 그리 사악한
자들이니라.
25 이제 너희들은 그 사악한 자들, 지도
자라 말하는 그 사악한 자들의 마법에
걸려 있음을 알아야 될 것이며,
26 몇천 년 동안 걸려 있던 그 마법에서
너희들이 깨어나지 못한다면 너희들
이 정녕 나에게 오를 수 있는 길을 볼
수 없음이니라.
27 너희들 스스로 그 사악한 자들의 마법
에 걸려 있는, 사탄에게 걸려 있는 그
마법을 풀어야 할 것이며,
28 그 길을 풀지 아니한다면 너희들은 영
원히 구원을 받을 수 없음을 알아야
할 것이니라.
29 그리하여 나의 사랑하는 제자, 나의
선지자를 따르는 너희들은 그들을 그
사악한 마법에서 깨울 수 있도록 그들
을 인도해야 될 것이며,
30 오로지 그 길이란 너희들이 나의 법전
을 그들의 가슴에 전하여 주는 것이
그것이며, 그걸 보는 자만이 깨우칠
수 있으니 그 마법에서 깨울 수 있음
이니라.
31 마법에서 그들을 깨우쳐 바로 길을 볼
수 있도록, 그리고 저희들이 잘못 갔
던 것을 깨달음이요, 저희들이 새로운
길을 찾은 그 영광의 축복의 맛을 알
수 있도록 하는 것은 나의 법전을 그
들의 가슴에 전해 주는 것이니,
32 너희들이 이 일에 소홀히 해서는 아니
됨을 알아야 할 것이니라.
33 사랑하는 선지자야,
34 너희들은 어찌 나의 그 뜻을 그리도

모르는가?
35 너희들이 살아가는 이 우주의 모두가
다 너와 내가 아니며 '우리는 하나'라
는 생각을 할 수 있는 마음의 자세는
없는가?
36 너희들은 나의 딸이요, 나의 아들이니
라.
37 그리고 또한 너희들이 나의 딸이요,
아들이니 한 형제요, 하나라 말할 수
있듯이,
38 이 세상에 움직이고 살아가는 동식물
의 그 모두를 다 나 여호와가 명하였
으니 그들이 또한 너희들과 다 하나와
같은 존재임을, 너희들이 어찌 그 소
중함을 모르는가?
39 그 소중함을 깨닫고 살아갈 때 너희들
은 스스로 아름다움을 알 것이며, 하
늘에서 이루어진 것같이 지상의 아름
다움 속에서 너희들이 살아갈 수 있는
그 기회를 보게 됨이며 눈으로 그를
보게 됨이니, 그와 같은 마음 자세로
살아가도록 그리하라.

2,256 번째 하나님 말씀

2002년 4월 25일 10시 12분

1 사랑하는 선지자야!
2 "네, 여호와 하나님! 말씀하옵소서."
3 내가 나의 피조물 만백성 너희들을 가
장 아름답고 예쁜 모습으로 만들었으
며, 그리고 너희들이 가지고 있는 그
지혜와 능력이 끝이 없을 정도로 내가
너희들에게 주었음이니라.
4 그리고 내가 너희들과 더불어 살아간
다 말하였음이니, 내가 항상 너희들과
같이 임한다 하였음이니라.
5 이는 너희들이 살아가면서 너희 생활
속에 선한 일, 아름다운 일, 착한 일을
하고 사랑을 베풀고 싶은 마음이 있을
때 그때그때 그 마음마다 나 여호와가
존재하며 내가 너희들에게 그리 착하
고 선한 일을 행하라 명한다 하였음이
며 그리 내가 명하고 있음이니라.
6 그러나 지금 너희들은 어찌 살아가는
가?
7 내가 너희들에게 직접 착하고 선한 일
을 행하며 살라, 그리고 무거운 짐 나
눠 들고 가는 그와 같은 아름다운 모
습으로 살라 말하였으나, 너희들은 그
런 생각을 갖고 그런 생각이 떠올라도
그리 행하지 아니함이니,
8 여기서 너희들이 나의 뜻을 거부함이
며 내가 명하는 것을 너희들이 듣지
아니하며 내가 존재함을 믿지 않기 때
문이라 너희들은 생각하지 아니하는
가?
9 그리하여 내가 너희들에게, 너희들의
정신세계에, 너희들의 영혼에게 지시
하는 그것을 너희들이 듣지 아니하고
악한 마음을 갖고 악한 것으로써 살아
감이니,
10 선한 것을 베풀 수 있는 그 기회조차,
사랑할 수 있는 기회조차 너희들이 저
버림이니, 내가 명하는 것도 따르지
아니함이니라.
11 그것이 너희들이 첫 번째 나의 뜻을
거역함이며, 두 번째는 너희들이 어떠
한 행동을 하는가?
12 그와 같이 선한 일을 하기 전에 악한
것을 행함이니라.

13 너희들 자신을 위해서 악한 짓을 행하
며, 사악한 짓을 하며, 사랑을 나누는
자를 비방하며 욕함이니,
14 그리 너희들이 사악한 마음으로 변하
여 세상을 살아감이니, 이것이 너희들
이 나를 또 버림이니라.
15 그리하고 세 번째 너희들은 어찌 살아
가는가?
16 그리 잘못 살아가고 잘못 행동하는 자
들이 저희 손으로 지은 그 성전이라는
곳에 가, 저 자신이 어찌 가는지도 모
르는 잘못 가르치는 종교 지도자들 앞
에 가서 금화와 은화를 바치며,
17 그리고 잘못 벌고 추하게 번 금화와
은화를 바치며 너희들은 눈물로써 회
개하며 반성한다 함이니라.
18 그러나 너희들은 그것 또한 거짓이고
위선이니라.
19 너희들이 정녕 나에게 용서를 빌며 회
개하며 참회를 하는 백성이라면, 그와
같은 짓을 너희들은 두 번 다시 저지
르지 아니할 것이며 범해서는 아니 되
는 것이 너희들이 회개하고 참회한 것
이 아니던가?
20 그리하여 너희들이 회개하고 참회하
였기 때문에 나에게 기쁨의 기도를 드
리는 것이 아니던가?
21 그러나 너희들은 눈물로써 얼룩진 그
흉한 모습이 너희 마음과 똑같으니,
22 너희들은 그와 같이 광란의 짓으로써
나에게 용서를 빌며 잘못한 것을 회개
하며 눈물로써 나 여호와 아버지라 찾
으며 나가면 또 그와 같은 행위를 저
지름이니,
23 이와 같이 한 행위가 정녕 나에게 무
슨 회개를 하며 기도하는 것이라 하는
가?
24 그리하여 너희들은 그리 나를 기만하
고 나를 욕되게 하고 살아감이니라.
25 여기서 너희들이 알아야 할 것이니라.
26 첫 번째 내가 너희들에게 선한 것을
행하라 하여 명했을 때 그 선함을 행
하지 않는 너희들을 보는 나의 마음이
얼마나 아프고 쓰리겠는가를 생각해
보았는가?
27 그리하며 너희들이 또 내가 깨우쳐 행
하라 하였으나, 너희들이 사악한 짓이
요, 너희들이 감히 표현할 수 없는, 인
간으로서 할 수 없는 그와 같은 행위
를 마구잡이로 시행하며 살아감이니,
28 그것을 보는 나 여호와의 가슴이 얼마
나 찢어지고 아프겠는가? 그것뿐인가?
29 너희들이 그와 같이 나 여호와를 울려
놓고, 너희들이 나에게 회개하며 반성
하며 눈물의 기도를 하며 너희들이 또
재물을 하늘에 많이 바치고 쌓으면 축
복을 받는다 하여,
30 너희들이 추하게 번 그 재물을 거짓
선지자요, 잘못 가르치는 종교 지도자
앞에 바치며 너희들 이름을 불러 주기
를 광란과 같이 기다리며,
31 너희들을 칭송하고 찬양하여 주기를
바라는 그런 사악한 마음을 가지고 나
에게 기도함이니라.
32 그리하고 너희들이 나가서 그 죄를 또
지음이니, 이것은 바로 너희들이 나를
죽임과 마찬가지이니라.
33 나의 가슴 아픔을 달래는 것이 아니라
그 가슴에 대못을 박는 그와 같은 사
악한 짓을 하는 것이 지금 너희들이

가고 있는 형국이니라.
34 그러니 이를 어찌하여야 되겠는가?
35 너희들은 이와 같은 깨달음을 나의 법
전을 읽고도 깨우치지 못한다 하면 너
희는 정녕 금수만도 못한 자들이 아니
던가?
36 그리하여 내가 너희들을 바로잡기 위
하여 아무나 읽고 깨우칠 수 있는 나
의 성령을 태워서 내려보냄이니,
37 이게 너희들이 나의 가슴을 울리며 나
의 가슴에 대못을 박기에, 내가 너희
들이 그 흉악한 행위를 하지 못하도록
함이니,
38 이는 나의 가슴이 너무 저려 오고 아
프며 너희들이 나의 가슴에 박는 그
못의 끝이 너무나도 내 가슴을 저리게
함이니,
39 그리하여 너희들이 그 사악한 행위를
나 여호와에게 하지 못하도록 너희들
을 중단시키고자 내가 아무리 소리 지
르고 외쳐도 너희들이 행하려 하지 아
니함이니라.
40 그리하여 그와 같은 행위를 한 너희들
을 위해서 구약 시대의 기적을 보여
모세가 그리 깨우치도록 했으며,
41 너희들이 또한 그리 사악한 짓을 계속
하니 나의 아들을 보내 너희들의 그
사악한 행동을 막으려 하였음이니,
42 너희들이 얼마나 나에게 죄를 짓고 살
아가는 자인가 깨우쳐 보라.
43 그리하여 더 이상 나의 아프고 저린
이 가슴의 상처를 기다릴 수 없어, 내
가 나의 가슴에 박는 그 못의 망치질
을 멈추게 하기 위하여 나의 성령을
태워 나의 법전을 세상에 내려보내어
너희들의 그 행위를 중단하게 하고자
함이니,
44 이를 너희들이 깨우쳐 중단해야 되는
것을 알라.
45 그리고 나의 사랑하는 선지자를 따르
는 제자 너희들은 이와 같은 행위를
해서는 아니 될 것이며,
46 그와 같은 행위를 하는 자를 막을 수
있는 것은 그와 같은 행위를 하지 아
니하는 것이니, 너희들이 깊이 깨우쳐
야 할 것이니라.

2,257 번째 하나님 말씀

2002년 4월 25일 10시 45분

1 사랑하는 선지자야!
2 "네, 여호와 하나님! 말씀하옵소서."
3 사랑은 무엇이라 말하였느냐?
4 정녕 그 모두를 다 감싸며 그 모두를
다 용서함이 사랑이라 하였음이니라.
5 그리하여 성서에 기록되어 말하기를,
'원수를 사랑하라.' 그리 말하였음이
니,
6 수천 년 역사가 흐르는 동안에 그 소
리를 앵무새처럼 지껄이고 지껄인 그
들이 과연 얼마나 사랑을 베풀며 살아
왔다 생각하는가?
7 그리고 너희들 말대로 오른팔이 잘못
하면 그 팔을 잘라서라도 그르고 거짓
된 행위를 하지 말라 하였음이니,
8 과연 너희들은 그와 같은 나의 가르침
을 얼마나 몇천 년 동안에 행하고 살
아왔는가?
9 너희들의 그 삶이 그와 같이 아니하였
다면 너희들은 어찌하는가?

10 너희들은 여기서 나 여호와가 너희를
어찌 사랑하는 것인가 그를 모르겠는
가?
11 너희 조상들은 나 여호와의 준수한 아
들인 예수를, 너희들을 하늘에 오르는
길로 인도하고 깨우치기 위하여 성령
을 그득히 가슴에 안고 내려간 나의
아들을 너희들이 죽였음이니라.
12 정녕 너희들은 너희 사랑하는 자식을
죽인 그를 사랑할 수 있으며 용서할
수 있으며 인내로 받아들일 수 있는가?
13 나는 나의 아들을 죽인 너희들을 지금
사랑하고 있으며, 너희들이 잘못 가고
잘못 흘러가는 것을 바로잡아 하늘에
오르는 길을 위하여 내가 지금 기도하
고 경배하는 방법을 너희들에게 깨우
쳐 주고 가르쳐 주고 있음이니,
14 이러고도 너희들이 내가 베풀고자 하
는 사랑을 행하고 있다 생각하는가?
15 그리고 내가 베푸는 사랑이 어떠한 사
랑이더냐?
16 너희들은 자식을 살해한 그 사람을 과
연 용서하고 사랑할 수 있는가?
17 그러나 나 여호와가 지금 그리 행하고
있음이니라.
18 그리하여 너희들이 정녕 내가 베푸는
그 사랑의 뜻, 진리요, 영원히 변하지
않는 나의 사랑의 그 뜻을 배우라 함
이며, 그와 같이 실천하여 하늘에 오
르는 길을 보라 함이니, 너희들이 행
하고 지키고 가는 그 사랑이 얼마만한
가 한번 알아보라.
19 그것만이 너희들이 나의 사랑을 알 수
있는 길이며, 내가 내 자식을 죽인 너
희들을 사랑하며, 너희들이 지옥 불로
가는 것을 보기가 너무 가슴이 아파
하늘에 오르는 길로 인도한다 하면,
20 너희들은 나의 사랑이 무엇인가 알겠
는가?
21 너희들은 내가 행하는 그 사랑을 행하
여야 될 것이며, 그 사랑의 의미와 뜻
을 깨달아야 할 것이니 그리 알라.

2,258 번째 하나님 말씀

2002년 4월 26일 0시 50분

1 사랑하는 선지자야!
2 "네, 여호와 하나님! 말씀하옵소서."
3 나의 피조물 만백성이 그 길고도 긴
세월 속에 하늘에 오르는 길이 정녕
어떠한 길이며 그 길은 어떠한 것인가,
4 그리고 제 스스로 하늘에 오르는 길을
가고 있는 것인가 그렇지 아니하면 정
녕 저는 잘못 가고 있는 것인가,
5 그와 같은 생각과 계산 속에 믿음을
향하며, 정녕 그 답을 얻지 못하고 너
희들이 숨을 거둬 육은 한 줌의 흙으
로 돌아가며, 나의 계명을 지키고 살
지 아니한 너희 영혼은 나에게 와 심
판을 받음이니,
6 이 엄연한 사실 속에 너희들은 정녕
하늘에 오르는 그 바른길을 보지 못하
고 이 길인가 저 길인가 생각하다 운
명하는 그와 같은 시간을 맞이하게 됨
이니,
7 이것이 지금 너희들이 가고 있는 형국
이니라.
8 그러한 속에서 지금 구약과 신약은 너
희들이 깨닫고 이해하기 어려우며, 또
한 그것을 가르치고 지도하는 지도자

자체도 나 여호와가 무엇을 원하며 무
엇을 요구하는 것이며 내가 추구하는
것이 무엇인지 모르기에 너희들에게
확실한 답을 가르쳐 주지 못하며,
9 그리하여 지금 나의 성령이 잘못 전달
되었으며 그것을 왜곡되게 가르쳐 왔
음이니,
10 그를 바로잡기 위하여 내가 제3의 시
대에 나의 성령을 태워 법전을 세상에
내려보냄이니, 이는 누구나가 다 스스
로 깨우칠 수 있는 그와 같은 역사를
이루고자 함이니라.
11 그리하여 너희들 성서에 기록되어 있
지 아니하던가?
12 내가 너희들에게 다락방에서 기도하
며 골방에서 기도하며 너희 스스로 가
족 단위로 기도하면 내가 듣는다 하였
음이니, 그와 같은 시대가 지금 이루
어지고 있음이니라.
13 이제는 나의 법전을 너희들이 스스로
읽어 기도하는 법을 깨우치며, 하늘에
오르는 길이 어떠한 길이며 어찌 가야
하는지 나의 법전에 다 기록되어 있음
이니,
14 너희들이 나의 법전을 읽고 깨우쳐 너
희 혼자 골방이요, 다락방에서 가족
단위로 나에게 기도하고 경배하면 그
것을 내가 들으며, 하늘에 오르는 길
의 이치가 여기에 있음이니라.
15 모두를 다 내가 너희들에게 기록하여
내려보냄이니라.
16 그리고 너희들은 말하였느니라.
17 너희를 구원할 자를 나 여호와가 보
내 도둑과 같이 조용히 와, 언제 와서
언제 너희들을 구원하고 가는지 그 자
체를 너희들이 모른다 하였음이니,
18 지금 나의 성령이요, 나의 법전이 도
둑과 같이 세상에 내려와 이를 보고
깨우치는 자, 구원하는 그 역사를 시
작하고 있음이니라.
19 사랑하는 선지자야!
20 "네, 여호와 하나님! 말씀하옵소서."
21 너의 제자들에게 일러야 될 것이니라.
22 지금 나의 피조물 만백성이 너희들이
전하고 전한 그 법전을 읽고 방황하는
자 수없이 있음이니,
23 이제 2부의 법전이 세상에 나가 전해
짐으로 인하여 그들은 2부를 접하면
서 그 마음을 확고히 굳힐 것이며,
24 그들이 너를 찾으며, 나아가 너에게
내린 나의 성령인 이 법전을 보고 그
들이 옳고 그름을 구분하여 올 것이니,
25 나의 법전을 읽고 깨우친 그들이 바로
저희 손으로 지은 그 성전에서 하늘에
오르는 길조차도 모르고 뜻도 모르고
그 이치도 모르고 방황하는 그 나의
피조물 만백성을 하늘에 오르는 길로
구원함이니,
26 그리하여 그들이 십계명을 지키고 살
도록 하는 이치를 깨우치며 그를 해명
하여 그들을 깨우쳐 놓는 것이 나의
법전이요, 나의 성령으로 내려보낸 이
책이니,
27 이를 읽고 그들이 판단하여 스스로 깨
우쳐 오는 그와 같은 역사가 이루어지
게 됨이니라.
28 그들이 그들을 구원하게 되어 있음이
니, 이와 같은 역사가 도래하며 변해
가게 되어 있음이니,
29 너는 열심히 네가 가지고 있는 능력껏

최선을 다하여 나의 법전 3부와 4부
…, 10부를 빠른 시간 내에 세상에 전
하여,
30 나의 피조물 만백성이 경탄과 경악을
금치 못하며 그 법전에 그들이 귀를
기울이며 그 법전을 열어 깨우칠 수
있는, 그와 같은 네가 그들을 이끌어
가는 그 역사의 장이 되도록 스스로
너의 제자들과 분위기를 만들어 이끌
어야 할 것이니, 이를 잊지 말고 명심
하여 그리 시행하도록 하라.

2,259 번째 하나님 말씀

2002년 4월 26일 01시 20분

1 사랑하는 선지자야!
2 "네, 여호와 하나님! 말씀하옵소서."
3 내가 너에게 일러 말하였느니라.
4 구약과 신약을 덮으며 제3의 시대를
연다 하였음이니,
5 너는 마지막 나의 성령을 받아 법전으
로 만들어 나의 피조물 만백성을 구할
자와 구하지 아니할 자를 선별하고 있
음이니, 네가 그 얼마나 중대하고 소
중한 임무를 수행하는가?
6 그리하여 지금까지 내가 많은 나의 피
조물 백성을 선지자요, 제사장이요,
예언자라 하여 내보냈으며 능력을 주
어 그들을 내보냈으나 그들이 다 쓰러
졌음이니라.
7 그들이 다 쓰러지는 대로 나 여호와가
그들을 체벌하였으며 그들에게 벌을
주었음이니, 그리하여 그들이 한 시대
의 역사에 획을 그으며 나름대로 그들
이 자리매김을 하며 왔음이니라.
8 그들은 나로부터 무서운 체벌을 받으
며 그들이 지은 죄의 대가를 치르며
그저 흘러갔음이니라.
9 그러나 사랑하는 선지자 너를 내가 체
벌이요, 무서운 벌로써 다루는 것이
아니라,
10 너에게 은혜와 상을 내림으로 인하여
네가 스스로 감화하고 감격하여 너 자
신이 다스려 갈 수 있는 그 심성의 마
음이 남들과 다름이 강하니,
11 내가 너를 그리 다스리고 이끌어 가고
있음이니라.
12 너 또한 내가 너를 매로써 다스리지
아니하며, 벌로써 다스리지 아니하며,
체벌로써 다스리지 아니하며, 잘못한
다 하여 내가 너를 버리지 아니하며,
13 나의 성령을 태워 내리는 160권의 법
전을 세상에 내는 역사를 너는 이루어
야 할 자이니,
14 내가 모든 사랑과 은혜와 은총으로써
너를 다스리고 용서하며 이끌고 가며,
너에게 소중한, 또한 네가 더 이상 구
할 수 없는 네 마음을 다스릴 수 있는
그와 같은 은혜와 영광을 너에게 내렸
음이니,
15 내가 너를 체벌로써 벌로써 다스리지
아니하며 용서하는 마음으로써 너를
다스리고자 하는 것처럼 너 또한 네가
베풀고 사랑하는 마음이 내가 너에게
내리는 그와 같은 방법으로써 너의 제
자들과 나의 법전을 읽고 깨우치는 만
백성을 그리 인도하고 이끌어야 할 것
이니, 이를 잊지 말고 명심하여 행하
도록 하라.
16 모두를 사랑으로써 다스리며 사랑으

로써 그들을 이끌어 나가는 그와 같은
네가 되어야 될 것이니,
17 네가 잘못하여 나로부터 체벌을 받으
며 내가 나의 법전을 기록하는 연필을
꺾고 너를 지옥 불에 던지기 전에 내
가 너를 사랑함이며 용서함이며, 네가
깨달아 너 스스로 갈 수 있는 그 길을
찾을 수 있도록 내가 너를 가르치고
기다림이니,
18 너 또한 너의 제자들이 잘못 가고 흔
들리고 잘못한다 하여 그들을 버리지
말며 사랑으로 다스려 그들에게 기회
를 주고 또 기회를 주어, 너로부터 떠
나는 제자들이 되지 아니하도록 그리
네 마음자리를 잡도록 그리하라, 선지
자야!

2,260 번째 하나님 말씀

2002년 4월 26일 07시 27분

1 사랑하는 선지자야!
2 "네, 여호와 하나님! 말씀하옵소서."
3 나의 피조물 만백성이 구약의 시대를
거치며 그들이 하늘에 오르고자 하였
으며, 그리하여 그 어리석고 불쌍한
나의 피조물 만백성을 구하기 위하여
나 여호와가 너희들이 상상할 수 없는
많은 기적을 인간을 통하여 이루었으
며, 너희들을 바로잡고 가고자 인도하
고자 하였음이니라.
4 그러나 너희들은 무엇을 어찌하였던
가?
5 내가 너희들에게 '나 외에 다른 신을
섬기지 말라.' 하였거늘, 너희들은 우
상을 만들며 그 우상에게 모두를 다
바치는 것을 즐거움으로 하였음이니,
6 너희들은 우상이요, 그 모든 것을, 너
희들이 먹고살고 너희들이 통제하고
다스릴 수 있는 그와 같은 내가 준 모
든 축복의 물질 속에서 그를 바로 쓰
고자 하는 것이 아니라,
7 그리 이용하여 나를 경멸하는 우상을
만들고 그 우상 앞에 고개를 숙이고
금화와 은화를 바치며 환희의 춤을 춤
이니,
8 그와 같은 심성을 가지고 살아온 것이
너희들이니라.
9 내가 너희를 믿으며 나의 계명에 따라
살아 하늘에 와 구원을 받으라 하였으
며,
10 너희들이 스스로 살아가는 이치를 깨
달으며 순리에 따라 너희들이 나에게
기도하고 경배하는 마음으로 살다 내
가 너희들에게 내려 준 그 영혼의 세
계에 다시 와 내 옆에 오라 그리 말하
였음이니,
11 이는 부모가 자식을 기다리는 마음과
같은 심정으로 너희를 내가 기다리고
자 하였거늘,
12 너희들은 나를 경배하고 나를 존경하
며 나에게 기도하는 것이 아니라, 내
가 내려 준 모든 그 물질의 은혜를 이
용하여 너희들이 우상이라는 것을 만
들어 그를 따르고 그를 놓고 광란의
세계를 이끌고자 하는 것이 너희들의
사악한 마음이었으니,
13 이를 어찌 다스려야 할 것이며, 어찌
너희들은 지금 생각해야 되겠는가?
14 그것이 바로 너희들의 심성이요, 너희
들의 마음가짐이니라.

15 그리하여 너희들을 내가 많은 벌로써
다스렸으며, 너희들이 견딜 수 없는
그 고통의 벌을 내가 너희들에게 내려
너희들을 깨우치고자 하였으며 많은
기적의 역사를 이루었으나,
16 너희들은 그 무서움과 두려움을 잠깐
스쳐 가는 너희들의 생각 속에 다 지
워 버리고 너희들의 육신이 그 사악한
욕심과 그 뿌리를 버리지 못하여 우상
을 만들며 그 우상 앞에 절하고 그를
따르고자 하는 그와 같은 광란의 나의
백성으로 변해 갔음이니,
17 그리하여 그들을 바로잡기 위하여 내
가 나의 아들 예수를 세상에 내보내어
성령으로 너희들을 다스리고자 하였
음이니라.
18 기적의 역사가 아니요, 나의 성령으로
써 너희들을 다스리고자 하였으며,
19 너희들은 구약 시대에 우상이 잘못되
었음을 깨달았으며, 나 여호와가 존재
함을 알며 우상을 섬기는 것이 얼마나
잘못하는 것인가를 깨닫고 나의 아들
예수를 통하여 너희들을 구원하고자
하는 나의 뜻을 너희들은 간곡히 기다
렸으며 갈구하였음이니라.
20 너희들은 구약 시대에 나의 모든 업적
과 기적을 보면서 우상을 섬겼음이니,
21 그리하여 너희들이 흐르는 세월 속에
그 우상의 섬김이 잘못되어 너희들이
정녕 나로부터 구원의 길을 열어 주
십사 하는 그 애절한 기도와, 간곡한
너희들의 소망에 따라 내가 나의 아들
에게 성령을 통하여 그로 하여금 나의
뜻을 전하여 너희들을 바로잡고자 하
였으나,
22 너희들이 그리 갈구하고 원하던 나의
아들 예수가 나의 성령을 가지고 가
너희들을 바로 하늘에 오르는 길로 인
도하고자 하였으나 너희들은 또한 어
찌 그를 해하였던가?
23 구약 시대 못지않은 역사를 이루었으
며, 기적을 이루었으며, 나의 성령을
들에서 시간과 때를 가리지 않고 전하
여 나의 사랑하는 피조물 만백성을 구
원하고자 그리하였으나, 너희들은 또
한 나의 아들 예수를 그리 해하였음이
니,
24 구약 시대에 너희들이 나의 뜻을 따르
지 아니하고 우상을 만들어 섬긴 것과
너희들이 또 그리 갈구하여 내가 너희
들을 구원하는 길을 인도하고자 하여
나의 아들 예수가 갔으나 너희들은 그
를 또 그리 살해하여 그를 중단토록
하였음이니라.
25 그리하며 너희들이 뭐라 말하는가?
26 도둑과 같이 하나님의 말씀이 올 것이
라 하며, 또한 너희들을 깨우치는 자,
예수가 재림하여 온다 말하며, 너희들
을 성령으로써 이끄는 자 온다 말하며,
27 너희들은 그가 오기를 간곡히 바라고
또 기도하며 그때를 위하여 너희들이
살아가는 양 지금 광분 속에서 나를
향하여 하늘에 오르는 길이라 하여 기
도하며 경배한다 하며 그리 살아감이
니,
28 지금 내가 나의 피조물 만백성 너희들
이 잘못 가고 지옥으로 가는 그것이
고통스러워, 너희들을 그리 볼 수 없
어,
29 내가 만든 나의 피조물 만백성이 고통

속으로 가는 것을 바라보는 나 여호와
의 마음을 너희들이 달래 주어 내가
그 고통을 벗어나게 해 달라 하여 내
가 나의 제3의 시대에 나의 성령을 내
려 나의 선지자를 통하여 나의 뜻을
너희들에게 전함이니,
30 이는 바로 너희들이 내려 주십사 하고
기도하였으며, 그와 같이 역사가 이루
어지도록 바랐으며, 그리고 도적처럼
와 너희들을 일깨워 주어 구원의 길로
인도해 달라 하였으며, 죽은 자 가운
데 살리는 영광과 축복을 내려 주십사
하고 너희들이 기도하였음이니,
31 내가 그 뜻을 다 들어 나의 성령을 마
지막으로 제3의 시대에 나의 선지자
를 통하여 세상에 내려보냄이니,
32 너희들에게 그와 같은 나의 은총을 마
지막으로 베풀었으나 너희들이 지금
무엇이라 하는가?
33 나의 성령으로 기록되어 내려간 나의
법전을 보며 너희들은 이는 사악한 것
이니 보지 말라 그리하여 너희들이 찢
어 버리고 태워 버리며,
34 마지막 시대에 거짓 선지자가, 너희들
을 지옥의 불로 인도하는 사악한 자가
왔으니 이와 같은 행위를 보아서도 안
되며 그를 따라서도 안 된다 하며,
35 광분한 지금 믿음의 길을 가는 자 너
희들이 나의 법전과 나의 성령을 받아
기록하는 나의 아들이요, 나의 선지자
를 해하고자 하는 것이며, 이를 너희
들이 해할 것이니,
36 이것이 바로 지금 너희들이 살아가는
형태요, 구약과 신약의 시대와 무엇이
다른가?
37 너희들이 만일 이와 같이 무엇을 달
라, 무엇을 이루어 달라, 그리고 도둑
같이 와 달라, 그리고 올 것이다, 그리
고 너희들이 천 년의 왕국을 인도할
것이다, 영원히 사는 하늘나라에 인도
할 수 있는 성령을 보내 달라,
38 또는 나의 아들이요, 예수가 재림하여
올 것이다 하며 기다리며, 보내 달라
너희들이 그리 기도하며 울고 부르짖
으니,
39 그 답을 다 들어주고 지금 내려보냈으
니, 이를 지금은 너희들이 잘못된 자
요, 사악한 자요, 사탄이라 부르짖고
욕하나,
40 세월이 흐른 다음에 너희 백성이요,
너희 후손들이 또한 이를 보고 정녕
이는 여호와 하나님의 선지자요, 아들
이라 말할 것이니,
41 이와 같은 역사의 되돌림을 나 여호와
가 이제는 할 수 없으며, 너희들에게
그리하고자 아니함이니라.
42 그리하여 이것이 나의 마지막이라 하
였으며, 너희들이 소원하고 갈구하는
그 모든 하늘에 오르는 길의 깨우침이
여기 있음이요, 너희들이 하늘에 오르
는 그 깨우침의 기초를 다지는 방법이
여기 있으며,
43 육의 세상에서 너희들이 사는 길이 무
엇인가를 다 알기 쉽게 나열하여 내가
법전이라 하여 세상에 내려보냄이니,
이것이 마지막 심판임을 너희들이 알
아야 할 것이니라.
44 사랑하는 선지자야!
45 "네, 여호와 하나님! 말씀하옵소서."
46 이제는 구약의 그와 같은 역사를 되풀

이하지 아니하며, 신약 시대와 같은
그 무섭고 엄청난 역사를 되풀이하지
아니하며,
47 나의 성령을 마지막으로 내리는 이 나
의 법전이 잘못된 것이라 깨우치는 그
들을 내가 이제는 그대로 받아 줌이
아니라 그들을 단죄하고자 함이니,
48 천 년의 역사에 걸쳐 그들을 단죄하며
나의 백성들만이 나의 이 낙원에 살
수 있도록 그를 위하여 내가 너희들을
이리 깨우쳐 이끌어 가고 있음이니,
49 이 뜻을 나의 피조물 만백성에게 전하
는 데 게을리해서는 아니 될 것이며,
50 너희들 마음자리를 굳건히 하여 그와
같이 밀려오는 파도를 막아 낼 수 있
는 전사로서 견디지 아니한다면 이 법
전 또한, 나의 성령 또한 재가 될 것이
며,
51 오늘에 있어서 마지막 시대에 오는 거
짓 선지자요, 사악한 자의 장난이라
하여 그리 낙인찍힐 것이니,
52 그리 됐을 때 이 사악한 잘못 가는 종
교 지도자들이요, 그 믿음을 따르는
광란의 길을 가고 있는 그들이 어찌
너희들을 해하며 너희들에게 가해를
할 것인가를 너희들은 상상을 못 할
것이니,
53 바로 그들을 깨우쳐 주는 데 너희들이
일어서야 할 것이며, 너희들이 그 모
두를 앞에서 막아야 될 것이며 깨우쳐
가야만 될 것을 잊지 말라.
54 이것이 너희들이 넘어야 할 고개요,
고비임을 잊지 말라.

2,261 번째 하나님 말씀

2002년 4월 26일 08시

1 사랑하는 선지자야!
2 "네, 여호와 하나님! 말씀하옵소서."
3 검은 것이 제가 흰 것이라 소리 지르
며 흰 것을 보고 검은 것이라 소리 지
른다 하면, 많은 무리의 검은 것들이
나약한 하나의 흰 모습을 지닌 그 아
름다운 자에게 검다 소리 지르면 이는
어찌 되겠는가?
4 많은 무리들이 검은 저희들의 형태가
흰 것이라 하나의 하얀 무리에게 소리
를 지른다면 그가 어찌 버티고 견디어
나가야 되겠는가?
5 그 검은 무리들이 공격하는 그 속에서
하얀 모습을 지닌 자는 지혜와 슬기로
움으로써 그를 벗어나야 할 것이며 그
를 모면해야 되지 않겠는가?
6 그리하여 그들의 공격으로부터 피하
는 지혜를 얻는 것이 하얀 모습을 가
진 자가 사는 길이 아니던가?
7 이것이 너희들이 살아가는 세상 속에
서 생각할 수 있는 길이며 처신해야
될 길이며 그러한 살아 나가는 방법을
깨우치면 그가 살아갈 수 있다 생각하
나,
8 나 여호와의 뜻을 따르는 전사로서 검
은 무리와 흰 하나의 모양을 가진 자
가 대적하여 섰을 때,
9 이는 아무리 검은 무리들이 흰 너의
모습을 검다 말해도 너 자신의 그 목
숨을 지탱하기 위하여 그 앞에서 물러
서고 또 그 앞을 피하는 그와 같은 방
법으로써 네가 그 자리를 모면하는 것

이 아니라,
10 너는 모면할 수도 없음이니, 어찌하여
야 되겠는가?
11 그 사악한 검은 무리들이 너를 향하여
갖은 방법과 수단을 가리지 않고 공격
하고 너에게 밀려올 때, 그리고 너를
짓밟아 해하고자 할 때 너는 어찌하여
야 되는가?
12 그곳에서 한 발자국도 네가 물러나서
는 아니 되며 양보를 해서는 아니 되
는 그와 같은 것이 너의 운명이 아니
던가?
13 그리하여 그들 속에서 정녕 저희들이
검다는 것을 깨우치는 양심 있는 자가
돌아서서 너를 보호하며 너를 지켜 주
는 그와 같은 무리가 이루어지고 형성
되어 네가 견디고 나가야 하는 것이
네가 가야 할 길임을 너는 알아야 될
것이니라.
14 그러하니 그 속에서 무섭게 공격해 오
는 그 검은 무리들이 저희들의 그 추
한 모습을 드러내기 싫어 저희들이 하
얀 모습이며, 하얀 모습인 네가 다 위
장된 것이며 거짓된 자라 하여 네 모
습을 갈기갈기 찢어 놓으려 그리함이
니,
15 이와 같은 형국에서 너희들이 육신의
삶을 향하여 어렵고 힘들 때 돌아갈
수 있는 길이 있으며 피해 갈 수 있는
방법을 연구하여 그리 행하면 될 것이
나,
16 너는 정녕 그러한 방법을 쓸 수도 없
으며 행해서도 아니 됨이니, 너는 너
자신이 그들을 견디어 서 있어야 할
것이니라.
17 그리하여 네가 만신창이가 되어 가는
그 모습에, 아무리 너를 갈기갈기 찢
어도 그 하얀 모습이 검게 보이지 아
니하는 것을 보고 그 검정 무리였던
자들 중에 깨우쳐 돌아서서 저희들의
부끄러운 그 모습에 너에게 돌팔매질
하는 그 돌을 막아 주는 자들이 나와
야 될 것이며,
18 돌아서는 자들이 검은 무리를 향하여
그들이 정녕 사악한 자들이라 하여 그
들을 공격하는 그와 같은 역사가 이루
어져야 될 것이니,
19 이것이 네가 가야 할 길이며 네가 이
루어야 할 길이니라.
20 지금 바로 그 검은 무리 속에서 너의
흰 모습을 보고 저희들의 부끄럽고 추
한 그 모습, 아무리 닦고 씻어 내도 변
하지 않는 검은 그 모습을 인정하며
깨달아 그들이 흰 모습으로써 너와 같
이 가고자 하는 그와 같은 소중한 자
들이 바로 너의 사랑하는 제자들이며,
21 나의 법전을 읽고 깨우치는 나의 피조
물 만백성이 검은 제 모습을 후회하
고 바라보며 깨달아서 흰 모습인 너를
따라 그들이 하얀 모습으로써 너와 같
이 가고자 하며,
22 그리하여 나 여호와의 뜻을 따라 그들
이 내가 이루고자 하는 천 년의 왕국
을 지상에 이룰 수 있는 바로 전사들
이라 말하였느니라.
23 사랑하는 선지자야!
24 "네, 여호와 하나님! 말씀하옵소서."
25 아무런 병장기도 없으며 아무런 부하
도 없으며 따르는 자도 없는 네가 천
군만마의 그 모든 군비를 갖춘 장병들

과 대적하여 싸운다 할 때, 네 편에 설
자가 하나도 없음이니라.
26 그것은 그들의 상식으로 볼 때 도저히
있을 수 없으며, 싸워 네가 이길 가망
이 없음이니라.
27 그러나 네가 그와 같은 천군만마의 군
비를 갖춘 장병들 앞에 두려워하지 아
니하며 그곳에 굴복하지 아니하며 네
가 그들과 맞서 싸우고자 하는 그 용
기와 그 모습의 찬란한 빛을 보고,
28 너를 향하여 병장기를 들고 공격하며
너를 갈기갈기 해하려 했던 그들이 돌
아서서 그들의 동료에게 칼과 창을 들
이대는 그와 같은 역사가 이루어지도
록 네 자리를 지켜야 되며 버티고 가
야 하는 길이 너의 모습이니,
29 이와 같은 너의 모습을 너는 깨달아야
할 것이니라.
30 또한 너의 제자들과 나의 법전을 읽고
깨우치는 나의 피조물 만백성이 바로
병장기를 들고 저희들의 동료를 막으
며 그들로부터 공격할 것을 자제해 주
기를 바라며 그와 같이 그들이 공격할
수 없도록 지금 너를 지키는 자들이니,
31 나의 법전을 읽고 깨우친 이들이 얼마
나 소중한 자들이며, 그들의 희생이
얼마나 무서우며, 그들이 얼마나 어렵
고 힘든 길을 가야 하는 것이며,
32 그 노도와 같이 몰려드는 저희들의 전
우들에게 나약한 힘으로써 네가 버티
고 싸우고자 하는 그 용기를 본받아
그들이 너를 지키고자 함이니,
33 그들의 모습을 보고 그들의 전우들이
총칼을 돌려 너희들을 공격하는 자를
막는 자를 너희들이 묵묵히 이루도록
그와 같이 해야 될 것이니,
34 바로 너희들이 곱고 아름다운 모습이
며 당당하고 용기 있는 모습으로써 행
하고 살아가야 하는 뜻이 여기 있음을
깊이 깨우쳐야 할 것이니라, 선지자야!

2,262 번째 하나님 말씀

2002년 4월 26일 08시 40분

1 사랑하는 선지자야!
2 "네, 여호와 하나님! 말씀하옵소서."
3 이제는 지금까지 구약 시대의 나의 백
성들이 잘못 깨우쳐 깨달아 그들이 우
상이라는 것을 섬기며 그 우상 앞에
광란의 짓을 하는 그와 같은 역사가
이루어졌으며,
4 신약 시대에 또한 나의 성령이 세상에
나가 만백성을 구하고자 했던 그 소중
한 한 시대를 단절시켰음이니,
5 그리하여 지금 내가 제3의 시대를 열
어 나의 성령을 태워 이루고자 하는
뜻이 여기에 있음이니라.
6 사랑하는 너를 보내어 너로 하여금 나
의 성령을 받아 너 자신이 깨우쳐 가
며,
7 그리고 너의 제자들처럼 한 사람, 두
사람, 세 사람, 네 사람 개인이 그리
깨우쳐 가 개인이 깨닫기 시작하며,
그 깨달은 개개인의 너의 제자들이 또
한 소집단을 이루게 될 것이며,
8 그 소집단들이 깨우쳐 하늘에 오르는
길이 무엇이며 내가 존재하며 저희들
이 영원히 구원을 받는 길이 무엇인가
를 그들을 깨닫게 함이니라.
9 그리하여 그 소집단이 대집단으로 변

하며, 그리하여 한 나라의 경영이 나
의 뜻에 의하여 나의 메시지와 나의
성령의 주관하에 이루어져 그 백성들
이 살아가도록 그리 내가 이끌어 갈
것이며,
10 그리 이끌어 나가 그 모든 인류라 너
희들이 말하는 나의 피조물 만백성에
게 나의 계명을 지키고 사는 것만이
하늘에 오를 수 있는 길이며 구원을
받는다는 그 깨달음을 전하여,
11 하나의 언어로써 세상을 다 통일하며,
하나의 생활 습관으로써 통일하며, 그
리고 나 여호와가 존재함을 나의 피조
물 만백성이 똑같이 믿으며,
12 나의 성령의 나의 법전이 곧 너희들을
심판하는 것이라는 그 기준을 알아 너
희들이 나의 법전을 읽고 깨우쳐 스스
로 하늘에 오르는 길과 기도하는 방법
을 깨달아 내가 새로운 나라를 이루고
자 하는 그 역사를 너희들부터 이루고
자 함이니,
13 지금 바로 나의 선지자를 통하여 하나
의 겨자씨를 세상에 보내어 그가 성장
함에 따라 너의 제자들이요, 나의 법
전을 읽고 전국 각처에서 개인들이 깨
우치니,
14 그들이 모여 집단을 이루게 되며, 그
집단이 또 국가를 경영하며, 그 국가
가 경영하는 그 집단이 온 나의 피조
물 만백성을 바로 세우고 바로 깨우치
는 그와 같은 역사가 이루는 것을 내
가 지금 주관하며 그리 가고 있음을
너의 제자들에게 일깨워 주어,
15 너희들이 최초로 개인이 깨달음으로
써 얼마나 소중한 자인가를 깨닫고 바
로 가도록 그리해야 될 것이니라.
16 그리하여 지금 내가 선지자 너를 통하
여 모두를 깨우쳐 나의 성령을 내려
법전을 기록하여, 그 법전을 보고 깨
우치는 자들의 직업과 직종과 나이와
그리고 그들의 권력과 권세와 재물이
있고 없음을 이제는 내가 관여치 아니
하는 것이 여기에 있음이니라.
17 각자 능력에 따라서, 그들이 깨우치는
척도에 따라서 내가 그들을 쓰게 됨이
며,
18 그들이 깨달아 너희들이 하늘에 오르
는 길이 무엇이며 오르는 방법이 무엇
이며 하늘에 오르는 삶이 어떤 것인가
를 스스로 깨달아 그들이 그 능력에
따라, 그 환경에 따라 나의 피조물 만
백성을 구하는 역사를 이루어야 되기
때문에,
19 너희들은 모두 특성이 다 있으며 개성
적으로 너희들이 필요하여 나에게 선
택된 자임을, 그리하여 너희들이 소중
함을 알라 하라.
20 지금의 너희들 자신을 바라보며 너희
들의 위치를 보며 환경을 보며 너희들
이 나로부터 왜 선택되었나 하는 것을
너희들이 의구심을 갖지 말며 불안해
하지 말며 고민하지 말라 하라.
21 너희들은 다 너희들을 쓰게 될 장소가
있으며, 너희들이 해야 할 일이 있으
며, 너희들이 나가 너희들의 격에 맞
춰 나의 피조물 만백성을 일깨워 주고
깨우쳐 줌으로 인하여 그가 집단이 될
것이며, 또 대 집단이 되어 한 나라의
경영을 하도록 될 것이며,
22 나의 피조물 만백성이 하나가 되는 그

와 같은 역사가 필요하기 때문에 너의
제자들이 계층에 따라 수천수만의 계
층의 나의 피조물 만백성이 올 것이니,
23 14만이라는 깨닫는 자들이 그저 일률
적으로 깨달음이 아니요, 각자 특성과
나이와 살아가는 방법과 살아온 환경
의 형태와 그 모두가 다 다름이니라.
24 가진 자 없는 자, 권력 있는 자 없는
자, 학식 있는 자 없는 자, 천태만상의
14만 명의 그 계층에 의하여 너희들
이 끌어들이기 때문에 14만 명의 나
로부터 선택된 전사들이 다 다른 이유
가 여기 있음을 알도록 그리 깨우쳐
주라.

2,263 번째 하나님 말씀

2002년 4월 26일 09시 01분

1 사랑하는 선지자야!
2 "네, 여호와 하나님! 말씀하옵소서."
3 많은 나의 피조물 만백성이 이 지상의
아름다운 낙원에 와 나로부터 은혜와
은총 속에서 살아가면서 그들이 무엇
을 갈구하고 원했던가?
4 나 여호와의 형상을 봄이요, 나를 보
며 나와 대화를 하며 나의 음성을 듣
고자 하는 것이 너희들이 아니었던가?
5 그리고 하늘에 오르는 길이 무엇이며
내가 너희들에게 임하여 무엇인가를
깨우쳐 주고 보여 주기를 원하며 살아
왔던 것이 수천 년 역사가 흐르는 동
안에 나의 피조물 만백성이 갈구하고
원했던 것이 아니던가?
6 그를 위하여 모두를 다 바치며, 그를
위하여 너희 인간의 삶의 그 육신 자
체의 그 모두를 그것에 다 맞춰 살아
간 자가 수없이 많이 있음이니,
7 그리하여 그들이 그 삶 속에서 인간의
자세를 흐트러뜨렸으며 인간의 본연
의 질서와 인본주의를 다 무너뜨려 가
며,
8 또한 그와 같이 나의 형상을 보며 나
의 음성을 들으며 나와 대화를 하고자
하여 노력한 자가 얼마나 많았던가?
9 그러나 그들의 소망이 이루어지지 아
니하였으며, 그들의 뜻이 이루어지지
아니하였으며, 그들은 정녕 나를 보지
못하고 나의 음성을 듣지 못하고 그리
갔음이니,
10 너는 오늘 너의 제자들에게 일깨워 줘
야 될 것이니, 나 여호와의 형체를 보
며 나의 음성을 들으며 나와 대화를
하며 하늘에 오르는 길을 나로부터 듣
고 인도받고자 한다면 너희들의 영혼
이 항상 깨어 있어야 한다는 것을 잊
지 말라.
11 너희들이 건전한 방법으로써 건전한
영혼이 깨어 있어야 되니, 그 건전한
영혼이 깨어 있는 것은 바로 너희들이
나의 계명을 지키고 살아가고자 노력
하는 그 속에서 너희 영혼이 깨어 있
음을 알아야 할 것이니라.
12 그리고 너희들은 나에 대한 그 믿음이
얼마나 진실된 마음속에서 이루어져
야 되는 것인가를 알아야 할 것이니라.
13 내가 너희들에게 말하였느니라.
14 너희들이 나의 가슴에 못을 박는 그
행위는 너희들이 내가 착하고 선하게
살라 명해도 그걸 따르지 아니함이요,
15 그리고 너희들이 착하게 살라는 나의

명을 거역하여 사악한 짓을 함이요,
16 그보다 더 사악한 것이 너희들이 죄를
짓고 나에게 회개를 했으며 용서를
빌었다며 기도하며 눈물지어 경배하
는 그 자세가 너희들이 진정한 깨우침
이 아니요, 진실한 회개함이 아니요,
진실한 뉘우침이 아니라 함이니라.
17 너희들이 진실한 뉘우침을 깨달았다
하면 너희들이 그와 같이 기도요, 경
배의 눈물로써 나에게 바치고 나와 돌
아서서 두 번 다시 그러한 것을 행하
지 아니해야 될 것이며, 너희들은 나
를 향하여 전진되어 아름다운 세상과
아름다운 마음으로 살아가는 변화되
는 모습으로 있어야 하거늘,
18 너희들은 나오면서 모두를 다 잊어버
리며 그리 행하는 것조차 행하지 아니
하며, 또 죄를 짓고 사악한 짓을 하며
잘못 가르치는 종교 지도자들의 그 세
치 혓바닥으로 현혹하는 말에 너희들
은 금화와 은화요, 재물을 바치며 또
눈물짓고 회개를 하고 광란의 짓으로
써 나로부터 구원을 받았다 하며 용서
를 받았다 함이니,
19 그것이 바로 너희들이 나의 가슴에 대
못을 박는 망치질을 하는 것과 같다
하였으니, 내가 그 망치질을 멈추게
하기 위하여 나의 법전을 세상에 내보
냈다 너에게 말하였음이니라.
20 이 얼마나 무서운 너희들의 형국이 되
어 있던가?
21 그러나 너희들이 나를 보고 나의 형체
를 보고 나의 음성을 듣고자 한다면
너희 영혼이 깨어 있어야 하며, 너희
들이 진실된 마음으로 기도하는 그 자
세이어야 될 것이며,
22 너희들이 양심에 어긋나는 짓을 하지
아니하며 양심에 의하여 살아가는 그
마음 자세가 이루어졌을 때 모두가 이
루어질 수 있다 내가 말하였느니라.
23 내가 나의 선지자를 통하여 그 제자들
에게 일렀느니라.
24 너희들이 정녕 무엇인가를 원하고 구
하고자 한다면,
25 너희들 마음속에 한 점의 잘못된 검은
점이 없을 때 너희들이 선지자 앞에
와 기도하며 그 소원을 빈다 하면 내
가 그 뜻을 들어준다 하였음이요,
26 만일 그 뜻이 이루어지지 아니하였을
때는 너희들의 마음자리 한 구석에 오
물이 있음이니라.
27 내가 큰 항아리에 생수를 내려 만백성
을 구하고자 하나 그 항아리에 기름
한 방울이 묻어 있는 그 오물이 있다
하면 생수를 부을 수 없다 하였듯이,
28 너희들이 깨끗하게 되어 깨끗한 항아
리로서 생수를 받을 수 있는 그 자세
로 너희들이 서 있다 하면 너희들의
소원이 이루어질 것이며, 너희들의 뜻
이 나의 선지자를 통하여 다 이루어질
것이라 하였음이니라.
29 이 세상 나의 피조물 만백성을 구하기
위하여 나의 피조물 만백성에게 전하
는 것은, 이 지상의 낙원에서 내가 오
로지 나의 성령을 직접 내리는 것은
한 사람이며,
30 한 사람을 통하여 모두를 지시하며 너
희들의 기도하는 모든 것은 이 지상에
한 사람을 통하여 내가 듣고 거둬들인
다 하였음이니,

31 지금은 나의 성령을 내리는 나의 선지
자요, 그를 통하여 나의 성령을 나의
피조물 만백성을 구하는 길로 인도하
고자 내려보내며,
32 너희들이 기도하는 진실한 그 기도는
나의 선지자를 통하여 하늘에 전달됨
이니, 이게 바로 무엇이더냐?
33 나의 아들 예수를 통하여 너희들을 구
원하고자 모든 성령이요, 기적을 세상
에 다 내려보냈음이요,
34 또 그때 역시 모든 나의 피조물 만백
성이 기도하고 경배하는 것은 나의 아
들 예수를 통하여 하늘에 상달되었으
며,
35 그리하여 나의 아들 예수의 이름으로
기도하라 하였으므로 너희들이 그리
기도하였음이니,
36 지금은 바로 나의 선지자를 통함이요,
나의 피조물 만백성을 새로 내가 이루
는 낙원에 살 수 있도록 하는 그 모든
깨우침과 가르침은 오로지 나의 선지
자를 통하여 내려가며, 그 선지자가
나의 성령을 받아 기록하는 그 법전이
바로 나의 성령이며 너희들을 하늘에
오르는 길로 인도하는 그 기본이니라.
37 이리하여 지금 모든 것은 나의 선지자
를 통하여 내려가며 모든 것은 나의
선지자를 통하여 하늘에 상달된다는
것을 너희들이 알아야 될 것이니,
38 이는 지상과 하늘이 한 점으로써 연결
됨이니, 이는 곧 지상에 나의 성령을
받는 깨끗한 자세가 되어 있는 나의
선지자의 가슴에 전달됨이니,
39 그 외에는 전달되는 곳이 없으며 거두
어들이는 곳이 없음을 너희들이 알아
야 할 것이니라.
40 그리하여 내가 너희들에게 이르기를
예수의 시대에 예수의 이름으로 기도
하라 하였듯이 나의 선지자를 따라서
선지자의 이름으로 기도하라 함이 아
니니라.
41 이제는 나의 성령으로써 너희들을 깨
우치고자 내려보낸 나의 법전을 보며
그 속에 너희들이 기도하는 방법이 있
음이니, 이게 바로 너희들이 직접 나
에게 기도를 드리도록 그리하였음을
알라.
42 너희들이 신약 시대에 예수의 이름으
로 기도하며 그 모두는 다 그를 통하
여 하늘에 오른다 하였음이니,
43 이제는 너희들에게 내가 기도하는 방
법을 가르쳐 준 나의 법전, 나의 성령
을 기록하여 내린 그 법전을 통하여
너희들의 모두가 이루어짐을 알라.
44 그곳에 기록되어 있느니라, '저의 죄
를 용서하여 주옵소서.'
45 너희들이 살아오면서 수십, 수만 가지
지은 그 죄부터 먼저 용서를 빌고 너
희들이 나에게 감사드리며 나 여호와
가 원하는 일만을 행하며 살아갈 수
있도록 기도하라 하였음이니,
46 이게 바로 이제는 내가 직접 너희들로
부터 기도를 들음이며 너희들이 나에
게 상달하고자 함이니,
47 다만 너희들이 지상에서 하늘로 올라
올 수 있는 길이라는 것은 오로지 나
의 선지자가 있는 성전이요, 나의 성
전을 통하여 오게 되어 있음을 알라.
48 이것이 지금의 내가 이루고자 함이요,
행하고 있는 역사임을 너희들이 알아

행하여야 될 것이니 그리 알라.

2,264 번째 하나님 말씀

2002년 4월 26일 09시 16분

1 사랑하는 선지자야!
2 "네, 여호와 하나님! 말씀하옵소서."
3 너의 사랑하는 제자들과 나의 법전을
읽고 깨우친 나의 백성들에게 일러야
할 것이니라.
4 나 여호와는 지상을 통제함에 있어서
한 사람을 통하여 나의 성령을 내려보
내며 그를 통하여 내가 모든 너희들의
기도 소리를 상달하여 듣는다 하였음
이니,
5 그리하여 그 기도 소리가 들리는 문이
얼마나 좁은가를 너희들은 알아야 될
것이니라.
6 내가 나의 선지자를 통하여 나의 성령
의 그 뜻을 전하여 나의 법전에 기록
함은, 이 지상의 모두를 통제하는 것
은 나 여호와 하나라는 것을 너희들이
알 것이며, 창조주는 나 여호와 한 분
이라는 것을 너희들이 알 것이니라.
7 그 창조주인 내가 지상을 통제함에 있
어서 한 사람을 통하여 통제하고자 함
이니, 지상의 한 사람을 통하여 통제
하고자 하는 나의 뜻을 너희들이 알
수 있지 않겠는가?
8 이 지상에서 한 사람을 통하여 나의
성령을 내려보내며 한 사람을 통하여
너희들의 모든 기도를 상달하여 듣는
다 하면, 얼마나 좁은 길을 통하여, 좁
은 문을 통하여 그 기도 소리가 하늘
에 상달되는지 알겠는가?
9 그렇다면 너희들은 여기서 깨달아야
될 것이니라.
10 수천수만의 종파요, 나에게 인도하는
길이라 하여 가지각색으로 이끌어 가
며 갖은 형태로 이끌어 가는 그들의
기도가 나에게 들리지 아니하며 나와
무관하다 한다하면, 그들은 얼마나 개
탄할 일이며 얼마나 분하고 억울한 일
이겠는가?
11 이와 같은 뜻을 전해 들은 그들은 나
의 선지자를 갈기갈기 찢어 죽이고자
하는 그와 같은 마음의 분노가 그치지
않을 것이나, 너희들은 여기서 깨달아
야 할 것이 있느니라.
12 신약 시대에 내가 누구를 통하여 나의
성령인 나의 모든 뜻을 세상에 전하여
너희들을 깨우치고자 하였던가?
13 나의 아들인 예수를 통하였으니, 그를
너희들은 인정하지 아니하는가?
14 그리하여 나의 성령의 뜻을 받은 예수
가 시간과 때와 장소를 가리지 아니하
고 나의 피조물 만백성에게 나의 뜻을
전하며 나의 음성을 전하여 그들을 구
원하고자 하였음이니,
15 나의 아들 예수 한 사람을 통하여 지
상에 나의 성령이 내려감을 너희들은
인정하지 아니하는가?
16 그리고 너희들은 나의 아들 예수의 이
름으로 기도하여 하늘에 상달되며 너
희들이 구원받는다 그리 말하지 아니
하는가?
17 너희들은 그를 정녕 인정하지 아니할
수 없으며 그를 부정할 수 없을 것이
니라.
18 너희들은 이를 너희들이 스스로 말하

고 있으며, 너희들이 지금 수없이 부
르짖고 그 길을 위해 달려가고 있으
며, 그 길은 절대 변할 수 없으며 절대
적인 것이라 말하고 있음이니,
19 오로지 예수, 나의 아들의 이름으로써
기도하고 경배하는 것만이 구원을 받
는 길이며 하늘에 오르는 길이라 너희
들이 그리 부르짖고 있음이니,
20 그것을 거부하는 자, 그것이 아니라
하는 자를 너희들은 이단이요, 사탄이
라 말하면서 그와 거래하지 아니하고
자 함이니,
21 이는 너희들이 부정할 수 없이 인정하
고 가야 될 대목일 것이니라.
22 그렇다면 너희들이 하는 그 기도 소리
가 나의 아들 예수를 통하여 하늘에
상달된다 하며 그 소원이 이루어진다
하면, 너희들은 얼마나 좁은 문의 기
도를 하는 것인가?
23 그러나 나의 아들 예수의 이름으로 기
도하는 너희들은 나의 아들 예수가 행
하고자 했던 그 뜻을 같이 행하며 가
는 자의 그 기도 소리만이 예수를 통
하여 하늘에 상달된다는 것을 오늘 깨
우쳐야 할 것이니라.
24 나의 아들 예수가 십계명을 지키는 것
이 하늘에 오르는 길이라 말하였으며
선하고 아름답게 사는 것이 너희들이
하늘에 오르는 길이라 말하였다면, 그
리 지키지 아니하고 그리 살지 아니
하는 자의 그 기도 소리는 하늘에 들
리지 아니할 것이니,
25 수천, 수억의 나의 피조물 만백성이
내가 만든 이 아름다운 지상의 낙원에
서 어떠한 형태든, 어떠한 집단이든,
너희들이 힘을 과시하며 가든, 또는
그 집단의 힘이나 위대함이 하늘을 치
솟을 듯이, 하늘을 거부할 듯이 그와
같은 방대한 조직을 가지고 있는 자들
이라 할지라도,
26 나의 아들 예수의 이름으로 기도한다
면, 나의 아들 예수가 원하는 것이 무
엇이었으며 바라는 것이 무엇이었는
가?
27 그가 원했던 그 조건에 따라 행하고
살아가는 자만이 그의 기도가 예수를
통하여 하늘에 상달된다는 그 이치를
내가 선지자를 통하여 깨우치고자 전
하는 이 뜻을 과연 너희들은 부정하겠
는가, 인정하겠는가?
28 너희들은 이 대목에서 인정을 하고 넘
어가야 될 것이니, 너희들이 부정할
여지가 없을 것이니라.
29 나의 아들 예수가 너희들을 위하여 이
지상의 모든 기도요, 너희들이 원하는
것을 하늘에 상달하는 역할을 했다 하
면 나의 아들 예수가 원하는 것이 있
을 것이니,
30 그 원하는 것을 하지 않는 자가 나의
아들 예수의 이름으로 기도하며 경배
한다 하여 그것이 무조건 하늘에 상달
된다 하면, 너희들이 과연 이 이치가
맞다 생각하는가?
31 너희들의 좁은 소견이요, 좁은 생각으
로도 그 이치는 맞지 아니할 것이니라.
32 여기서 너희들이 깨달아야 될 것이며,
나의 피조물 만백성 너희들이 이 대목
을 읽으면서도 깨우치지 못한다 하면
이는 누구도 너희들을 깨우쳐 줄 수
없음이니라.

33 오로지 너희들은 지옥 불로 그저 가는
것뿐이니, 너희들의 기도 소리가 상달
되지 아니한다는 것을 알아야 할 것이
니라.
34 나의 아들 예수가 원함이 있음이니라.
35 어찌 살아가라 하며 원함이 있음이니
라.
36 그리 살아가는 자의 그 기도 소리만을
들어주며, 그리 살아가며 기도하는 자
만이 나 여호와의 아들인 예수의 이름
으로 기도할 수 있는 자격이 있다 그
가 말하였음이니, 너희들은 그 대목을
삭제하였음이니라. 그리고 그 대목을
무시하였음이니라.
37 다만 너희들이 그 대목을 말하지 아니
한다 하여도 예수가 기록해 놓은 모든
성서의 그 뜻대로 살아야만 될 것이
니, 그 뜻대로 살지 못하는 자는 예수
의 이름으로 기도할 자격이 없음을 알
라.
38 예수가 가르치기를 너희들에게 도둑
질하라 했으며, 거짓 하라 하였으며,
재물을 바치며 죄를 짓고 용서를 빌라
그리 말하고 가르쳤던가?
39 그가 뭐라 가르쳐 성서에 임하였던가?
40 그 성서대로 살지 못하고 죄를 짓고
용서 빌며 또 구원을 받는다 매달리는
자가 돌아 나와 다시 그와 같은 짓을
한다면, 이는 천 날 만 날 너희들이 회
개해도 아니 되며, 그 기도는 예수를
통하여 하늘에 오를 수 없음이니,
41 이는 예수가 지키고 살라는 것을 너희
들이 지키지 아니하기 때문이니라.
42 오늘 내가 나의 선지자를 통하여 나의
피조물 만백성을 정녕 구원하고자 하
기에 예수가 행하였던, 예수가 받았
던, 예수가 원했던 그 조건을 다시 한
번 상기시켜 줌이니라.
43 내가 너희들을 그리 아끼고 사랑하기
때문이니라.
44 방황하는 너희들을 바로잡고자 함이
니라.
45 나의 아들 예수는 나 여호와가 내리는
그 십계명을 지키고 살라 명하며 그를
전파하고자 하였음이니라.
46 나의 십계명대로 사는 자만이 예수의
이름으로 기도할 수 있으며, 그리 살
고 기도하는 자의 기도만이 예수를 통
하여 하늘에 상달될 수 있다는 것을
확실히 말하였으며, 오늘 내가 다시
너희들에게 이를 명함이니, 이 뜻이
거역됨이 있는가 너희들은 한번 돌이
켜 생각해 보라.
47 너희들이 십계명을 지키고 살아가겠
다는 각오가 있고 십계명대로 사는 것
만이 하늘에 오른다 생각하며 십계명
대로 사는 것만이 하늘에 오르는 뜻이
며 나 여호와 하나님의 뜻이라 생각한
다 하면 너희들은 이것이 옳은 말이라
기록할 것이며, 그리고 너희들은 깨달
아 하늘에 오르는 그 길을 볼 것이며
나의 법전의 뚜껑을 열 것이나,
48 십계명대로 살 수 없으며 이는 도저히
지킬 수 없다며 등 돌리고 돌아서는
자, 그자는 내가 지금 선지자를 통하
여 내리는 나의 이 성령이 거짓 선지
자가 하는 얘기요, 사악한 자가 하는
것이라 하며,
49 마지막 종말의 시대에 사악한 선지자
가 와 세상을 혼란시킨다 하였으니 그

가 왔다 하여 돌을 던지고 욕할 것이
니,
50 그 돌을 던지고 욕하는 자, 그는 스스
로 내가 불로 쓴 십계명을 지킬 수 없
으며 내가 예수를 통하여 전하여 성서
에 기록되어 있는 그 내용을 지키지
못하는 자이니라.
51 너희가 도둑질할 때 네 팔을 잘라서
그를 다스리라 했으며, 눈을 빼서 네
눈을 다스려 너를 다스리라 하였음이
니, 너희는 과연 그와 같은 죄를 범하
지 아니하였으며 실수한 적이 없는가?
52 너희가 그를 범하고 실수할 때 그와
같은 행위를 했는가?
53 그러지 못한 자는 나의 아들 예수의
이름으로 기도할 수 있는 자격이 없음
을 알라.
54 내가 나의 선지자를 통하여 말하였느
니라.
55 그리 가르치는 것이 아니라, 마음으로
써 도둑질하고자 하는 팔의 그 마음을
거둬들이며 더러운 것을 보고 즐거워
하는 눈의 그 마음을 거둬들임이니,
그 모두는 마음의 다스림에 있다 말하
였느니라.
56 너희들은 어찌 행하였는가?
57 성서대로 과연 너희들은 살아왔는가?
58 너희들이 편리하고 좋은 것만을 강조
하지 아니했는가?
59 성서라는 것은 너희에게 가장 어렵고
힘든 것을 너희 것으로 만들어야 한다
하였음이니라.
60 그리하여 너희들이 지키고 지키라.
61 어려운 대목은 너희들이 지켜야 할 과
정인 것이며, 너희들이 죄 짓고 재물
을 바치고 용서의 눈물을 흘리면 회개
해 준다는 것은 너희들과 관계가 없음
이니라.
62 그건 너희들에게 가장 유리한 이야기
이며, 너희들이 죄 짓고 불안한 그 마
음을 우선은 달래 주는 그와 같은 행
위이기 때문에 그러한 대목은 너희들
이 삭제하며 나의 성서를 보아야 되는
것을 깨우쳐야 될 것이니라.
63 나 여호와가 선지자를 통하여 나의 피
조물 만백성 너희들을 구하고자 하는
나의 뜻에 거짓이 있으며 잘못됨이 있
는가?
64 내가 성서의 그 내용이 너희들에게는
가시나무 채요, 가장 무서운 것이기에
너희들에게 유리한 모든 내용은 다 삭
제하며 듣지 말라 하였음이니라.
65 다만 너희들이 지키기 어렵고 가기 힘
든 그것만이 너희들의 덕목이며 너희
들 것이라 말하였음이니, 그를 지키고
살면 하늘에 오를 수 있다 하였음이니
라.
66 내가 나의 선지자를 통하여 너희들에
게 뭐라 가르쳤는가?
67 너희들은 욥이라는 나의 백성이 사탄
으로부터 어려운 시련과 고통을 겪고
인내하는 것만이 너희들의 몫이요,
68 내가 욥에게 내린 그 상과 상품과 영
광은 너희들과 관계가 없는 것이며 오
로지 나의 주관하에 이루어진다는 그
러한 마음으로 믿음의 길을 가라 하였
음이니라.
69 너희들이 욥의 고통이 지난 다음에 은
혜와 은총이 있을 것이라는 생각을 하
고 믿는 자, 그는 진정한 믿음의 길을

가는 자가 아니라 내가 말하여 너희들을 깨우쳤음이니, 성서에 기록된 것도 마찬가지이니라.
70 너희들이 유리한 쪽으로 생각한 것은 너희 몫이 아니요, 내가 할 부분이니라.
71 그리고 너희들이 어렵고 힘들고 고통스러운 그 계명을 지키고 가는 것만이 너희들 것이요,
72 너희들이 예수의 이름으로 기도하여 은혜로써 또 보혈로써 구원을 받고 안 받는 것은 나의 몫이니,
73 너희들이 말로써 그리 생각하여 너희들이 그리 행해서는 아니 되는 것이 나의 뜻이니라.
74 이것이 성서의 비밀이며 하늘의 뜻이라는 것을 알라.
75 그것이 바로 가장 중요한 대목이니라.
76 너희들은 예수의 보혈로써 은혜를 받았으며, 죄지은 자 성전에 와서 금화와 은화를 바치고 기도하고 눈물로 회개하면 용서해 준다는 그 대목을 성서에서 삭제해야 될 것이며,
77 성서에 비록 기록되었다 하더라도 너희들과는 아무런 관계가 없으며 너희들과는 관계없는 대목임을 알아야 될 것이니라.
78 그것은 나 여호와가 하는 것이며, 너희들을 용서하고 용서하지 아니하며 베풀고 베풀지 아니하는 것은 나의 대목이요, 나와 관계된 것이지 너희들과 관계됨이 아님을 알라.
79 이것이 하늘의 비밀이니라.
80 내가 나의 선지자를 통하여 법전을 세상에 내려보냄이니, 이것 또한 어떤 것이더냐?
81 너희들이 하늘에 오르는 길이요, 구원을 받는 길은 예수가 행하고자 했던 그 뜻대로 그리 행하는 자만이 예수의 이름으로 기도할 수 있는 자격이 있다 하였으니, 나의 성령이요, 나의 법전은 무엇이더냐?
82 내가 말하였느니라.
83 나의 선지자를 통하여서만이 하늘의 뜻이 지상에 내려가며, 너희들이 수많은 그 크고 작은 종교 집단에서 기도하는 것은 하늘에 하나도 상달되지 아니하며,
84 오로지 나의 선지자를 통하여 상달되는 가장 좁은 문의 그 길을 통하여만 하늘에 오를 수 있다 하였음이니, 이를 여기서 너희들이 깨달아야 될 것이니라.
85 내 사랑하는 나의 선지자요, 나의 아들의 제자, 나의 뜻을 따르는 나의 백성인 너희들은 알아야 할 것이니라.
86 나의 성령대로 사는 자만이, 나의 성령의 뜻대로 살아가고 행하는 자의 기도 소리만이 선지자를 통하여 하늘에 상달됨을 알아야 할 것이니라.
87 예수의 뜻대로 살아가지 아니하는 자가 기도하는 것은 하늘에 상달될 수가 없다 했듯이,
88 직접 나의 성령을 태워 내가 성령으로써 나의 선지자인 나의 아들을 통하여 세상에 내려보낸 그 법전에 구구절절이 써 있는 그 내용대로 살지 아니하고 실천하지 아니한다면 지금 선지자를 통하여 너희들의 기도가 상달되지 아니함이니,

89 그 선지자의 좁은 문을 너희들이 통과
할 수 없음이니, 너희 기도 소리 또한
들리지 아니함이니라.
90 오로지 지상의 한 거점을 통하여, 나
의 선지자를 통하여 모든 너희들의 소
원이요, 너희들이 원하고자 하는, 또
한 하늘에 오르고자 하는 그 빛을 보
는 그 기도 소리가 하늘에 오름이니,
91 너희들이 하늘에 오르고자 하는 그 길
을 알고 열고자 함이며 너희들의 기도
소리가 내 사랑하는 선지자를 통하여
나에게 상달되며 구하고자 하거든 나
의 법전을 읽고 그대로 깨우쳐 행하여
야만 될 것이니라.
92 그것을 그대로 행하지 아니하는 자,
그대로 실천하지 아니하는 자의 그 기
도 소리가 나에게 들리지 아니한다는
것을 너희들이 알아야 할 것이니, 이
를 깊이 깨우쳐 나의 피조물 만백성에
게 전하라.
93 너희들이 소원하는 것, 원하는 것, 너
희들이 이루고자 하는 것이 있다면,
나의 법전을 읽고 깨우쳐 그대로 행하
고 살아가는 자만이 그의 기도하는 소
리가 나의 선지자를 통하여 하늘에 상
달됨이니, 이 뜻을 잊지 말라 이르라.

2,265 번째 하나님 말씀

2002년 4월 26일 21시 18분

(강론을 마치며)

1 사랑하는 선지자야!
2 "네, 여호와 하나님! 말씀하옵소서."
3 너의 제자들에게 이르라.
4 너의 제자들은 정녕 지금 시간이 없음
을 어찌 모르는가?
5 너의 제자들에게 지금 정녕 시간이 없
음을 알라 일깨워 주라.
6 너희들은 언제까지 진리를 탐구하며
진리를 깨우치며, 그 진리를 깨우치고
자 공부하는 그와 같은 시간에만 매달
리겠는가?
7 지금 너희들은 그 시간이 없음이니라.
8 나의 피조물 만백성의 생활 속에 뛰어
들어 그들을 구원하고 인도하는 것이
중요함을 너희들은 어찌 그리도 모르
는가?
9 지금 모든 나의 지상의 낙원이 병들어
쓰러져 가고 있음이니, 이를 구원할
자 너희들이니, 나의 피조물 만백성을
어찌 너희들이 구원할 수 있다 말하는
가?
10 너희들은 지금 진리의 그 뜻을 깨우치
고자 매달리고 연연할 시간이 없음이
니라.
11 너희들이 나의 피조물 만백성을 구원
하고 그들을 인도함은 그 생활 속에
용감히 뛰어들어 그들을 구원하는 그
속에서 너희들 자신을 지킴이 중요함
이니라.
12 이제는 너희들이 나의 뜻을 알며 나
여호와가 존재함을 알며 너희들이 나
의 뜻을 지켜 살아가고자 하는 것을
알고 있음이니,
13 이 지상 나의 피조물 만백성 중에서
그와 같은 간단한 이치요, 진리를 깨
우친 자들이 너희들뿐이니,
14 이 진리요, 이치를 깨우치기 위하여
나의 피조물 만백성이 수천 년 동안
그와 같이 저희들이 어디에 서 있는

것이며 저희가 어찌 가는 것이며 구원
을 받는 것인지 받지 못하는 것인지도
이해하지 못하고 방황 속에서 그들이
그냥 죽어 지옥으로 흘러갔음이니라.
15 내가 오늘 선지자를 통하여 너희들에
게 그리 말하였으니, 정녕 너희들은
지금 시간이 없음이니라.
16 너희들이 더 배우고 깨우치겠다는 그
시간보다는 너희들이 생활 속에 뛰어
들어 가 나의 피조물 만백성을 구하는
역사를 지금서부터 이루어야 될 것이
니라.
17 너희들 같은 자 없음이니라.
18 내가 말하지 아니하였던가?
19 내가 나의 선지자를 통하여 너희들에
게 전하는 그 말의 이치와 뜻이 틀리
거든 너희들이 선지자에게 그 의문을
제시하라.
20 나의 아들 예수를 세상에 내보내어 나
의 아들 예수를 통하여 나의 성령을
내려 그 입을 통하여 나의 피조물 만
백성을 구하려 하였으며,
21 나의 아들 예수를 통하여 그들의 모든
어렵고 힘든 그 기도 소리를 내가 들
어주었음이니,
22 그들이 그리하여 나의 아들 예수의 이
름으로 기도한다 그리하지 아니하였
는가?
23 그러나 그와 같은 이치의 결과가 어찌
되었던가?
24 그리하여 지금 내가 나의 선지자를 통
하여 나의 선지자의 이름으로써 너희
들에게 기도하라 함이 아니니라.
25 너희들이 직접 나의 성령을 읽고 깨우
쳐 나 여호와에게 직접 기도하고 경배
하라 함이니,
26 이와 같은 엄연한 뜻을 너희들이 안다
하면, 이 이치를 깨닫고 이를 시행하
는 자, 이 세상 나의 피조물 만백성 중
에 너희들밖에 없다 한다 하면 너희들
이 얼마나 소중한 자들인가?
27 그리고 너희들이 해야 할 그 책임이
얼마나 막중한 것인가?
28 여기에 너희들이 안주하고, 전진하는
그 일을 중단해서는 아니 됨을 깨우쳐
야 할 것이니라.
29 오로지 나의 선지자를 통하여서 성령
을 너희들에게 전하며, 깨우친 너희들
이 나가서 그 생활 속에서 잘못 가는
나의 피조물 만백성을 구하지 아니하
고 인도하지 아니한다면 누가 하게 될
것이며 누가 인도하겠는가?
30 너희들에게는 시간이 없음이니라.
31 나의 피조물 만백성을 구하는 데 그
시간이 없음이니라.
32 이제는 너희들이 모든 진리의 뜻을 깨
우쳤으며, 너희들만큼 세상사 이치와
하늘에 오르는 길과 진리를 깨우친 백
성이 없음이니,
33 너희들이 깨우치고 있는 그 깨달음을
위하여 나의 피조물 만백성이 몇천 년
동안 수없이 죽어 갔으며 오늘의 그
역사가 반복되어 흘러간 것을 너희들
은 모르겠는가?
34 그러나 너희들은 지금 깨우치고 알고
있음이니라.
35 그를 나의 피조물 만백성에게 전해야
할 자가 너희들이니, 너희들은 이제
뛰어들어 그들을 구원하는 데 조금도
주저하지 말아야 할 것이니 그리 알라.

2,266 번째 하나님 말씀

2002년 4월 27일 06시 52분

1 사랑하는 선지자야!
2 "네, 여호와 하나님! 말씀하옵소서."
3 내가 너에게 일러 말하기를 진리란 끝
이 없으며, 나 여호와가 너희들에게
깨우치고 가르치고자 하는 그 진리의
뜻이 끝이 없다 말하였음이니라.
4 그리고 너희들이 변해 가는 그 모습이
한 길의 변함이 아니요, 수천수만 가
지 그 속에서 너희들이 깨닫고 또 깨
달으며,
5 누에가 뽕잎을 하나하나 먹어 가듯이
그리 잠식하는 방법으로써 너희들이
모든 악의 씨를 하나하나 소화시키며
선하고 아름다운 것을 향하는 그 마음
이 그와 같이 퍼져 나가면 되는 것이
니,
6 너희들은 영혼이 죽어 나에게 올 때까
지 변하고 또 변하여 가는 것이 너희
들의 모습이니,
7 너희들이 얼마만큼 변하여 어찌 경지
에 올랐으며 너희들이 얼마만큼 변하
였다 하는 그와 같은 생각을 해서는
아니 된다 내가 너에게 일렀듯이, 그
변하는 모습과 변하는 형태는 끝이 없
음을 알아야 할 것이니라.
8 그리하여 너희들이 말하기를, 인간은
영원히 나 여호와의 뜻에 따라 살 수
없으며 완벽하게 살 수 없다 말하는
것이 아니더냐?
9 그리하여 내가 너희들이 깨닫고 노력
하고 변하는 만큼 그 노력의 뜻에 따
라 내가 너희들을 구원하고 아니함은
또한 나에게 달렸다 말하였음이니라.
10 이제 변하기 시작하며, 전진하기 시작
하며, 나 여호와의 뜻이 무엇인가를
깨닫고 가는 백성은 이 세상에 너희들
뿐이라 하였음이니,
11 이제 너희들은 진정한 나 여호와가 원
하는 길이 무엇이며 내가 또 이루고자
하는 것이 무엇인가를 아니,
12 이제는 너희들이 영적인 삶을 위하여
모두를 다하여 전진하여야 할 때가 되
었음을 알아야 될 것이니라.
13 그리하여 너희들이 영혼의 그 영적 삶
을 위하여 그 아름다움 속에서 아름다
운 삶을 유지하고 영위하며, 또한 그
것을 너희 육신의 후손들에게 유산으
로 길이 남길 수 있는 그와 같은 너희
들의 변하는 모습이 소중함이니, 이를
알아야 할 것이니라.
14 내가 새로운 시대, 새로운 역사를 이
루어 감에 있어서 너희들은 새로운 영
적인 삶을, 그 영적인 변화를 위하여
노력하고 그리 살아야 할 것이며,
15 그리하여 너희들은 너희 후손들에게
그 영적 삶의 영원한 아름다움을 유산
으로 남겨 주는 그와 같은 역사를 이
루어야 할 것이니 이를 잊지 말고 명
심하여 행하여야 할 것이니라.

2,267 번째 하나님 말씀

2002년 4월 27일 07시 14분

1 사랑하는 선지자야!
2 "네, 여호와 하나님! 말씀하옵소서."
3 내가 이 세상에 가장 아름답게 나의
백성 남녀를 만들어 낙원의 에덴동산

에서 하늘에서 이룬 것같이 지상에
낙원을 이루어 아름답게 살라 하였으
나 그들은 나의 뜻을 거역하였으며 나
를 버렸음이니라.
4 그리하여 구약 시대에 그 많은 나의
피조물 만백성이 살아가며 그들을 다
스리고 낙원을 이루고자, 나에게 오르
게 하고자 그들에게 살아갈 지침을 내
렸으나,
5 그들 또한 너희들이 상상할 수 없을
만큼 나에게 등을 돌렸으며 나를 버
려, 죽은 자들이 되었음이니라.
6 그러나 나 여호와가 너희들을 버리지
아니하며 나를 대신하여 나의 아들까
지 세상에 내려보내어 너희들이 아름
다운 삶을 살며 하늘의 낙원처럼 이
지상의 동산에 낙원을 이루게 하고자
하였으나 그 또한 실패하였으니,
7 지금은 사악한 무리들이 이 세상을 다
덮고 있으며 그 사악한 무리를 걷어
낼 수 있는 힘이 아무도 없음이니라.
8 그리하여 나의 선지자를 통하여 160
권이라는 나의 성령의 말을 법전으로
기록하여 세상에 내려보내니, 이 험악
하고 험악한 나의 동산을 바로잡을 수
있는 것은 그것뿐이니,
9 오늘 나의 성령의 뜻을 따르며 나의
법전을 믿으며 나 여호와가 존재함을
믿고 따르는 너의 제자들, 너희들은
힘들고 어려운 오늘의 삶에 연연하지
말며,
10 이 사악하고 썩어져 가는 나의 지구의
동산을 너희들이 아름답게 바꾸며, 오
로지 천사와 같은 너희 후손만이 살
수 있는, 그 찬란하고 영광된 너희들
의 미래에 이루어질 그 일을 상상해
보라.
11 모두가 다 썩어져 가고 죽어 간 나의
동산 이곳에서 나의 피조물 만백성의
악의 씨들이 다 제거됨이요,
12 오로지 너희들의 후손인 천사와 같은
자들이 이 지상의 낙원에 살아 하늘에
서 이루어진 것같이 이 땅에서 이루어
지는 그 화려하고 찬란한 미래를 상상
해 보면,
13 너희들이 오늘의 고달프고 힘듦이 얼
마나 축복된 것인가를 알게 될 것이니
라.
14 그리하여 지금 잘못 가고 있는 나의
모든 백성들을 바로잡고 이끌어 가는
그 역사가 시작되고 있음이니,
15 이는 오로지 너희들이 진실된 마음과
진정한 마음으로 나 여호와를 믿고 행
하며 너희 스스로 변해 가는 그 역사
속에서만이 그 찬란한 미래가 이루어
질 수 있다는 것을 너희들이 잊어서는
아니 될 것이니라.
16 오로지 너희들이 진실된 믿음과 진실
된 마음속에서 양심을 지키며 질서를
파괴하지 않는 그와 같은 삶을 영위하
는 속에서 내가 이루는 미래의 그 찬
란하고 영광된 나라가 건설되고 이루
어짐이니,
17 너희들은 상상할 수도 없는 그와 같은
시대의 역사가 이 나의 지구의 에덴동
산에서 이루어질 것이니,
18 그때를 생각하며 너희들이 오늘의 모
든 시련을 겪고 인내하고 가야 할 것
이니라.
19 이를 너의 제자들에게 일깨워 줘 그들

이 지치고 쓰러질 때마다 미래의 그
영광된 나라를 위하여 씨앗을 뿌리고
있음을 깨우쳐 행하도록 그리하라, 선
지자야!

2,268 번째 하나님 말씀

2002년 4월 27일 08시 16분

1 사랑하는 선지자야!
2 "네, 여호와 하나님! 말씀하옵소서."
3 네가 너의 제자들에게 일러 말하지 아
니하였더냐?
4 이제 모든 인간관계의 그 틀을 벗어나
나 여호와를 향하여 하늘에 오르는 길
을 알며,
5 네가 인간 세상의 삶을 벗어나 영의
삶을 살아가야 함이며, 이제 네가 그
리 되었다 말하였음이니, 오로지 너는
어찌 살아야 하겠는가?
6 나 여호와가 나의 아들을 보냈으며 그
백성을 내가 사랑하고 또한 내가 너희
들에게 일깨우고 가르치고자 했던 그
나의 계명을 지키지 아니한 너희들을
내가 또 사랑함이니, 너는 그와 같은
마음으로써 살아가야 하는 것이니라.
7 네 마음과 네 얼굴에 웃음이 떠나선
아니 될 것이며, 가장 평온한 마음으
로, 가장 행복한 자세로써 살아가는
그 모습이야말로 네가 모두를 다 버리
고 지상의 삶의 육신의 세계에 더덕더
덕 붙어 있는 그 육신의 고리를 끊은
것이라 말할 것이니,
8 네가 살아가는 모습이 굳어져 있으며,
네가 웃음을 모르며, 네 생활에 있어
불안과 초조를 느끼며 살아간다 하면,
너는 정녕 인간 세상에서 그 세속의
삶을 벗어나지 못한 자임을 알아야 될
것이니라.
9 너는 나의 성령을 받아 세상의 나의
피조물 만백성을 구하는 그 법전을 기
록하며, 미래에 이루어질 그 역사를
알며, 나 여호와가 이루고자 하는 것
을 알며, 또한 그 모두는 이루어질 것
이라 알고 있는 네가 무엇이 두려우며
무엇 때문에 웃음을 잃고 살아야 하는
가?
10 그리고 네가 갈 수 있도록 나 여호와
가 너에게 모든 은혜와 은총을 내리
며, 또한 네 마음을 다스리며, 너를 정
녕 파장으로부터 구원해 주며 너 자신
이 스스로 갈 수 있도록 너를 보필하
는 너의 제자들의 그 마음이 하늘에
닿아 있음이니,
11 네가 무엇 때문에 네 그 모습에 웃음
을 잃으며 정녕 내가 이루고자 하는
그 사랑을 실천하지 못하고 사는 사람
이 되어야 하겠는가?
12 너는 여기서 알아야 될 것이니라.
13 몇천 년의 역사가 흘러 사악한 나의
피조물 만백성이 살아가는 길이며 예
수 시대에 예수를 통하여 모든 너희들
의 구원의 길을 내가 거두어들였다 하
였음이니,
14 지금은 나의 법전을 통하여 세상에 전
하는 네가 있는 이 성전이요, 너를 통
하여 너희들이 상달하는 그 모든 뜻을
받고 들어주는 나 여호와라 말하였음
이니,
15 하늘에서 내리는 나의 뜻을 받아 만백
성을 구하며 그들이 원하는 그 소망을

들어 하늘의 나에게 올리는 역사를 하
고 있는 네가 무엇이 두려우며 무엇이
어렵기에 네가 항상 웃고 인자한 모습
으로 살아갈 수 없는가?
16 그렇다 하면 이는 정녕 네가 나의 뜻
에 따라 행하는 자라 말할 수 없음이
니라.
17 사랑하는 선지자야,
18 네 머리가 백발이 되면 네가 모든 인
자하고 아름다운 모습을 갖는다 했으
니, 지금 네가 깨닫고 하늘의 이치를
알며 하늘의 경지에 오름은 네가 오늘
그리하리라.
19 네가 그와 같은 행동과 그와 같은 마
음의 자세로 살아갈 수 있으며, 모두
를 다 사랑하며 모두를 사랑하는 마음
으로 가슴에 안을 수 있는 것이 너이
니라.
20 너 한 사람 세상에서 나의 성령을 받
으며, 정녕 나의 성령을 따라 나의 법
전을 만들어 온 백성을 구하며,
21 하늘의 뜻이 너를 통하여 이 지상을
통제하며, 모든 자들이 기도하고 소원
하며 원하는 그 모든 기도를 선별하여
하늘에 바치는 역사를 이루고 있는
자, 이 지상에 너 한 사람이며,
22 이제는 영원히 그와 같은 역사를 이룰
수 없다 하여 내가 마지막이라 하였음
이니,
23 이제는 나의 성령을 모두 태워 너희들
에게 내려보내며 너희들을 이끌어 갈
이니, 그 외에 무엇이 또 있으며 다음
의 시대에 어떠한 역사가 이루어지겠
는가?
24 이제 너를 통하여 나의 성령 모두를
다 내려보내어 160권이라는 그 장서
로써 천 년의 역사에 걸쳐 나의 피조
물 만백성에게 내가 이루고자 하는 그
역사를 이루고자 하는 것이며, 너희들
은 그 미래를 보고 그 미래를 향하여
가는 자들이니라.
25 너희들이 이 사악하고 잘못된 나의 피
조물 만백성을 깨우치고 일깨우며 이
썩어져 가는 지구의 나의 동산을 바로
세우는 그 역사를 이루어야 하는 것이
며 그를 행하고 가는 자들이니, 너희
들이 얼마나 찬란하고 위대한 빛을 발
하며 영광스럽게 살아가는 자들이냐?
26 너희들보다 소중한 자들이 없으며 너
희들 외에 나의 피조물 만백성을 구할
자 없음이니, 너희들은 이와 같은 뜻
을 깨우쳐야 할 것이니라.
27 너희들에게 다시 내가 명하나니, 이
세상의 모든 사악한 무리들이 제거되
며 아름답고 영광된 세상의 미래에 열
리는 그 찬란한 영광만을 너희들은 바
라보면서, 오늘 열심히 웃음을 지으며
천사와 같은 그 모습으로 살아가는 데
최선을 다하여 너희들의 마음속에 있
는 그 모두를 날려야 될 것이니라.
28 너희들이 웃는 모습으로써, 인자한 모
습으로써, 사랑하는 모습으로써 살지
못하고 모두를 다 사랑할 수 없는 것
은 사악한 마음의 뿌리가 너희들 가슴
속에 있기 때문임을 알아야 할 것이니,
29 이와 같이 너희들이 이루고 살아가지
못함은 너희들이 아직 인간 세속의 그
모두를 정리하지 못한 증거이니, 너희
들 또한 누구와 차별화할 수 있다 하
겠는가?

30 사랑하는 선지자야,
31 나의 성령을 받아 기록하는 사람이 세
상에 너 하나니, 너는 나의 뜻을 따라
내가 이루고자 하는 그 사랑의 모형이
요, 사랑의 마음이요, 사랑의 형태요,
그를 그대로 실천하는 것이 중요함이
니, 이를 명심하여 행하도록 하라, 선
지자야!

2,269 번째 하나님 말씀

2002년 4월 27일 08시 45분

1 사랑하는 선지자야!
2 "네, 여호와 하나님! 말씀하옵소서."
3 내가 너희 만백성을 구하고자 했던 뜻
이나 나의 법전을 통하여 너를 통하여
구하고자 하는 것이나 나의 성령을 담
아 세상에 내려보낸 모두는 진정한 진
리요, 하나의 진리인 그 길뿐이기 때
문이니라.
4 그리고 그것은 진정한 하나의 진리의
원천의 샘에서 너희들에게 전해지는
나의 성령이요, 나의 뜻이기에, 그 모
두는 나의 피조물 만백성에게 깨우침
이요, 너희들이 살아가며 지켜야 되는
진리이고 뜻이 있기 때문이니라.
5 그리하여 너희들은 내가 내리는 모든
뜻의 성령의 말들을 지키고 살아야 하
는 것이며, 그 모두를 지키고 사는 속
에서 너희들이 구원의 길을 보게 됨이
니라.
6 나 여호와가 너희들에게 내리는 성령
의 뜻이요, 나의 성령을 나의 법전에
기록하여 전하는 그 모두는 오로지 진
리의 원천의 샘이니,
7 너희들은 그리하여 이 모두가 너희들
에게 필요한 것이며, 너희들이 지키고
따르며 행하고 살아가야 하는 것이니
라.
8 그리하여 이 모든 진리의 샘의 원천
은, 또한 나의 계명을 지키고 사는 너
희들이 진리의 참뜻을 알게 되며 너희
들이 살아가는 진정한 진리의 그 모든
깨달음의 원초적인 샘은 십계명이니
라.
9 그 십계명 속에서 모두가 다 이루어지
며, 그 모두가 십계명 속에 있음이니,
그리하여 너희들에게 이를 지키고 하
늘에 오르라 하였으며, 이것만이 너희
들이 구원의 길을 보게 됨이니라.
10 너희들의 그 모든 진리의 원천의 샘은
십계명으로부터 시작되는 것이며, 너
희들이 진정한 진리를 볼 수 있는 모
든 깨달음의 원천이 십계명 속에 있음
이니라.
11 그리하여 너희들이 그 십계명을 지키
고 삶에 따라서 구원의 길에 오를 수
있으며 구원의 길을 알 수 있다 내가
말함이니, 너희들은 이와 같은 뜻을
깊이 새겨야 할 것이니라.
12 너희들의 진정한 구원의 길이요, 구원
을 받는 길은, 너희들이 계명 속에 기
록되어 있는 나의 진리를 찾는 그 속
에서 진정한 사랑의 뜻을 알게 될 것
이며,
13 진정한 사랑을 깨달아 그를 행하는 것
만이 너희들의 구원의 길이며 나에게
오를 수 있는 길이라는 것을 또한 알
아야 할 것이니라.
14 정녕 나의 진리요, 나의 모든 뜻은 너

희들이 다 지키고 행하여야 하는 것이
며, 너희들이 생활 속에서 그를 깨닫
고 행하며 사는 속에서만이 나의 진정
한 뜻이 무엇인지 내가 원하는 진리의
그 뜻을 알게 됨이니,
15 그 속에서 너희들은 바로 무엇을 얻어
야 될 것인가?
16 그 모든 진리의 원천의 샘은 나의 십
계명만이 될 수 있으며, 그를 너희들
이 터득하고 읽고 암송하는 속에서 그
모두를 하나하나 너희들은 진리의 샘
이라는 것을 알게 될 것이니라.
17 그리하여 너희들이 진리의 샘을 깨닫
는 그 속에서 너희들이 얻는 것이 무
엇이던가?
18 진정한 사랑의 깨달음이니라.
19 진실한 사랑의 깨달음을 알 때, 그리
고 진실한 사랑의 행함이 무엇인지 깨
닫고 진실한 사랑을 행하고 실천하는
그 속에서 너희들은 구원의 길을 볼
수 있으며, 그 길이 나에게 오를 수 있
는 길임을 알아야 할 것이니라.

2,270 번째 하나님 말씀

2002년 4월 27일 11시 14분

1 사랑하는 선지자야!
2 "네, 여호와 하나님! 말씀하옵소서."
3 내가 지금 나의 성령을 태워 너의 가
슴에 전하니, 네가 이를 받아 법전이
라 하여 나의 책으로 만들어 내는 역
사가 구약의 시대서부터 지금 몇천 년
이 흘렀느냐?
4 너희들이 말하는 6천 년의 세월이 흘
렀음이니 그 세월이 과연 너희들은 짧
다 생각하는가?
5 너희들이 6천 년이라는 세월을 그저
말로 하기는 쉬우나, 그 역사에 너희
들이 살아가는 그 세월의 흐름은 얼마
나 길고도 긴 세월이며, 그 많은 역사
가 변화되었으며, 이 지구상의 모두가
나왔다 사라지는 수많은 수난의 시기
가 지나갔다 너는 생각하는가?
6 나 여호와는 오늘 이 성령을 너를 통
하여 전해 나의 새로운 왕국의 천 년
을 이루기 위하여 6천 년이라는 세월
을 기다렸음이니,
7 오늘의 나로부터 선택된 백성이라 하
며 나의 선지자요, 나의 선지자의 제
자로서 선택된 너희 자신이 누구인가
를 너희들이 가슴에 손을 얹고 생각해
봐야 되지 아니하겠는가?
8 너희들에게 이보다 더 큰 은혜가 어디
있으며 이보다 더 큰 영광이 어디 있
는가?
9 구약의 시대를 거쳐 그 시대에 살아왔
던 나의 피조물 백성들이라 하여 선택
된 자들이 어찌 살아왔는가?
10 그들은 나의 뜻에 따라서 내가 이루고
자 하는 새로운 왕국을 위하여, 내가
그들에게 내려 준 그 땅을 위하여 몇
십 년 동안 그 고통스러운 세월 속에
살아왔으며, 그들이 헤아릴 수 없는
그와 같은 어렵고 힘든 고통의 길에서
살아와 지금의 너희들이 이야기하는
가나안 땅이라는 곳에 안주하였음이
니,
11 그 조상들이 그곳에 안주하는 그 세월
까지 얼마나 고통스럽고 힘들게 살아
왔는가 너희들은 여기서 알아야 될 것

이니, 너의 제자들에게 이르라, 선지
자야!
12 선지자야, 네가 지금 이 세상에 나와
나의 성령을 받아 기록하여 법전으로
써 천 년에 걸쳐 수천 년 동안 흘러온
나의 피조물 만백성이 잘못 가는 그
길을 바로잡는 그 역사는,
13 모세를 통하여 내가 선택한 그 백성들
을 핍박하고 저주하는 그와 같은 집단
속에서 그들이 탈출하여 나의 나라에
임하는 동안의 그 역사의 세월보다도
더 고통스럽고 더 심한 역사는 없었을
것이니라.
14 모세의 시대에도 그 시대에 모세를 따
랐던 그 백성들은 오로지 시련과 고통
과 고난의 세월 속에서 한 시대의 역
사를 이루어 가는 데 그들이 얼마나
시련과 고통의 길을 갔는가 너희들은
생각해 봐야 될 것이 아니던가?
15 핍박받는 민족으로서 살아오다 그로
부터 탈출하여 그들은 사막에서 긴 세
월을 살아갔음이니, 그게 얼마나 고통
스럽고 힘든 여정이었는지 너희들은
생각해 볼 수 없는가?
16 나로부터 선택된 민족 중에 그와 같은
지도자가 나왔을 때, 그 지도자를 따
르는 그 시대의 백성은 그와 같이 새
로운 역사와 새로운 창조를 이루기 위
하여 험난하고 힘든 길을 걸어왔던 것
이 그들의 시대이니라.
17 그리고 그 구약 시대가 잘못 이루어짐
으로 인하여 나의 아들 예수를 세상에
보내어 나의 음성을 받아 세상에 나의
피조물 만백성을 구하는 그 역사가 있
을 때, 그를 따르는 제자들은 어떠한
생활을 하였던가?
18 그냥 너희들의 기억에 남으며 지금까
지도 기억하며 위대한 제자라 생각하
는, 그리고 나의 아들 예수 앞에 항상
그림자처럼 너희들이 같이 보고 그리
는 그 열두 제자들의 모습의 그들은
과연 어떠한 역사를 살아왔느냐?
19 그들이 지금 너희들처럼 편안한 집에
서, 안락한 집에서 육신의 행복과 영
광을 위하여 살아왔다 생각하는가?
20 너희들은 예수의 고통 못지않게 그를
따르는 그들의 고통과 시련이 과연 얼
마나 어렵고 힘들었는가, 그리고 얼마
나 고난의 세월이었는가 생각해 보았
는가?
21 나의 사랑하는 선지자의 제자로서 너
희들은 예수의 시대에 예수를 따랐던
그 제자들의 고통과 시련과 어려운 삶
을 그대로 답습하는 삶을 살아야 될
것이니라.
22 그들이 어떠한 생활을 했으며 그리고
그들이 최후를 어찌 마쳤는가 그를 한
번 돌아다보며 너희들 자신으로서 연
구해 보아야 될 것이니라.
23 지금 사랑하는 나의 선지자 앞에 제자
라 하여 나의 성령을 받고 깨우쳐 이
세상 나의 피조물 만백성을 구원하는
대명을 받은 너희들은 예수를 따르던
예수의 시대의 그 제자들과 무엇이 다
르던가?
24 그 제자들이 고대광실의 육의 편안함
과 부귀와 영화를 누리며 살았던가?
25 그들의 삶을 너희들이 한번 되새겨 보
아야 할 것이니라.
26 그들은 예수를 따라 예수가 갈 수 있

도록 그 모두를 뒷받침하며 그를 인도
하며 안내하는 그 삶에 모두를 다 바
쳤으니,
27 그들이 가정이 있었는가, 처자식을 거
느리며 같이 살았는가, 그리고 고대광
실에서 부와 영화를 누리며 살았던가?
28 그리고 예수를 따랐던 그들은 그 보상
을 무엇으로 받았는가?
29 재물로 받았는가, 명예로 받았는가,
권력으로 받았는가, 그리고 너희들이
그리도 그리워하고 소망하는 금화와
은화를 그득히 쌓아 놓는 그 영광을
받았는가?
30 그들은 고통과 시련 속에서 그 역사를
했으며, 예수를 따랐으며, 예수가 가
는 그 길을 위하여 모두를 바쳤으니,
그리고 그들이 최후에 받은 상은 무엇
이던가?
31 예수로부터 그들이 고대광실의 부귀
영화요, 권력을 받았던가, 무엇을 받
았던가?
32 그들은 저희 육신이 갈기갈기 찢겨 죽
음으로써 예수에게 배신했던 그 죄를
사하는 마음으로 그 자신을 던졌음이
니, 그들에게 무엇이 있었던가?
33 고통과 시련만이 있었음이니라.
34 6천 년이라는 그 긴 세월이 흐른 지
금, 나의 피조물 만백성이 가는 그 형
태를 내가 볼 수 없음이니,
35 구약 시대에 모세가 이끄는 그 백성들
이 금의 우상을 만들어 놓고 경배하고
광란의 춤을 추며 거기에 숭배했으니,
그 시대에 잘못 가는 나의 피조물 만
백성을 잡기 위하여 내가 어찌 벌을
내렸던가?
36 그보다도 더한 것이 신약 시대이니라.
37 신약 시대에 예수를 그리 고통 속에
보냈으며, 그 민족과 백성이 지금 어
떻게 살아왔느냐?
38 지금은 너희 육신을 낳아 준 부모를
재산으로 계산하여 그를 죽이고 살리
는가 하면, 부모가 자식을 장삿속으로
계산하며 그 자식을 헌신짝처럼 버리
는 이와 같은 말 못 할 사악한 종말의
시대가 이루어졌음이니,
39 구약 시대보다도 지금의 시대가 더 사
악함이니라.
40 그리하여 그 사악한 시대를 내가 바로
잡고자 나의 가슴을 태워 나의 성령을
내려 사랑하는 나의 선지자를 통하여
나의 그 책을 만드니,
41 그것이 바로 나의 법전이요, 나의 피
조물 만백성이 읽고 깨우쳐 하늘에 오
르고 못 오르는 그 영광의 선택의 길
을 가도록 함이 여기 있음이니라.
42 이제는 설법으로써 가르치는 것이 아
니니라.
43 모세의 시대처럼 기적을 보이며 나 여
호와가 있으니 너희들이 따라오라 함
이 아니니라.
44 그리고 예수의 시대처럼 선지자가, 깨
달은 자가 가르치면서 말로써 말로 전
하는 그와 같은 역사를 이룸이 아니니
라.
45 이게 바로 내가 직접 임하여 내가 통
제함이며, 나 여호와의 성령이요, 내
가 직접 내려옴과 마찬가지인, 내 모
두를 선지자를 통하여 내려보내어 이
를 너희들이 근거할 수 있는 책이라는
것으로 만들어 법전이라 하여 내려보

내니,
46 구약 시대와 신약 시대보다도 지금의
시대가 더 소중하며 귀한 시대이니라.
47 그 동안에는 내가 새로운 시대요, 새
로운 미래를 열기 위한 준비단계인 구
약과 신약이었으며, 이제는 그 결실을
거두는 시대가 되었음이니, 그 역사가
지금 바로 시작됨이니라.
48 바로 새로운 시대요, 새로운 역사가
시작되는 이 시점에 나의 선지자를 따
르는 너의 제자들은 과연 무엇을 생각
하는가?
49 나의 선지자를 따르며 이 성전에 와
기도하는 너희들은 나의 선지자가 너
희들이 볼 수 없는 기적을 이루어 만
백성이 이 선지자를 따라 모여들어 거
기서 모아 두는 금화와 은화로써 편안
하게 살아가는 너희 인생을 그려 보지
는 아니하는가?
50 그리고 기적 속에 이루어지는 그 영광
속에서 영광을 누리며 부귀와 영화와
권세를 휘어잡고자 하는 그와 같은 꿈
과 그와 같은 생각에서 너희들이 나의
선지자를 따르는 것은 과연 아니던가?
51 너희들의 믿음의 깊이가 어디이며, 너
희들의 믿음의 생각이 어디 있으며,
지금 성전에 찾아와 나의 성령을 선지
자를 통하여 들은 너희들의 진실된 그
마음이 어디 있는가?
52 너희들의 그 속의 뿌리를 한번 너희가
뒤집어 보아야 될 것이니라.
53 너희들은 지금 부귀와 영화요, 내가
선지자를 통하여 기적을 이룸으로 인
하여 많은 피조물 만백성이 금화와 은
화를 너희들 앞에 쌓아 놓았을 때, 그
를 갖고 평안하고 안락한 인생을 살아
가고자 생각한다면 너희들은 모든 꿈
을 버려야 할 것이니라.
54 너희들에게는 단순히 너희 몫이 있느
니라.
55 구약 시대에 모세가 이끌어 나왔던 그
백성의 고통스러웠던 삶과 나의 아들
예수를 따랐던 그 제자들의 고통스럽
고 어려운 삶을 그대로 답습하는 것이
너희들이 해야 할 길이며,
56 예수의 제자들이 그 생명을 바쳤듯이
너희들은 그와 같은 고통과 시련 속에
서 가는 것이 너희들의 몫인 것이며,
57 너희들은 금화와 은화와 영광을 얻는
그런 생각을 가지고 이 성전을 찾는
마음을 버려야 될 것이니라.
58 그러한 생각을 가지고 너희들이 나의
법전을 접하며 나의 선지자를 따른다
면 너희들은 다시 한 번 생각을 해야
될 것이니,
59 너희들이 오늘의 삶의 시련과 고통 그
모두에 대하여 나를 원망하지 말며,
선지자를 원망하지 말라.
60 너희 소원을 들어주지 아니하며 풀어
주지 아니하며 금화와 은화를 풍족히
쓸 수 있는 그와 같은 영광을 내리지
아니함에 후회하고 원망한다면, 너희
들은 지금 믿음의 길을 잘못 가고 있
으며, 이 성전을 잘못 찾았음을 알아
야 할 것이니라.
61 너희들은 오늘 구약 시대의 그 백성들
과 신약 시대의 그 제자들처럼 그와
같은 시련과 고통의 역사를 거치고 그
역경 속에 갔을 때, 오로지 너희 영혼
이 구원을 받는다는 그 영광이 너희들

앞에 있음을 알아야 될 것이며,
62 나의 성전을 찾는 자, 나의 법전을 읽고 깨우친 제자 너희들은 오로지 너희 영혼을 구하는 길이 무엇인지 영혼을 구하는 방법을 알며, 영혼을 구하여 하늘에 오르는 길을 알며, 너희 이름을 구원의 길에, 낙원에 걸어 놓았으니 그 이상 무엇인가를 원한다면,
63 육의 생활의 부귀와 영화에 호화로운 생활과 편안한 생활을 원한다 하면, 너희들은 정녕 믿음의 길을 잘못 가고 있는 자들이며 깨우치지 못한 자들이니,
64 이는 바로 금화와 은화를 바쳐 복을 사고 저희들이 잘못하여 지은 죄를 용서해 달라 비는 그들과 조금도 차이가 없음이니,
65 오늘 내가 선지자를 통하여 내리는 나의 이 성령의 뜻을 깊이 깨우쳐 너희들의 머리끝에서부터 발끝까지 너희들의 심성이요, 그 마음의 깊이를 재점검하여야 할 것이니 그리 알라.

2,271 번째 하나님 말씀

2002년 4월(날짜, 시간 기록 안 됨)

1 사랑하는 선지자야!
2 **"네, 여호와 하나님! 말씀하옵소서."**
3 내가 너희들에게 생명을 주어 세상에 내보내니, 너희 육신이 먹고살 수 있는 모든 떡과 고기와 양식을 다 주어 너희들이 노력하는 만큼 거두어 살아갈 수 있도록 모든 은혜를 내려 주었음이니라.
4 그러나 나의 피조물 만백성 너희들은 정녕 떡과 고기로써 모두를 다 마칠 수는 없으며 그것이 너희들의 삶이라 말할 수 없음이니라.
5 동물의 왕이요, 모두를 지배하고 통제하는 너희들이 아니라면, 그저 배부르면 잠을 자는 동물과 같은 삶을 산다 하면, 너희들 또한 떡과 고기만으로 살 수 있으며 모든 것을 다 행할 수 있다 말할 수 있을 것이니라.
6 그러나 너희들은 생각하는 지혜가 있으며 또한 영혼의 구원이라는 그 크나큰 너희들이 가야 할 길이 있기에 너희들은 고기와 떡만으로써는 살아갈 수 없는 것이니라.
7 너희들이 떡과 고기로써 그리고 모든 양식으로써 살아가는 것은 육의 삶을 살아 그 육의 삶의 종말을 거두는 그때까지 너희들에게 필요한 것이며,
8 정녕 너희들이 그와 같은 종말을 거둔 다음 영원히 사는 너희 영혼을 구원하고자 하는 그 영혼의 양식이 너희들에게는 있음이니, 이는 곧 나 여호와의 성령이니라.
9 그리하여 내가 나의 성령인 나의 뜻을 성서를 통하여 너희들에게 전하였으며, 그리고 너희들에게 계명을 지키고 살라 명하였음이니라.
10 그러나 너희들이 지금까지 살아오는 그 모습이 너무나도 사악하고 험악한 경지에 이르러, 너희들이 마지막 종말을 거두는 생명까지도 재물로써 계산하며,
11 부귀와 영화를 위하여 너희들 자신이 가지고 있는 모든 것을 다 자기의 욕심을 채우는 그곳에만 쓰고자 하는 너

희들의 삶이 지금 진행되고 있는 이와
같은 형국이니, 이를 어찌하여야 될
것인가?
12 너희들은 정녕 나 여호와의 성령이 너
희들의 구원의 양식이요, 하늘에 오른
다는 그것을 잊고 살고 있음이니,
13 너희들이 이를 잊어버리고 산다는 것
은 너희들이 정녕 구원을 받을 수 없
음이니라.
14 그리하여 내가 너희들에게 떡과 고기
와 양식만을 가지고 너희들은 살 수
없는 나의 백성들이라 말하였음이니,
이와 같은 깊은 뜻을 너희들이 알아야
될 것이니라.
15 그리하여 지금 나의 피조물 만백성을
하늘에 오르는 길로 인도한다는 자들
이, 성서 속에 기록되어 있는 그 내용
조차도 모르며, 내가 원하는 그 길이
무엇인지도 모르며 내가 추구하는 그
뜻도 모르는 자들이, 또 그를 이해하
지도 못하는 자들이
16 나의 피조물 만백성을 하늘에 오르는
길로 인도하며 저희들만이 그 책무를
받았다 하여 너희들 앞에서 금화와 은
화를 바쳐 구원을 받으라 그리 소리
지르니,
17 그들의 그 가르침에 의하여 지금의 모
든 인간이 사랑이요, 본능이요, 본질
을 다 잊어버렸음이요, 너희들이 지금
험악한 이 시대에 살고 있음이니라.
18 나 여호와가 더 이상 너희들의 그 험
악하고 험난한 삶을 바라볼 수 없어
이를 막기 위하여 지금 나의 법전을
세상에 내보냄이니,
19 이는 바로 너희들이 누구나 보고 깨우
칠 수 있도록 하였으며, 가장 쉽게 모
든 성서요, 모든 나의 율법을 풀이하
여 내려보냈음이니,
20 누구든지 이를 읽고 깨우치면 하늘에
오를 수 있는 그와 같은 기회를 주기
위하여 지금 내가 160권이라는 법전
을 나의 선지자를 통하여 세상에 내보
냄이니, 너희들은 나의 이 뜻을 알아
야 할 것이니라.
21 나 여호와가 나의 예수를 세상에 내보
내어 너희들을 깨우치려 함은 구약 시
대에 나의 계명이요, 나의 율법을 너
희들이 지키고 살지 아니하여 그를 어
겼기 때문이며,
22 나의 뜻에 의하여 지도자요, 선지자
요, 제사장이요, 이들이 행한 그 모두
를 내가 예수를 보내면서 폐하고자 하
여 보낸 것이 아님이니라.
23 다만 나의 뜻대로 살지 못하며 구약
시대에 그 우상을 숭배하고 나의 뜻을
저버리고 사는 너희들을 바로잡기 위
하여 나의 아들 예수를 세상에 내보냈
으니,
24 그리하여 너희들을 깨우쳐 하늘에 오
르는 길을 바로 보도록 하려 하였으나
너희들은 어찌 생각하는가?
25 나의 아들 예수가 세상에 내려가 나의
피조물 만백성을 깨우치고 인도한다
하여 너희들은 구약 시대요, 나의 율
법 시대가 다 끝났다 그리 말함이니,
이것은 너희들이 정녕 잘못 가르치는
것이며 잘못 가고 있는 것임을 알아야
될 것이니라.
26 나의 아들 예수를 세상에 내보낸 것은
구약 시대에 나의 계명이요, 나의 모

든 율법이요, 나의 뜻을 너희들이 완
벽하게 지키고 살아가도록 하기 위함
이요,
27 또한 지도자요, 선지자요, 제사장이라
는 이들이 나로부터 명을 받아 나가
세상에 행한 그 모두를 내가 예수를
내보냄으로써 폐하고자 하는 것이 아
니라,
28 그들을 완벽하게 성숙시켜 너희들에
게 살이 되고 피가 되어 너희들이 하
늘에 오르는 길을 보게 하고자 하여
그들을 내려보냈음이니라.
29 너희들이 너무나 잘못하고 잘못 시행
하고 잘못 가기에, 완벽한 너희들의
가르침을 위하여 나의 아들 예수를 보
냈으나, 너희들은 뭐라 말하는 것이냐?
30 신약 시대가 도래함으로 구약 시대는
끝났음이니, 구약의 율법 시대의 그
모두는 다 접어두고 너희들과는 아무
런 관계가 없다 그리 말함이니, 이를
어찌하여야 하겠는가?
31 지금의 종교 지도자들은 정녕 구약 시
대의 그 두려움과 무서움과 저희들이
잘못했을 때 체벌이 바로 저희들에게
가해지는 그 모두를 감내할 수 없으며
그를 지탱할 수 없으며, 또한 그 시대
의 두려움 때문에 구약 시대는 끝났다
그리 피하며 회피하고,
32 신약 시대가 열렸으니 구약 시대의 모
두는 접어둔다 그리 거짓으로써 나의
피조물 만백성을 가르치고 있음이니,
33 지금의 너희들이 그와 같은 방법으로
가고 있음이니라.
34 그러나 너희들은 들어야 할 것이니라.
35 너희들은 이 사악한 자들의 그 행동에
언제까지 끌려가는 것이 아니며, 끌려
갈 수도 없으며, 스스로 너희들이 그
를 깨닫고 통탄할 날이 머지않았음이
니,
36 너희들이 다만 지금의 종교 지도자들
이 이끌어 가는 그 방법이 잘못되었음
을 깨달았을 때, 너희 육신이 종말을
거두었을 때 영혼이 구원받지 못하는
그와 같은 통탄할 일이 너희들에게 있
지 아니하기를 나 여호와가 바라기에,
37 지금 서둘러 나의 법전 열여섯 권을
통하여 기초를 다지며, 기초의 그 뜻
을 160권이라는 법전에 다 풀이하여
심어 세상에 내려보내니,
38 너희들이 육신이 종말을 거두기 전에
이를 접하는 자, 구원의 길을 알 것이
며 구원을 받을 것이며, 그렇지 못하
는 자, 영원히 지옥 불로 감을 알아야
될 것이니,
39 나의 법전이 세상에 나가 너희들이 이
를 접하는 그 순간에 지금 너희 종교
지도자들이 이끌어 가는 그 형태와 나
의 선지자가 이끌어 가는 그 모두를
너희들이 견주어 보는 그와 같은 지혜
를 가져야 할 것이니라.
40 지금 나의 선지자가 너희들을 깨우쳐
나의 뜻을 전하면서 뭐라 말하느냐?
41 모든 구약과 신약이요, 그 율법을 지
키고 그 모두를 인정하며 그를 지키고
살아가는 것만이 하늘에 오를 수 있는
길이며,
42 십계명이 영혼의 양식이요, 그 율법이
너희 영혼을 구원하는 양식이라 말하
며 선지자가 그리 너희들에게 전하지
아니하는가?

43 다만 성서의 구약에 기록되었던 부분
들을 너희들이 잘못 이해하고 잘못 지
켜 가는 그 모두를 바로잡기 위하여
선지자가 너희들에게 부르짖음이니,
44 나의 성령이 그를 바로잡기 위하여 너
희들을 깨우치고 너희들이 이해할 수
있도록 이와 같이 법전을 기록하여 책
으로써 세상에 내보내니,
45 이는 나의 성령이요, 너희들을 바로잡
고 이끄는 길임을 너희들이 알고 깨우
쳐 하늘에 오르는 그 영광을 받도록
그리하여야 할 것이니 잊지 말라.

2,272 번째 하나님 말씀

2002년 4월 28일 08시 09분

1 사랑하는 선지자야!
2 "네, 여호와 하나님! 말씀하옵소서."
3 수천 년 역사가 흐르는 동안에 너희들
이 정녕 구약 시대를 이해하고 구약
시대를 바라본다 하면,
4 그 당시 상황과 그 시대의 흐름에 젖
어들어 그를 느끼고 보지 아니하는 자
는 그를 알 수 없다 하였음이니라.
5 또한 신약 시대에 그와 같이 예수가
죽어 가며 그 제자들이 그로부터 등을
돌리며,
6 또한 제자들이 회개하여 저 자신을 던
져 나 여호와가 존재함이요, 예수가
정녕 나 여호와의 아들이었음을 증명
하고자 몸부림쳤던 그 모두를 너희들
이 그저 동화 속의 한 그림에 흘러가
는 것과 같은, 그리고 이야기로써 전
해지는 것 같은 그와 같은 마음으로
그를 듣고 생각하고 이해하면서 알려
해서는 너희들은 알 수 없음이니라.
7 그 당시의 상황과 그 당시의 흐름을
정녕 깊이 깨닫고 그를 볼 수 있는 안
목이 있을 때 그 시대를 잘 이해할 수
있는 것이니라.
8 그와 같이 나의 아들 예수가 신약 시
대를 열어 가고자 하는, 그리고 그가
그와 같이 어려운 길을 갔던 그 모두
를 보지 아니하면 그를 알 수가 없음
이니,
9 그가 행하고 이루고자 했던 그 상황을
아는 자만이 그 모두를 알 수 있다 하
였음이니, 그는 바로 무엇이더냐?
10 나로부터 선택되지 아니한 자는 그를
알 수가 없음이니, 그게 바로 너희들
이 말하는, 속을 모르며 겉에서만 그
저 빙빙 도는 그와 같은 형국을 말함
이니라.
11 이제 나의 선지자 너를 통하여 너의
제자들에게 일러 일깨워 주노니, 너희
들이 그 당시의 모든 상황을 알고자
기도하고 깨우치는 것도 중요하나,
12 너희들은 그것보다도 모든 사물을 볼
때, 그리고 너희들이 모두를 생각하고
판단할 때, 과연 나의 아들 예수는 어
찌하였을 것인가를 먼저 생각하고, 사
물을 바라보는 그 관점이 나의 아들
예수는 어찌했을 것인가 생각하며,
13 너희들이 예수의 이름으로 기도한다
하듯이, 예수의 이름으로써 하늘의 구
원을 받고 모두를 얻는 것처럼 말하듯
이,
14 예수의 생각은 과연 어떠했을 것이며
예수는 어찌 볼 것이며 이러한 상황에
서 예수는 어찌 행동할 것인가 거기에

비추어 너희들이 자신을 다스려 보고
자신을 돌아다보는 그와 같은 마음의
자세로 살아야 할 것이니라.
15 그러지 아니하면 너희들이 그 시대의
흐름을 알 수가 없는 것이니라.
16 또한 선지자 너는 나의 아들 예수가
행했던 것을 보는 것은 물론이요, 나
여호와가 정녕 세상에 내려가 너희들
이 접하며 너희들과 살아간다면,
17 네가 보는 시선과 네가 보는 모든 관
점과 네가 보고 판단하고 기약하는 그
모두를 나 여호와는 정녕 어찌 행할
것인가 그와 같은 것에 비추어 사물을
보고 모두를 보고자 노력할 때,
18 네가 나의 뜻을 깨달을 수 있으며 너
의 행동과 너의 자세가 어찌 서야 할
것인가를 너 스스로 알게 될 것이니라.
19 너의 제자들에게 이르라.
20 모든 사물을 볼 때나 모든 행동을 함
에 나 여호와는 어찌 생각할 것인가를
생각하며, 또한 나의 아들 예수는 어
찌 판단하고 행하였을까 그를 견주어
비추어 보고,
21 너희들이 행동함에 있어서 매사에 그
와 같이 생각하고 행동한다 하면 너희
들이 하얀 마음이 되며, 곱고 바른 자
세로 가며, 나의 십계명을 지키며 영
혼의 양식을 공급하여 하늘에 오르는
그 역사를 이룰 수 있음이니,
22 이를 깊이 깨우쳐 행하도록 일러 주도
록 하라, 선지자야!

2,273 번째 하나님 말씀

2002년 4월 28일 09시 07분

1 사랑하는 선지자야!
2 "네, 여호와 하나님! 말씀하옵소서."
3 구약의 수천 년 역사와 신약의 그 수
천 년 역사가 흘러오면서 정녕 너희들
은 하늘을 향하여 오는 길을 오름이
아니요, 지옥으로 떨어져 가는 죽음의
길로 가고 있다 하면 어찌하겠는가?
4 많은 세월 동안에 살아오면서 선한 일
을 행함이 아니요, 악함만을 행하며
살아온 것이 나의 피조물 만백성 너희
들의 지금의 삶이라면 너희들은 어찌
하여야 되는가?
5 너희 형제요, 나의 아들이요, 딸들인
그 많은 나의 피조물 만백성이 더 사
악해지기 전에, 낙원이 더 썩어져 정
녕 새로운 시대를 열어 갈 수 없는 그
와 같은 형태로 변하기 전에,
6 이러한 모든 것을 다 너희들이 바로잡
고 해결해 나가야 하기 때문에 너희들
에게 일러 말하기를,
7 시간이 없으니 너희들은 시간을 다투
어 이 낙원이 더 썩어져 가기 전에, 그
리고 더 많은 나의 피조물 만백성이
더 사악해지기 전에 너희들이 해결하
고 바로잡아야 하기 때문에,
8 너희들만이 진리를 찾으며 너희들이
구원을 받으며 진정한 진리를 찾아 노
력할 그와 같은 시간이 없다 하였음이
니라.
9 지금 이만큼 깨우친 너희들은 진리를
더 찾고자 연구하고 노력할 시간이 정
녕 없다 내가 말하였음이니,

10 너희들은 지금 많은 나의 피조물 만백
성이 더 사악해지기 전에, 나의 이 아
름다운 동산이 더 썩고 더 무너지기
전에 그들을 구하는 길에 모두를 다
바쳐야 할 것이니라.
11 너희들은 말하느니라, '이 지상의 모
두는 다 여호와 하나님께서 주관하시
며, 그러한 이 세상을 왜 여호와 하나
님께서 이와 같이 갑과 을이 서로 물
고 물며 슬픈 자와 기쁜 자가 있는 그
러한 삶을 살아가도록 하시는가?' 하
고.
12 또한 너희들이 말하지 않더냐?
13 '이 세상의 모두를 평정하며 아름다운
시대만 열어 갈 수 있도록 그와 같이
하나님의 능력으로써 할 수는 없는
가?' 그러면서 너희들은 나에게 의구
심을 가짐이니,
14 또한 나의 피조물 만백성이 굶주려 죽
어 가며 처참히 죽어 가는 그와 같은
형국을 보면서, 그보다 더 사악한 자
들이 수없이 들끓고 있는 이러한 시대
며 서로가 서로를 죽이고 죽는 그러한
현실과,
15 또 '이 지상이 하나님께서 내려 준 영
광되고 축복된 지상의 낙원이라 하면
어찌하여 이 지상의 낙원은 정녕 변화
되지 아니하는 것일까?' 하고 너희들
이 나 여호와에게 묻고 싶은, 항상 가
슴에 안고 있는 의문의 대목일 것이니
라.
16 그러나 지금쯤 나의 성령을, 나의 선
지자를 통하여 내려간 법전을 읽고 깨
우치고 깨달은 너의 제자들은 알아야
할 것이니라.
17 이 모두는 다 너희들의 몫이니라.
18 내가 너희들에게 육신이 살아가면서
서로 나누며 사랑을 행하며 너희들의
노력 여하에 따라 살아갈 수 있도록
하였음이니,
19 나 여호와가 너희들에게 무어라 말하
였느냐?
20 너희들은 한 형제요, 하나요, 그러기
에 사랑을 베풀며 사랑을 나누며 사랑
을 근본으로 하여 살아가라 내가 너희
들에게 수없이 강조하고 말하였으나,
21 수천 년 역사가 흘러오는 동안에 너희
조상들의 뿌리인 나의 피조물 만백성
은 정녕 한 형제라 말은 하나 그들이
행하지 아니하였음이며,
22 사랑을 베풀고자 하나 저희들의 소중
한 것을 나누어 줄 수 없으며, 정녕 나
여호와가 베풀고자 하는 그 사랑을 모
르고 살고 있음이니,
23 그리하여 너희들이 평소에는 말로써
사랑을 하며 한 형제라 하나, 정녕 이
웃의 아픔과 이웃의 슬픔과 그러한 모
든 고통이 닥쳐왔을 때 고개를 돌려
외면하는 것이 너희들의 습성이며, 너
희들과는 아무런 관계도 없다 생각하
며 무관한 체 살아가는 것이니,
24 이 지상의 낙원이 썩어 가며 병들어
가는 것 하나도 너희들은 뭐라는 것이
냐?
25 이 지상이 병들어 가나 너희들이 살다
죽어 가면 그뿐이요, 이 병들어 가는
지상도 또한 너희들과는 무관하며 아
무런 관계가 없다 생각하며 그리 살아
가고 있는 것이 너희들이니라.
26 그와 같은 생각을 가지고 살아가는 너

희들이기에 지금 이와 같은 형국이 이
루어졌음이니,
27 나 여호와는 너희들이 충분히 나누며
서로 베풀며 살아갈 수 있는 지상의
육의 삶을 다 주었다 내가 너희들에게
말하지 않느냐?
28 굶주려 죽어 가는 것도, 이 지상이 병
들어 썩어 가는 것도, 그 모두는 너희
육신이 베풀고 사랑하는 한 형제라 말
하는 그 뜻을 실행하고 지키면 다 해
결될 수 있음이니라.
29 간단히 이웃의 아픔과 슬픔과 고통을
너희 것으로써 너희들이 대신 겪어 준
다 하면 너희들이 말하는 그 의구심은
모두가 풀어질 것이니라.
30 많은 나의 피조물 백성들이 굶주려 죽
어 가며, 그 사악한 자들이 늘어나며,
이 지상에 살아가는 나의 피조물 만백
성이 변화되지 아니하고 이 지상의 낙
원이 변화되지 아니하는 것을 보고 너
희들이 의구심을 가지니, 이를 바로잡
을 것이 이 세상에 무엇이 있더냐?
31 그리하여 너희들이 사랑을 실천하지
아니하였으며, 나의 명에 따라 나에게
순종하지 아니하였으며, 내가 너희들
에게 명하고자 하는 것을 따르지 아니
하였으며,
32 이 모두를 예언자요, 나의 사랑하는
아들 예수를 통하여 너희들에게 그 사
랑을 베풀고 살아갈 수 있도록 하였더
라면,
33 오늘같이 사악한 자 없으며, 굶주린
자 없으며, 사람의 목숨을 조개와 같
이 짓이기는 그와 같은 사악한 무리들
이 없게 되었을 것이니라.
34 내가 이 모두를 다스리고 통제할 수
있는 나의 성령을 나의 아들 예수에게
그득히 담아 내려보냈으나 너희들이
그를 죽였으며,
35 그를 행하지 못하도록 하여 생수가 세
상에 내려가지 아니하였기 때문에 지
금 굶주려 죽어 가는 자, 사악한 자가
있게 되었으니,
36 너희들이 지상에 바르고 옳은 자를 구
분하는 그 역사가 이루어지지 아니하
였음을, 그 의문의 깨달음을 너희들이
알았어야 될 것이니라.
37 나의 아들 예수를 너희들이 그리 해하
지 아니하여 내가 가지고 있고 전하고
자 하는 그 모든 성령의 뜻을 그가 세
상에 전하였다면,
38 지금 너희들이 보는 굶주려 죽어 가는
그와 같은 나의 피조물 백성이 없었을
것이며, 너희들이 사랑을 모르며 이웃
의 고통을 모르며 그리 생각하는 사악
한 마음의 뿌리는 없었을 것이니,
39 그 모두는 다 나의 아들 예수가 살아
있어 그 많은 뜻을 전했다면 그와 같
은 역사는 없었을 것이니라.
40 그 모두를 너희들이 단절시켰기 때문
에 지금과 같은 사악한 형국이 이루어
졌음이니, 이를 너희들이 알아야 될
것이니라.
41 나의 피조물 만백성이 나의 아들 예수
가 너희들에게 전하는 그 뜻을 바로
전하여, 너희들의 육의 삶이 따로 있
으며 영혼의 삶이 따로 있으며,
42 육의 삶이 살아갈 수 있는 모두를 다
주었으니 너희들은 시기하고 질투하
지 아니하며 너희 앞에 쌓아 놓으려

하지 아니하며 자연의 순리대로 얻으
며 살아가면 되는 그 속에서 사랑이
있도록 그리 되어 있으나,
43 그를 다 버렸고 너희들의 욕심이 욕심
의 씨앗을 낳았기 때문에 오늘의 이와
같은 지상의 형국이 이루어졌음을 너
희들은 스스로 깊이 깨달아야 할 것이
니, 그 이치를 깨달으라.
44 오늘 내가 나의 사랑하는 선지자를 통
하여 너희들에게 하늘의 비밀을 가르
쳐 줌이니,
45 이 모두가 다 성서 속에 들어 있는 것
이며, 너희들이 사랑하고 행하여야 되
는 모든 의문이 내가 선지자를 통하여
내리는 그 답 속에 있음이니,
46 이게 바로 나의 성령임을 알아야 할
것이니라.

2,274 번째 하나님 말씀

2002년 4월 28일 09시 16분

1 사랑하는 선지자야!
2 "네, 여호와 하나님! 말씀하옵소서."
3 내가 나의 선지자를 통하여 너희들에
게 알려 주었느니라.
4 너희들이 이 지상에서 살아가는 모든
의구심과, 그리고 죽어 가는 자들과
굶주려 쓰러져 가는 자들과 그리고 사
악한 자들과, 이 지상의 낙원이 낙원
으로 변하지 않는 그 이치를, 하늘의
뜻을 내가 너희들에게 말하여 주었음
이니,
5 너희들이 이리 살아가지 아니하는가?
6 너희들은 말로써 '모두가 다 하나'라
며 소리치고 외쳐 대며 '우리는 한 형
제'라 그리 소리 지르니,
7 너희들이 불리할 때는 이웃이 너희 형
제요, 모두가 다 한 형제라 말하나,
8 너희들이 불리하지 아니할 때는 말로
써만 부르짖으며, 또 말로써 부르짖고
행동으로 하지 아니하며 그저 너희들
이 말하는 구호로써만 행하는 것이 너
희들이기 때문이니라.
9 너희들은 남이 불리하면 남남이요, 너
희들이 불리하면 한 형제라 그리 부르
짖으며, 그와 같은 행위로써 끝나는
것이 너희들의 결과였으며, 너희들이
지금까지 살아온 행위들은 그것에 불
과하였음이니라.
10 너희들이 행동으로 함이 없었으며, 나
의 뜻을 알고 있으면서도 순종함이 없
었기 때문에 이와 같은 지금의 사악한
판이 짜져 있으며,
11 나의 아름다운 지상의 낙원이 그와 같
이 험악한 모든 족속들로부터 모든 험
악한 형태로써 이루어지는 것은 너희
들이 스스로 만든 것이니라.
12 그러면 저희들만이 하늘에 오르는 진
정한 믿음의 길이요, 저희들만이 구원
할 수 있는 길이며, 나의 피조물 만백
성을 구원하여 하늘로 인도한다는 지
금의 수천 년 역사가 흘러온 그 뿌리
를 무시할 수 없으며 그 뿌리만이 구
원을 받는다 하여 좌우도 보지 아니하
며,
13 나의 성령이요, 나의 심장을 태워 내
려보내는 나의 성령의 법전까지도 이
단이요, 사탄이라며 바라보지 아니하
고,
14 오로지 수천 년 역사가 흘러온 그 종

교 집단 속에서 믿는 믿음만이 하늘의
구원을 받는다 하는 그 종교 집단들의
형태는 어떠하던가?
15 지금의 종교 집단들이요, 하늘에 오르
는 길을 인도하며 저희들만이 나 여호
와로부터 명을 받아 나의 피조물 만백
성을 구원할 수 있다는 그 집단의 형
태가 어떠한가를 한번 돌아다봐야 될
것이니라.
16 지금의 종교 집단 너희들은 수천 년
동안에 나의 피조물 만백성이 살아가
는 그 길을 바로잡아야 했으며,
17 또 나의 피조물 만백성 모두를 하나로
만들어 그와 같이 깨우치고 일깨워 주
는 것이 너희들이 해야 할 일이니라.
18 그러나 너희들은 어찌하였는가?
19 너희들은 모두를 다 알고 있으면서도
너희들의 안일을 위하여, 너희들만의
행복과 부귀를 위하여 그 생각 속에서
그와 같은 행위를 하지 아니하였음이
니,
20 그리하여 너희들은 모두를 알고 깨우
쳐 행할 수 있는 그 길을 알면서도 어
렵고 힘들며 너희들에게 부와 영화가
없는 그와 같은 가르침과 행동을 하지
아니하고 나의 뜻에 역행하여 살아가
는 세월 속에서 지금까지 흘러왔음이
니,
21 이것이 너희들의 종교 지도자들이요,
그 밑에서 깨우치고 하늘에 오르고자
하는 나의 피조물 만백성이 살아온
형태이니라.
22 모든 나의 뜻이요, 어떤 것이 진리이
며, 너희들이 한 형제요, 하나요, 서로
나누며 사랑을 베풀고 살아가야 한다
는 것을 알고 있지만, 그 뜻을 너희들
은 정녕 행하지 아니하며 살아왔음이
니, 그 모두는 다 무엇이더냐?
23 말로써는 '사랑', '사랑' 부르짖으며 사
랑의 찬가를 부르면서, 너희 자신의
안일을 위하여 금화와 은화를 거둬들
이고,
24 또한 그 속에서 너희들이 살다 지은
그 죄를 너희들이 성전이라는 너희 손
으로 지은 그 흉물스럽고 추악한 건물
앞에 와 기도하며 경배하면 사랑을 받
으며 죄 사함을 받으며 구원을 받을
것이라 그리 말함이니, 지금 너희들이
어찌 말하는가?
25 너희들은 단순히 이 뜻이 그리 부르짖
었다 그리 말하나, 사악한 종교 지도
자 너희들은 나의 피조물 만백성이 죄
를 짓도록 유도하였으며 은근히 그리
인도하고 이끌어 갔음이니라.
26 너희들은 이웃과 반목의 싸움을 붙이
기 위하여 하나의 간교함을 쓰듯이,
그리고 이웃의 부유함과 화려함을 취
하고 빼고자 간교한 방법으로 그를 다
스리듯이, 이웃을 구렁텅이에 몰아넣
기 위하여, 또는 너희보다 나은 자를
쓰러뜨리기 위하여 간교하게 머리를
쓰며 수단과 방법을 가리지 아니하듯
이,
27 지금 나의 피조물 만백성이 종교 지도
자라는 그들의 간교한 수법에 던져져
있음이니, 너희들이 물고기를 낚을 때
던지는 것이 무엇이더냐?
28 낚시에다가 물고기가 좋아하는 먹이
를 끼워 물 속에 던져 넣고 그가 물기
를 기다리니, 그를 문 물고기가 어찌

되었느냐?
29 지금 너희들이 말하기를, 너희 손으로
지은 그 추악한 성전에 와 기도하고
경배하는 것이 구원의 길이라 말하며,
30 인간이기 때문에 십계명을 지킬 수 없
으며 나 여호와가 내린 계명을 지킬
수 없다 그리 말하고 던지는 것은 너
희들이 나의 피조물 만백성을 물고기
요, 동물로 봄이니라.
31 너희들이 날짐승이요, 자연 속에 사는
그 동물들을 유인하기 위하여 덫이라
는 것을 만들어 놓고 그 동물이요, 짐
승들이 좋아하는 것을 거기에 걸어 놓
음이니,
32 그걸 모르고 우매하고 착한 동물들은
그 먹이를 먹으려 대드니, 그는 무엇
이더냐?
33 바로 거기에는 죽음만이 기다리고 있
음이니, 그는 그리하여 거기에서 죽어
감이니라.
34 지금 잘못 가르치는 종교 지도자 너희
들이 그와 같은 덫을 놓고, 또는 낚싯
밥에 그 고기가 물 수 있는 맛있는 것
을 걸어 놓고 던져 놓고서 물기만을
기다리며, 그리하여 너희들은 덫을 놓
고 나의 피조물 만백성을 끌어들였음
이니, 그게 바로 무엇이더냐?
35 죄를 짓지 않고 살 수 없다 말하며, 너
희들이 지은 그 성전에 와서 금화와
은화를 바치고 기도하고 구원의 기도
를 드리면 구원을 받는다 하는 그것이
무엇이냐?
36 순수한 나의 사랑하는 자연의 동물들
을 잡기 위하여 덫을 준비해 놓고 거
기에 그가 원하는 달콤한 먹이를 갖다
놓고 그가 와 무는 순간에 그의 생명
이 죽게 됨이니,
37 바로 그 덫을 갖다 놓고 짐승을 잡듯
이 너희들이 손으로 지은 그 추악한
성전에 발을 들여놓는 그 순간에 그들
은 덫에 걸려 죽음이니,
38 이것이 지금 너희들이 가고 있는 간악
한 방법이요, 간교한 방법이니, 이 나
의 뜻을 나의 피조물 만백성에게 너의
제자들은 전하여야 될 것이니라.
39 정녕 나의 성령을 태워 내리는 나의
법전 속에 이 나의 하늘의 뜻을 너희
들에게 전하거늘,
40 이것을 나의 피조물 만백성을 위하여
전하는 것에 너희들이 잠시도 게을리
해서는 안 되며,
41 너희 모두를 다 바쳐 던져야 될 것이
니 그를 잊지 말고 행하라, 사랑하는
나의 선지자요, 제자요, 나의 법전을
읽고 깨우친 만백성들아!
42 내가 너희들을 사랑하며, 너희들이 있
기에 나 여호와가 오늘에 존재함을 알
라.

2,275 번째 하나님 말씀

2002년 4월 28일 10시 13분

1 사랑하는 선지자야!
2 "네, 여호와 하나님! 말씀하옵소서."
3 자연 속에 아름답게 살아가는 짐승들
을 잡기 위하여 덫이라는 것을 놓고
거기에 그들이 좋아하는 맛있는 것을
걸어 놓으니,
4 그를 먹고자 하는 그 짐승이 결국은
죽음을 선택할 수밖에 없다 말하였느

니라.
5 그와 같은 형국으로 지금 나의 피조물
만백성, 내가 사랑하는 나의 아들과
딸들을 잘못 가르치는 사악한 종교 지
도자들이 저희들이 지은 성전 안에 와
서 기도하면 구원을 받는다 하여, 그
것도 부족하여 금화와 은화와 시간과
모두를 다 빼앗아 가는 그와 같은 사
악한 자들의 작태를 더 이상 볼 수 없
어,
6 내가 그들을 바로잡아 하늘에 오르는
길을 인도하고자, 그리고 나를 보고
나의 아들딸들이 곧바로 하늘에 오를
수 있는 그 길을 위하여 내가 예언자
라 하는 자들을 깨우쳐 세상에 내보냈
으며,
7 내가 또 깨달음을 수시로 주어 많은
나의 피조물 백성들에게 그들이 나가
나의 피조물 만백성을 바로잡는 데 일
익을 담당할 수 있도록 그리하였음이
니라.
8 그러나 그들이 살아가고 겪었던 그 시
대의 상황과 싸우며 그들이 외롭게 진
리가 무엇이며, 구원이 무엇이며, 지
금 종교 지도자들이 이끌어 가는 방법
이 잘못되었으며, 그를 따라가는 너희
들이 잘못 가고 있음이니,
9 그를 바로 보고 깨우치라 하며 들에
서, 산에서, 또는 집단 속에서 때로는
몰매를 맞아 가면서 피투성이가 된 저
희 몸을 이끌고 핍박과 고난 속에 남
의 눈을 피하며 핍박하는 자의 그 화
살을 피하여 그 힘들고 어려운 고행의
길을 왔으며,
10 그리하여 그들은 때로는 들에서, 산
속에서, 또는 움막 속에서 고통과 시
련 속에서 너희들이 잘못 가고 있으니
정녕 진리를 찾아, 하나님의 뜻을 찾
아, 하늘에 오르는 길을 찾아 그리 오
라 그리 자기 자신들의 그 소중한 목
숨을 걸고 수없는 나의 피조물 만백성
을 이끌고자 소리 지르며 외쳐 보았느
니라.
11 그러나 어찌 되었는가?
12 나의 피조물 만백성은 그를 듣지 아니
하였음이니라.
13 사악한 종교 지도자들이 간악한 방법
으로써 이끄는 그 소리에만 그들이 귀
를 기울였으니,
14 저희들의 욕심이요, 부귀영화를 위하
여 간교한 방법으로 잘못 가르치는 그
시대의 종교 지도자들을 그들은 따랐
음이니라.
15 그리고 그 지도자들의 간교한 방법과
감언이설로 나의 피조물 만백성은 정
녕 가르치는 선지자요, 예언자의 진실
된 그 뜻을 듣지 아니하였으며,
16 그리하여 지금과 같이 사악한 시대가
되었으며, 너희 생명을 금화와 은화와
바꿔치기하는 그와 같은 말세가 오게
되었음을 너희들은 절실히 알아야 할
것이니라.
17 그러면서 지금까지도 너희들은 그 길
을 답습하고 있으며 그 길을 가고 있
음이니라.
18 아무리 나의 성령을 세상에 내보내 나
의 가슴의 모두를 다 태워 내가 법전
이라 하여, 한두 권의 책을 만드는 것
도 아니요,
19 구약과 신약에 버금가는, 그를 능가하

는 160권 이상의 책을 세상에 내보내
너희들이 읽고 깨우쳐 하늘에 오르는
길을 바로 가르치고자 하여도 너희들
이 또한 이를 보지 아니하고 듣지 아
니함이니 어찌하겠는가?
20 너희들은 나에게 성령으로써 너희를
구원할 길을 달라 말하였으며, 너희들
의 진정한 인도자를 보내 달라 하였으
며,
21 그리고 방황하는 너희들을 바로잡게
하여 구원의 길에 오를 수 있도록 나
여호와에게 수없이 기도하고 매달렸
느니라.
22 그리하여 내가 너희들의 그 기도와 구
원하는 그 뜻을 알아, 나의 선지자요,
나의 아들을 통하여 나의 성령의 모두
를 다 담아 내려보냄이니라.
23 그러나 너희들은 그와 같은 것을 보지
아니하고 깨우치지 아니하며 나의 법
전의 뚜껑을 열어 보지도 아니하며 이
는 이단이요, 사탄이라 그리 말하여,
24 구약 시대에 모세를 따르던 백성들이
우상을 만들어 사악한 행위를 했으며
또한 나의 아들 예수를 그리 살해하여
그 사악한 행위를 했던 그 시대의 나
의 피조물 만백성보다 더 간악하고 더
잔인한 방법으로써 너희들이 지금 나
의 법전이요, 나의 성령이 내려가 기
록하여 너희들을 구원하고자 하는 이
책자를 찢어 버리고 불태우며,
25 그를 받아 기록한 나의 선지자를 거짓
선지자요, 사악한 자라 그리하니, 어
찌하여 너희들은 나의 법전의 뚜껑을
한 번도 열어 보지 아니하고 그리 평
가하는가?
26 그와 같이 말하는 자, 이제 이 세상 모
두를 지배하는 나 여호와며 또한 전지
전능한 너희들의 아버지라 나를 부르
지 말라.
27 너희들이 세상사 말하기를, 모든 역사
를 이룬 것은 나 여호와로서 이루어진
것이며, 이 세상에 존재하는 그 모두
는 나 여호와의 뜻에 의하여 만들어지
고 이루어졌다 하면서,
28 어찌하여 세상에 나온 너희들의 뜻이
아닌 그 모든 것을 다 사탄이요, 이단
이요, 사악한 무리로 규정짓는가?
29 그렇다면 너희들은 나에게 도전을 하
는 것인가?
30 나 여호와가 만든 것이 잘못된 것이며
나 여호와가 세상에 내보내는 것도 잘
못됐다 함이니,
31 너희 것만이 최상이요, 너희 것만이
소중하다 그리 말한다 하면, 내가 이
세상에 만들어 놓고 너희들이 먹고살
수 있도록 은혜를 준 것이 한두 가지
이던가?
32 수천, 수만, 수억 가지이니라.
33 너희들이 그 이름도 다 암송하지 못하
는 주제에, 어찌하여 너희들이 믿고
가는 그 수억 분의 일밖에 안 되는 그
것만이 진정한 길이며 나의 뜻이라 말
하는가?
34 헤아릴 수 없는 수천수만 가지를 내가
이 세상에 내보냈으며, 그것이 나의
진리요, 그들이 살아갈 수 있는 길을
만들어 주었으며, 그들이 다 존재하도
록 내가 만들었음이니,
35 그것이 너희 뜻에 맞지 않는다 하여,
너희 입에 맞지 않는다 하여 너희들이

그것을 사악한 것이요, 나의 뜻이 아니요, 나의 주관하에 이루어진 것이 아니라 말한다 하면, 이는 즉 너희들이 나에게 도전함이니라.
36 너희들의 그 알량한 머리로써 생각하는 몇 가지도 안 되는 것만을 가지고 그것이 하늘에 오르는 길이요, 나의 뜻이요, 그 외에 모든 것은 다 사악한 무리들이 만들어 놓은 것이라 말한다면,
37 너희들은 나 자체를 부정하는 것이며 나 자체를 인정하지 않으려 함이니라.
38 너희들 그러한 자는 이제는 나 여호와요, 전지전능한 아버지라 부르지 말라.
39 너희들이 나를 아버지라 부르며 전지전능한 너희들의 창조주라 말하면서, 어찌하여 너희들은 이 세상에 나오는 그 모두는 다 너희들과 똑같은 형제며 동등한 자격을 가지고 있는 자라 말할 수 없는가?
40 너희들이 이 세상에 무당이요, 잡신이요, 잘못 가는 종교 지도자들의 그 숫자만을 보지 말라.
41 그것은 내가 이 세상에 살아가도록 만든 수천수만 가지 중에 몇 가지밖에 안 되거늘,
42 너희들은 어찌하여 그 소중한 인생을 살면서 보이는 그 몇 가지만을 가지고 이단이요, 사탄의 행위라 그리 말하여 그를 적대시하는가?
43 그보다도 더 교묘하고 어렵고 힘든 난관을 겪으며 살아가는 그 모두가 다 있음이니,
44 그 오묘하고 위대한 것을 너희들이 안다면, 너희 형제끼리 치고받고 싸우는 것은 얼마나 볼썽사나운 꼴인가를 알아야 할 것이니라.
45 그와 같은 깨달음을 갖지 않는 자, 이제 두 번 다시 나를 너희들의 아버지요, 어버이라 부르지 말라.

2,276 번째 하나님 말씀

2002년 4월 29일 12시 11분

(강론을 마치며)

1 사랑하는 선지자야!
2 "네, 여호와 하나님! 말씀하옵소서."
3 너의 제자들을 통하여 나의 피조물 만백성에게 간곡히 전하라.
4 너희들은 말하기를, 이 세상 모두는 나 여호와가 창조하였으며, 너희들이 먹고 쓰는 것까지도, 지나가는 미물이 기어가는 그 형태까지도 나 여호와가 주관하여 만들었으며 나의 뜻에 만들어졌다 그리하느니라.
5 그러면서 너희들은 어찌 생각하는가?
6 오로지 너희들이 가는 길만이 진정한 길이요, 너희들이 가는 그 종파의 믿음만이 하늘에 오르는 길이라 그리 말하고 있으니,
7 그리 말하는 종교 지도자들에게 너의 제자들이 나가서 물어보라 말하라.
8 나 여호와가 이 세상을 주관하고 창조하였음이니, 내가 만들어 놓은 이 지상의 동식물의 그 이름 몇 가지라도 그들이 과연 알고 있는가?
9 그 이름을 모르거든 그 가짓수가 얼마나 되는가 그들에게 물어보라 이르라.
10 그 자체도 모르는 주제에 그 능력을 가지고 이 세상에 이루어지는 그 모두

가 나 여호와의 뜻이다 아니다 하는
그러한 오만한 재판과 판정을 하지 말
라 이르라.
11 이 세상의 모든 것은 나의 뜻에 의하
여 이루어진다 말하니, 이 세상에 나
온 나의 이 법전도 나의 뜻에 의해 세
상에 나오는 것이며, 길거리에 걸어가
는 사람이 주운 종이 한 장에 쓰인 그
글귀도 나 여호와의 뜻에 이루어진 것
이 아닌가?
12 너희들은 그리 말하며 그리 가르치면
서, 어찌하여 너희들은 너희들의 몇
가지만, 너희들이 가지고 있는 그것만
이 하늘에 오르는 길이요, 나머지는
너희들과는 관계없으며 하늘에 오르
는 길이 아니라 하는가?
13 수십억, 수억 가지 이 세상에 변화되
는 그 속에서 너희들이 알고 있는 몇
가지도 안 되는 그것만이 하늘에 오르
는 길이며 너희들이 가는 길만이 정녕
나로부터 선택된 길이며 너희들만이
구원을 받는다 말하면,
14 너희들은 그 수억 가지의 변화 속에
그 이름조차도 모르는 주제에, 너희들
자신을 파악해 보고 너희들을 돌아다
보도록 해야 할 것이니라.
15 수억, 수십억 가지가 이 세상에 존재
함이니, 너희들 말대로 너희들이 이
세상에 존재하는 것이 나의 뜻이라면,
그 모두는 나의 뜻이라면, 너희들은
'하나'며 '한 형제'며 다 필요하여 이
세상에 내보냈거늘,
16 어찌하여 너희들은 한두 가지 너희들
이 행하는 것만이 옳고 나머지는 다
틀리다 하며 그리 오만한가?
17 이 세상에 수만, 수십억 가지 중에서
너희 인간들이 가지고 있는 종파의 수
가 얼마나 되는가?
18 그 종파 수가 얼마나 되기에 그 종파
가 너희들과는 관계없다 하여 적대시
하며, 너희들과는 아무런 관계도 없는
것처럼, 그들이 일어서고 달려가는 것
을 넘어뜨리며 그들을 쓰러뜨리는 그
런 사악한 마음을 갖고 있는가?
19 그 몇 개도 되지 않는 그 종파 속에서
너희들이 사탄이요, 이단이요, 사악한
무리라 그리 결정짓고 싸움을 하고 있
음이니,
20 그 수와 내가 이 세상에 모두를 존재
토록 해 놓은 동식물이요, 내가 이루
어 놓은 그 모든 숫자를 견주어 볼 때,
그것은 몇 분의 일도 안 되는 것이니
라.
21 그러한 속에서 너희들이 싸우고 서로
치고받으며, 그리하여 너희들만이 하
늘에 오르는 길이라 하니,
22 나의 피조물 만백성이 하늘에 오르는
길을 깨닫고 그 길을 찾고자 하는 것
을 너희들이 막으며 넘어뜨리고 있는
그와 같은 형국임을 알아야 될 것이니
라.
23 오늘 너의 제자들에게 이르라.
24 나의 우주의 방대한 역사를 너희들은
돌아다보아야 될 것이며,
25 그러기에 내가 이루어 놓은 수만, 수
억 가지 중에 너희들이 서로 부딪치는
그 종파의 숫자는 아무것도 아니니,
26 그를 다 '한 형제'라 생각하여 가슴에
안으라 하였음이니라.
27 너희들이 말하는 큰 종파의 숫자가 얼

마나 되는가?
28 몇 개도 안 되는 그 종파의 숫자를 가지고 진리요, 진정한 길이요, 하늘에 오르는 길이다 아니다 하며 싸우지 말라.
29 너의 제자들은 이를 지켜야 될 것이니라.
30 수천, 수억 가지 중에서 몇 분의 일도 안 되는 거기에 너희들이 인생을 다 탕진하며 육의 삶을 탕진해서는 아니 될 것이니라.
31 너희들의 육의 삶은 무엇이라 하였더냐?
32 내가 너희들에게 60점이라는 그 점수를 주었으니, 그 점수 안에 육이 살고 지탱하고 살아갈 수 있는 길을 다 주어서 너희들의 노력 여하에 따라서 얻을 수 있다 하였으며,
33 그리하여 너희들이 하늘에 오르는 길은 나의 계명이요, 나의 율법이요, 나의 법전을 지키고 살아가는 것이며, 그것이 너희 영혼을 구원하는 양식이라 말하였음이니, 너희들은 오로지 그 길만을 보고 살아가야 할 것이니라.
34 그 경지에 너희들이 올랐을 때 세상 이치를 다 알게 됨이니,
35 지금 저희들만이 옳은 믿음이요, 저희들만이 구원을 받는다는 나의 피조물 만백성 그들에게 너의 제자들은 나가서 물어보라.
36 '전지전능한 여호와 하나님께서 이루어 주신 이 역사의 가짓수를 아는가? 그 이름을 다 대기 전에, 그 가짓수도 모르는 네 머리를 가지고 하나님이 이루어 놓은 것을 평가하지 말라.' 이르라.
37 나 여호와가 수천, 수억 가지를 만들었으니, 그것이 하늘에 오르는 길이 아니요, 나의 뜻이 아니며, 저희들이 가지고 있는 몇 가지만이 하늘에 오르는 길이라 하면,
38 저희들은 나를 거부하는 것이며 내가 존재함을 인정치 아니하려 함이니,
39 그들은 나의 이름으로 기도하지 말며 나에게 기도드리지 말라 이르라.
40 너희들은 여기서 알아야 될 것이니라.
41 내가 너희들이 쓸 수 있도록, 또 이 지상에 존속하도록 수십억 가지를 만들어 놓았음이니,
42 저희들이 가는 그 종파의 길만이 하늘에 오르는 길이요, 구원의 길이라 하며, 모두를 한 형제요, 나의 뜻에 이루어진 소중한 것이라 생각하지 아니하는 자는 나에게 기도드리지 말라 하라.
43 그는 나와는 아무런 관계가 없음이니라.
44 그는 수억 가지 중에 한 개를 가지고 그것이 옳다 부르짖으며, 그 수억 가지는 나의 뜻이 아니라고 욕하는 것이며, 나를 거부하는 것이며, 나 자체를 부인하는 사악한 자들이 하는 행위이니라.
45 수억 가지가 다 너희들이 말하는 전지전능한 나 여호와가 만든 것이라면, 그것은 필요에 의해서 만들었으니,
46 너희들에게 살이 되고 양식이 되는 것이며, 너희들과 똑같은 자격으로서 이 세상에 나오게 되었음이니라.
47 너희들은 나의 이 뜻을 깊이 새겨 행하여야 될 것이니라.

48 이것이 나 여호와의 하늘의 뜻이요,
내가 오늘에 통탄하며, 내가 보기에
너희들이 오만하며, 그리하여 내 법전
을 내려 너희들을 다스리고자 하는 것
이 여기에 있음이니라.
49 너희들은 이 세상 그 모두가 나 여호
와의 주관하에 이루어진 것을 알 것이
며, 나의 뜻이라 알고 있음이니,
50 너희들은 가슴을 열어 모두를 다 사랑
으로 감싸야 될 것이니라.
51 그리고 너희들은 한 종파도 거부하지
말라.
52 남의 종파를 거부하지 말며, 남의 것
을 거부하지 말며, 너희 것만이 우선
이라 하는 생각을 버려야 될 것이니라.
53 이것이 나의 백성으로서 가야 할 길이
며, 내가 천 년에 걸쳐 역사를 이루고
자 하는 그 백성의 뿌리가 너희들임이
니라.
54 너희들 것만을 추구한다면 너희들은
잘못되었음이니라.
55 나의 법전이요, 나의 뜻이요, 나의 성
경에 기록되어 있는 이 모두를 내가
그리하여 수천수만 가지 너희들이 살
아갈 수 있는 이치를 깨우쳐 주었음이
니,
56 너희들은 나의 법전을 전하여 그들이
깨우치는 그 길만을 보도록 해야 될
것이며,
57 이 속에 있는 그 깊은 뜻을 너희들이
정독하고 깨우쳐 나의 피조물 만백성
을 일깨워 주도록 해야 될 것이니,
58 너희들은 나의 법전이 소중하며 너희
생명과 같이 받들듯이, 이 세상에 존
재하는 그 모두를 그보다 더 소중히
아끼고 가슴에 안는 그와 같은 마음으
로 살아가는 것이 나로부터 선택된 백
성이며, 그들과 너희들이 차별화됨이
니라.
59 내가 지금 천 년에 걸쳐서 천 년의 왕
국을 이룬다 하여, 천 년의 왕국이 지
금 시작되었음이니라.
60 천 년의 왕국의 심판이 시작되었음이
니라.
61 천 년에 걸쳐 내가 왕국을 이루는 그
역사의 뿌리가 너희들이니,
62 내가 성령을 통하여 나의 선지자를 통
하여 너희들에게 내리는 이 하나하나
의 구절을 너희들이 집행하고 살아야
할 것이며,
63 이를 듣고 행하기 때문에 너희들이 선
택된 나의 백성이며, 너희들의 소중함
을 잊지 말아야 할 것이니라.
64 그리하여 너희들이 나에게 가장 소중
한 자식이요, 나의 아들이요, 딸이라
함이니,
65 이 하나의 은혜로써 너희들이 모두를
다 인내하고 갈 수 있는 그와 같은 삶
을 살아가라 함이니라.
66 육신의 부귀와 영화를 바라지 말라.
67 그것을 너희들이 얻고 그 속에서 나에
게 향한다면 그들은 뭐라 말하겠는가?
68 너희들에게 재물을 주었기 때문에 따
르는 자들이라 그들은 그리 말할 것이
니라.
69 그리고 그 재물은 사악한 무리인 사탄
이 주었다 말할 것이니라.
70 욥을 사탄이 어찌하여 시험했던가?
71 욥이 부귀와 영화를 나 여호와로부터
받았기 때문에 나를 따른다 하여 그와

같은 시련과 고통을 겪었음이니라.
72 너희들에게 그러한 시련과 고통을 나 여호와가 겪게 하고자 아니함이니, 그 길을 비껴 가고자 함이니라.
73 내가 지금 너희들에게 은혜요, 부귀와 영화를 내렸을 때, 모든 사악한 집단이 뭐라 말하겠는가?
74 그들은 재물이요, 부귀와 영화 때문에 너희들이 하나로 되어 일사불란하게 움직이며 그리 간다 말할 것이니라.
75 그리하여 내가 너희들에게 조용히 시간을 기다리라 함이니라.
76 전지전능한 나 여호와가, 이 세상 모두를 창조한 내가 나의 법전을 하루아침에 하늘에서 쏟아지듯이 그리 못하겠는가?
77 그러나 그는 멸망의 길이니라.
78 그리고 내가 마지막 제3의 시대를 열어 나의 모두를 태워 내려보내는, 구약의 크나큰 보따리요, 신약의 크나큰 보따리요,
79 그 신약과 구약의 성서를 다 합쳐 그보다 더 큰 보따리의 나의 제3의 시대의 법전을 세상에 내려보낸 그 역사를 이루는 내가, 그리되면 모두가 불바다가 됨이니라.
80 그리고 이룰 수가 없음이니라.
81 높은 곳에서 낮은 곳을 향하여 물이 흘러가듯이, 그 물이 흘러가 땅 속에 젖어들어 모든 동식물에게 생명수가 되듯이,
82 나의 법전이 그리 소리 없이 흘러내려가, 나의 피조물 만백성이 이를 보고 접하고 깨우쳐 그들의 생명을 구원하고자 함이며,
83 죽은 자 가운데서 그들의 영혼을 살리는 것이 지금의 역사니, 조용히 흘러가는 때를 기다려야 될 것이니라.
84 나의 사랑하는 선지자가 기도하는 데 전념할 수 있도록 내가 그 모두를 잡아 줌이니, 그다음의 역사는 너희들 것이니라.
85 그러나 때가 필요함이니라. 그리고 이루어지는 시간이 있음이니라.
86 정녕 너희들에게 손을 뻗쳐 너희들의 모두를 이끌어 주고 너희들이 편안하고 영광스러운 삶을 가도록 해 주고 싶은 것이 나 여호와의 간곡한 마음이요, 나의 이 심정을 어찌 모르는가?
87 너희 육신의 부모도 그 자식에게 밥을 떠 넣어 주기를 싫어하는 자가 어디 있는가?
88 배고픈 자식을 보고 젖을 물리지 못하는 어미의 심정으로써, 그보다 열배 백배 더 피치 못할 사정이 있는 나 여호와의 가슴 아픔을 너희들이 돌이켜 본다 하면 너희들은 나를 원망할 수 없을 것이니, 좀 더 기다리라.
89 정녕 이것이 나의 뜻이니라.
90 너희들이 이 세상의 승자이며, 너희들이 천 년에 걸쳐서 이 세상에 나의 피조물 만백성의 사악한 무리를 다 거두고 하늘에 와 낙원에 기록되어 있는 너희 이름 앞에 올 것이니, 그보다도 큰 영광이 정녕 어디 있는가?
91 이 증표로 너희들에게 말하였느니라, 너희들이 이 세상에서 숨을 거두기 전에 그 모두를 볼 수 있을 것이라.
92 이것이 바로 나 여호와가 존재하며, 너희들과의 약속이며, 이것이 이루어

지는 역사가 머지않았음을 알아야 할
것이니라.
93 우는 자식에게 젖을 물리지 못하는 그
부모의 마음을 너희들이 헤아려야 할
것이니 그리 알라.

2,277 번째 하나님 말씀

2002년 4월 29일

(강론을 마치며)

1 사랑하는 선지자야!
2 "네, 여호와 하나님! 말씀하옵소서."
3 이곳에, 네 앞에 와 나의 성령을 들으
며 나의 법전을 공부하는, 네가 사랑
하는 그 제자들에게 나 여호와가 전함
이니,
4 그들의 갸륵함과 그 마음을 내가 거둬
들임이니, 그들과 내가 같이하고 있음
을 알라 이르라.
5 네가 나의 성령을 받아 법전을 만들
때, 너 혼자 나의 뜻을 받아 기록하기
시작하여 법전을 만들었음이니, 오늘
의 너희들이 이루어진 역사가 어떠한
것인가?
6 내가 너희들에게 말하여 이르지 아니
하였더냐?
7 크나큰 호수에 물을 담고 있는 그 둑
도 작은 구멍서부터 무너진다 하였음
이니,
8 오늘의 너의 제자들의 마음 자세와 너
희들의 모임은 내가 세상을 다 얻은
것과 바꾸지 아니할 만큼 나에게 소중
한 나의 백성들이니, 너희들은 두려워
하지 말며 실망치 말라.
9 모두는 나 여호와의 계획에 의하여 가
고 있음이니, 너희들의 마음과 생각이
라 하여 그 모두가 이루어지는 것이
아니며, 앞서거니 뒤서거니 하는 것이
아니니라.
10 나의 법전이요, 나의 진정한 성령으로
써 나의 피조물 만백성을 구하고자 하
며,
11 천 년의 역사가 흐르는 그 동안에 온
인류의 모든 나의 피조물 만백성에게
나의 법전에 있는 그 내용을 깨우쳐
그들이 하늘에 오르는 길을 보도록 하
고자 함은 나의 계획에 되어 있으며,
내가 계획하고자 하는 그 순서에 의해
가고 있음이니, 너희들은 조바심 내지
말며 두려워하지 말지니라.
12 서서히 갈 때 서서히 가게 됨이며, 내
가 하루아침에 모든 변화의 역사를 이
룰 수 있으나 그는 너희들이 감내할
수 없으며 지탱할 수 없음이니라.
13 지금은 모여 있는 선지자의 제자 너희
들의 그 힘이 충만하며 너희들을 도와
서 일할 수 있는 자들을 내가 거둬들
일 것이니,
14 오로지 너희들은 마음 자세를 곧고 바
르게 하며, 나의 이 법전이요, 나의 성
령이 정녕 내가 구약과 신약의 그 큰
보따리보다도 더 큰 보따리로서 마지
막으로 너희들에게 내리는 나의 성령
임을 깊이 깨우쳐,
15 너희들이 나와 대화하는 심정으로써
나의 법전을 읽고 깨우쳐, 그들이 너
희들 앞에 왔을 때 대답을 할 수 있는
그와 같은 너희들의 깨우침을 쌓는 데
최선을 다하라.
16 너희들은 나의 법전을 읽는 데 게을리

하지 말 것이며, 나의 법전을 읽고 깨
우치는 것이 너희들이 해야 할 덕목이
며, 다음의 모든 일은 내가 이루고자
함이니,
17 너희들이 나의 법전의 내용을 대답하
지 못하며, 그를 가지고 너희들을 찾
아오는 자 인도하지 못하면 아니 됨이
니 그것이 너희들의 몫이며,
18 이곳에 나의 피조물 만백성이 찾아와
모이고 안 모이는 것은 내가 이룰 역
사이니, 너희들은 그리 알고 행하도록
하라.

2,278 번째 하나님 말씀

2002년 4월 29일 21시 56분

1 사랑하는 선지자야!
2 "네, 여호와 하나님! 말씀하옵소서."
3 너희 인간들이 살아가는 그 모두를 육
의 삶에 맞추지 말라.
4 너희들이 생활의 그 모두를 육에 맞춰
살아감이니, 세속의 삶에 얽매여 그
삶에 허덕이다 육신이 쇠진하여 그저
때가 되면 죽어 감이니,
5 너희들을 지배하고 있는 그 영의 심판
을 너희들은 어찌 생각지 아니하는가?
6 너희들은 정녕 너희들의 육이 떨어져
나감으로 인하여 너희들이 영혼의 그
세계와는 아무런 관계도 없다 그리 생
각하는가?
7 육이 존재하는 속에서 육의 삶을 어찌
살았느냐에 따라서 그 영의 삶이 영원
히 지속되며, 잘못 가고 잘못되며 또
벌을 받으며 그와 같은 변화무쌍한 역
사가 이루어지는 것을, 너희들은 어찌
그를 모르며 그를 접어두려 하는가?
8 이제 너희들은 알아야 할 것이니라.
9 너희들은 육의 삶을 지나 너희들에게
영혼의 삶의 그 소중함이 있다는 것을
잊어서는 아니 됨을 다시 한 번 깨우
쳐야 될 것이니라.
10 그리하여 너희들은 육의 삶에 맞추어
그리 살다 보니 보석이요, 보물이요,
또한 폐물이라는 것, 그리고 금화와
은화에 너희들이 모두를 다 바치고 연
연하여 삶이니, 내가 뭐라 했더냐?
11 육의 삶에 금화와 은화를 너희들이 아
무리 가지고 있다 하여도 그를 나누고
쓰는 사랑을 하지 아니한다 하면 그것
은 짐승에게 붙어 있는 오물과 같다
내가 말하였음이니, 너희들이 어찌하
여 그리 나누고 베풀며 사는 그 사랑
을 하지 못하는가?
12 오늘 내가 선지자를 통하여 너희들에
게 깨우쳐 가르치고자 함은, 너희들
자신이 작은 사랑을 실천하며, 사랑을
베풀며, 가족 단위의 사랑을 베풀며,
이웃과 나눔의 사랑을 베풀며,
13 그리하여 너희들이 작은 소집단의 사
랑을 베풂으로 인하여 이 세상은 나의
피조물 만백성이 어렵고 힘든 이웃을
보살피게 되며 그가 사랑 속에서 이루
어짐이니,
14 지금 너희들은 집단이 다르며, 생각이
다르며, 모든 종교의 종파가 가는 길
이 다르며, 추구하는 것이 다 다르며,
너희들이 이루고자 하는 욕심이 다 다
름이니,
15 이를 가지고 너희들은 사랑을 실천할
수 없음이니라.

16 나 여호와가 지금 세상을 하나의 공통
어로써 만들어, 나의 피조물 만백성이
한 언어를 쓰며 한 생활의 습관으로
가도록 천 년의 역사에 걸쳐 그것을
이루고자 함은,
17 지금 너희들처럼 생각하는 것이 다르
며 이끌어 가는 방법이 다르며 행하는
것이 모두 다른 그 각종 종파를 가지
고는 너희들이 정녕 이해관계가 하나
가 되지 못하니 사랑을 이룰 수가 없
음이니라.
18 그리고 국가의 단위요, 대집단이요,
소집단이 그리 분리되고 쪼개져 있는
상태에서는 너희들은 서로 자기 자신
의 이익을 추구하기 때문에,
19 사랑을 베풀며 나 여호와가 베푸는 사
랑의 근본의 근처도 오지 못하며, 너
희들은 그저 육의 사랑 속에서 물건을
주고받는 그 사랑, 그것으로써만 맞춰
가고자 함이니라.
20 아무리 너희들이 사랑을 베풀며 나 여
호와의 뜻을 따라 실천한다 하여도,
21 각종 종파의 그 비대한 힘이 있으며,
그들이 비대한 조직을 이끌고 가는 방
법이 있으며 저희들끼리 행하는 것이
있으니,
22 서로 견주고 밀고 당기는 그와 같은
역사 속에서 그들이 정녕 이웃의 슬픔
과 어려움을 돌아보고 베푸는 그 사랑
을 볼 수 없음이니라.
23 또한 조직이라는 것도 그러하며 국가
단위라는 것도 그러하니라.
24 너희들이 서로 밀고 당기고 하다 보
면, 생각하는 것이 다르며 추구하는
것이 다르며 생활 습관이 다르며 살아
가는 요령이 다 다르다 하면 그 속에
서 그 모두를 하나로 엮기가 어렵고
힘듦을 알아야 할 것이니라.
25 너의 제자들에게 일러야 할 것이니라.
26 지금 나의 성령을 들으며 나의 법전을
읽고 깨우치며 찾아온 몇 명의 선지자
의 제자 너희들도 마음이 하나가 되기
어려우며 통일되기가 어려우니,
27 그와 같은 속에서 종파가 다르며 추구
하는 것이 다르며 또 경영하는 국가의
형태가 다르다 하면 과연 그들의 마음
이 하나가 될 수가 있겠는가?
28 사랑을 실천할 수 있으며 나눔을 할
수 있겠는가?
29 굶어 죽어 가는 자들을 사랑으로 볼
수 있겠는가? 없음이니라.
30 그리하여 천 년에 걸쳐 하나의 뜻으로
만들며, 하나의 공통어로써 세상을 지
배하고자 하는 나 여호와의 깊은 뜻이
여기에 있음을 알라.

2,279 번째 하나님 말씀

2002년 4월 30일 08시 22분

1 사랑하는 선지자야!
2 "네, 여호와 하나님! 말씀하옵소서."
3 믿음의 길을 가는 자들이나 사랑을 베
풀며 가는 자, 그들의 마음의 형태가
어떠한 것인가를 너는 보지 않았는가?
4 지금 나의 피조물 만백성이 하늘을 향
하여 저희들이 기도하며 경배하며 구
원을 받는다 하여 그 종교 집단들이
가르치고 배우는 자들의 형태가 얼마
나 사악하고 모진가를 너희는 알아야
할 것이니라.

5 이 지상의 수만, 수십억 가지 중에서
저희들이 가는 그 믿음이요, 그 종파
의 길이, 그것만이 저희들이 구원을
받는 길이라 하여 세상의 문을 닫고
삶이니,
6 그리하여 그들은 수십 가지를 다 버리
고 바라보지 못하고 사는 자들이니,
거기에 얼마나 곡해와 오해와 왜곡됨
이 있겠는가?
7 너는 그를 봐야 될 것이니라.
8 그리하여 너의 제자들은 모두를 가슴
에 안으라 함이니라.
9 수천수만 가지를 접하며 내가 내린 것
을 모두 가슴에 안고 접하며 살아가는
너희들과 한 길만이 위대한 길이요,
구원의 길이라 하여 그 길만을 가도록
만든 종교 지도자요, 또 그 길을 따라
가는 자들,
10 내가 너희들에게 수억 가지 중에 있는
사랑이요, 인자함이요, 용서함이요,
나누며 모든 것을 다 접하며 살라 하
였거늘,
11 오로지 믿음이요, 구원이라는 그 한
길만을 위하여 달려가고 행하는 그들
의 마음이 얼마나 사악하고 모질며 삭
막한가를 네가 알아야 할 것이니라.
12 나의 피조물 만백성이, 지금 종교 지
도자라는 자들이, 그리고 하늘에 올라
와 구원을 받겠다는 그들이 가고 있는
형국이 그와 같은 실정이니, 지금 너
희들은 무엇을 알아야 되는가?
13 인간의 육신의 그 세상 삶이 얼마나
허무하고 모진 것이며, 그리고 너희들
이 그곳에 연연하며 사는 것이 얼마나
잘못된 길인가를, 그리고 부질없는 것
에 너희들의 모두를 다 던지고 있음을
깨달아야 할 것이니, 그 이치를 깨단
도록 하라.

2,280 번째 하나님 말씀

2002년 4월 30일

1 사랑하는 선지자야!
2 "네, 여호와 하나님! 말씀하옵소서."
3 너희들은 육신의 신체에 다리가 아파
봐야 그 다리의 소중함을 아는 것이
며, 팔 하나가 쓰지 못하게 되었을 때
그 팔의 위치가 얼마나 소중한지 알게
됨이니,
4 들을 수 없을 때, 볼 수 없을 때, 그와
같이 너희들의 신체의 변화가 있을 때
너희들은 그 부분이 얼마나 소중하고
귀한가를 그때 깨달아 감이니,
5 지금 너희들이 살아가는 그 형태가 하
나씩 그리 변해져 가고 있건만 너희들
은 그를 모르고 있음이니라.
6 너희들이 정녕 죽어 내 앞에 왔을 때
그 모두를 알게 됨이니, 그때는 후회
해도 아니 된다 내가 말하였느니라.
7 너희들이 그와 같은 형국으로 살아가
고 있음이니라.
8 너희들은 오로지 이 자연의 위대함 속
에서 너희 머릿속에 생각하는 것만이
위대하며 그것 이상은 아무것도 없다
는 그런 고정관념에서 지금 살아가고
있음이니,
9 너희들의 그와 같은 삶이 얼마나 허무
하고 잘못된 것인가를 너희들이 죽어
내 앞에 와서야 알게 됨이니,
10 이는 곧 너희들이 다리가 아파 걷지

못할 때 그 다리의 소중함을 알듯이
이미 때는 늦음이니라.
11 그리하여 너희들을 바로잡기 위하여
내가 나의 법전을 세상에 내보내 너희
들에게 읽고 깨우치라 그리 말하건만
너희들은 이를 보지 아니함이니라.
12 사랑하는 선지자야!
13 "네, 여호와 하나님! 말씀하옵소서."
14 너의 제자들에게 이르라.
15 너희들이 내가 계주라는 것을 하다시
피, 400미터, 1000미터 계주를 하는
것과 같이 너희들이 달리고 또 배턴을
받아 뛰어 달리고 그리 역사가 흘러왔
으며, 지금은 마지막 주자가 달리는
시대라 내가 말을 하였음이니,
16 그러나 너희들은 또한 그를 깨닫지 못
하고 그를 가슴에 새기지 아니함이니,
이를 어찌하는가?
17 나의 구약과 신약의 성서의 가르침은
나의 아들 예수가 행한 것을 그 제자
들이요, 또 그들이 따라다니며 기록한
것이니라.
18 그리하여 그가 행함을 기록한 것이니,
지금 나의 법전이 그러한 기록되는 것
과 차별화됨을 너희들은 알아야 될 것
이니라.
19 나의 성전에 와 너희들이 무엇을 만들
었으며 무엇을 이루었으며 선지자가
무슨 말을 하였으며 무엇을 지시하였
다 그렇게 기록되는 나의 법전이던가?
20 여기에 너희들은 왜 구약과 신약이 준
비 단계이며 제3의 시대가 마지막 주
자로서 달리는 시대인가를 알아야 될
것이니,
21 준비 단계는 나의 아들 예수가 이룬
역사를 제자들이 기록하여 이리 하였
으며 저리 하였으며, 이리 행하였으며
저리 행하였다 함이 기록되어 있음이
니라.
22 그리하여 그것을 보고 너희들이 깨우
치고자 함이니, 나의 법전은 그것이
아님이니라.
23 내가 너희들에게 말했듯이, 나의 성령
을 선지자를 통하여 바로 내려보냄이
니,
24 내가 너희들에게 나 여호와가 나의 아
들 예수에게 직접 내리며 그와 내가
대화하여 기록한 그 진본이요, 원본이
있다 하였으며, 그를 찾으라 하였음이
니,
25 그는 있어도 너희들이 지키고 시행하
기 어려워 세상에 내놓지 못한다 하였
음이니,
26 바로 지금 내가 나의 선지자를 통하여
성령을 내려보내는 것은 내가 그에게
명령만을 내리며, 그는 듣고 나의 명
령에 따라 기록하고 전하는 것뿐이니,
27 이는 내가 행하고자 하며 내가 직접
이끌어 오고자 하는 그 뜻을 나의 선
지자를 통하여 내려보냄이니,
28 이것이 구약이요, 신약이 준비 단계이
며 제3의 시대, 법전의 시대가 바로
내가 이루고자 하는 너희들의 마지막
단계이니,
29 그리하여 내가 너희들에게 직접 나의
선지자요, 나의 아들을 통하여 내려보
냄이니,
30 너희들이 이것은 이리 해야 할 것이며
저것은 저리 해서 고쳐야 될 것이며,
이 길이 하늘에 오르는 길이며 저 길

이 잘못 가는 길이라 이를 명시하여 답을 주는 것이 여기에 있음이니라.
31 그 답을 보고 듣는 나의 피조물 만백성이요, 선지자를 따르는 제자 너희들은 어찌해야 되겠는가?
32 너희들은 이 이치를 깨닫고 이와 같은 깊은 나의 뜻을 나의 피조물 만백성에게 전하여 그들이 알도록 해야 할 것이며,
33 그들의 다리가 쓰지 못하게 되었을 때 다리의 소중함을 느끼듯이, 그들이 죽어 내 앞에 와 얼마나 원통해하고 후회하는 것인가를, 그를 죽기 전에 그들에게 깨우쳐 주고자 하는 것이니,
34 너희들이 몸과 마음을 다 바쳐 나의 법전을 만들어 나의 피조물 만백성에게 전하는 데 게을리하고 소홀히 해서는 아니 됨이 여기에 있음을 알라.
35 너희들은 오늘부터 구약과 신약의 그 흐름을 잘 보라.
36 그리하여 내가 구약과 신약의 그걸 가지고 너희들은 너희 손으로 지은 그 성전에 한번 발을 들여놓아 평생 그를 되풀이하고 또 되풀이하며 거기서 깨우침을 얻어서 오라 함이 아니니라.
37 그저 그것은 지나가는 준비 단계로써 배턴을 잡고 뛰어서 1번 주자가 2번 주자, 2번 주자가 3번 주자에게 넘겨주는 것이며, 마지막 주자는 제3의 시대이니,
38 성서와 나의 법전의 다름이 여기에 있느니라.
39 그 성서는 누가 어찌 정해졌으며 어찌 갔으며 어찌하였다는 것을 너희들이 기록하여 그것을 표본으로 하여, 근본으로 하여 너희들을 다스리고자 하였으나,
40 나의 법전이요, 나의 성령은 직접 내가 너희들이 행하고 실천할 것을 바로 내려보내니,
41 이게 바로 예수를 통하여 내려보냈던 그 없어진 진본을 내가 너희들에게 알기 쉽게 깨우쳐 세상에 내보냄이니 그리 알아야 할 것이며,
42 이와 같은 뜻의 차이점과 이치를 깊이 깨우쳐 행하는 현명한 나의 백성들이 되도록 그리하라.
43 선지자야, 이를 깊이 너의 제자들에게 심어 줘야 할 것이니, 소홀히 하지 말라.

2,281 번째 하나님 말씀

2002년 4월 30일 09시 41분

1 사랑하는 선지자야!
2 **"네, 여호와 하나님! 말씀하옵소서."**
3 내가 수천 년의 역사를 기다려 왔음이니라.
4 오늘 나의 선지자를 통하여 나의 성령을 태워 모두를 내려보내 나의 피조물 만백성을 구하고자 몇천 년을 나 여호와가 기다렸음이니라.
5 그리하여 지금 나의 성령의 모두를 너를 통하여 내려보내며 법전이라 하여 나의 피조물 만백성을 구하고자 하는 이 역사가 이루어짐이니,
6 이것이 바로 하늘과 지상과, 너희들과 나와의 거리가 없음이니,
7 바로 나는 명령권자요, 명령을 받는 자는 너며 그리고 너의 제자들이니,

이는 한 맥으로 흘러감이니라.
8 너희들은 육신이 살아가면서 사탄이
요, 마귀라는 그 자체도 너희들 안중
에 두어서는 아니 됨이니라.
9 감히 사탄과 마귀도 너희들과 대적함
이 없으니, 이 세상 나의 피조물 만백
성을 가슴에 끌어안으며 모든 종파를
다 가슴에 안고 사랑하는 너희가 되라
하였음이니,
10 오로지 그것만이 너희들이 나의 피조
물 만백성을 구하는 길이며 지상의 낙
원을 이루는 역사를 이룰 수 있는 길
이라 내가 말하였느니라.
11 여기에 너희들이 무슨 사탄이 필요하
며 사악한 자가 필요하며 마귀가 너희
들과 감히 대적하며 너희들에게 감히
있을 수 있는가?
12 나의 깨끗한 피가 선지자를 통하여 흐
르며 그 피가 또한 너의 제자들에게
같이 흐름이니, 거기에 무엇이 감히
대적하겠는가?
13 모든 종파를 다 사랑하라 하는 것은
아무것도 아님이니,
14 이제는 너희들은 나의 피조물 만백성
모두를 사랑하며, 이 지상 낙원에 있
는 모든 동식물을 사랑하고 하나로 보
며,
15 그리고 모든 종파와 시기하고 질투하
는 그 모두를 다 하나로 보고 가슴으
로 안아야 될 것이니,
16 이제 너의 제자들이 또 한 단계 올라
야 할 것이 무엇이더냐?
17 사탄과 마귀와 사악한 자들이 감히 너
희들을 보고 고개 숙여 깨달을 수 있
도록 너희들은 그들을 다스리고 통제
하는 그와 같은 아름다운 마음으로 살
아가야 될 것이며,
18 너희들은 사악한 자, 마귀, 이 세상에
종말을 고하는 모든 그와 같은 자들을
다 용서해야 될 것이며 그들을 가슴에
안아야 될 것이니라.
19 엄연히 너희들이 깊이 생각해 봐야 할
것이니라.
20 사탄이요, 마귀요, 그 모두가 나로부
터 떠났다 하여 그들까지도 너희들이
또한 안을 수 있는 마음이 없다 하면,
원수를 사랑할 수 있는 마음이라는 그
근본의 이치를 행하고 있지 못함이니,
21 너희들과 나 사이에는 아무것도 침투
할 수 없으며 그 누구도 그를 대적할
자가 없음이니, 다 너희들의 밑에 있
는 자들이니라.
22 그러니 너희들은 그들을 다 다스리고
제압하며, 그들이 감히 너희들 앞에
대적할 수 없음을 알아야 할 것이니,
23 모든 사탄이요, 사악한 무리라 하여
그들을 버리지 말며, 너희들이 오늘서
부터 그들을 다 손에 쥐고 다스리고
깨우치는 그와 같은 경지에 올라 행하
여야 됨을 잊지 말며, 너의 제자들에
게 일깨워 주도록 그리하라.

2,282 번째 하나님 말씀

2002년 4월 30일 18시 05분

1 사랑하는 선지자야!
2 "네, 여호와 하나님! 말씀하옵소서."
3 나로부터 선택된 백성은 깨달음의 변
화를 꾸준히 이루는 것이며, 진리를
탐구하며 그 진리를 위하여 전진하며

그 속에서 사랑을 베풀며 사랑을 실천
함이니라.

4 또한 그 사랑 속에 모든 것이 다 이루
어졌음이니, 나의 계명이요, 나의 율
법이요, 모든 성서는 사랑을 지키고
사랑을 행하며 그를 위하여 이 세상에
존재하였음이니,

5 이를 너희들이 알아야 될 것이니, 나
로부터 선택된 백성은 오로지 깨달음
이 변하며 변화가 계속 이루어져야 되
는 것이니라.

6 그와 같은 것이 중단됐다면 그는 곧
나의 백성이 아니요, 죽은 자의 백성
이니라.

7 깨달음이 중단되었다면 그는 살아 있
는 백성이 아니요, 죽은 자의 백성이
요, 죽은 자라 내가 말하였음이니라.

8 그러나 지금 너희들은 수천 년 역사가
흐르는 동안에 과연 얼마나 변화되었
으며 얼마나 깨달음의 그 길을 향하여
왔던가?

9 내가 선지자를 통하여 말하지 아니하
였더냐?

10 몇백 년 동안 너희들이 기도하는 것이
그저 달라 소원하는 것뿐이며, 몇십
년 전에 기도한 것 또한 너희들은 주
십사, 구원하여 주십사, 누구에게 내
려 주십사, 그리고 축복을 주십사 하
며 그저 달라, 구원해 달라는 그것 외
에는 무엇이 달라진 것이 있는가?

11 그 속에서 너희들이 정녕 무슨 변화가
있으며 무슨 깨달음이 있으며 무슨 새
로운 역사를 펴 나가는가?

12 나의 법전은 나의 백성이 구체적인 깨
달음 속에 변화되며, 이 험악한 세상
속에서 진정한 깨달음의 변화를 만들
어 너희들이 그 변화 속에 너희 스스
로 변화되며,

13 그 속에서 나의 피조물 만백성을 변화
하는 세계로 이끌고 만드는 것이며,

14 이것이 성서의 뜻이며 가르치는 자의
뜻이 있으며 행하는 자가 해야 할 도
리이니라.

15 그리하여 깨달음과 그 깨달음이 전진
하는 속에 진리를 알게 되며, 너희들
이 그 진리 속에서 진정 나 여호와의
사랑을 알게 되는 것이니,

16 그 속에서 너희들은 진정한 나 여호와
의 성령으로 깨달음을 알게 될 것이
며, 그 나의 성령의 깨달음을 아는 자
체가 너희들은 구원의 길에 들어섬이
며 구원의 길을 보게 되는 것이니라.

17 그 구원의 길에, 또 구원의 길을 이루
기 위해서, 그 구원의 역사를 이루기
위해서 요구하는 모든 것을 너희들은
실천하고 살아감에 있어서 너희들이
바른 진리요, 바른 사랑의 뜻을 알게
됨이니,

18 이는 곧 너희들이 나의 성령으로 내리
는 나의 성령의 말씀대로 실천에 옮기
며 살아가는 그 용기만이 선택된 나의
백성이며 구원을 받을 수 있음을 알아
야 될 것이니라.

19 그리하여 너희들이 살아오면서 믿음
을 가지면서 10년 전, 20년 전, 백 년
전, 천 년 전 그 세월의 믿음이 변화되
지 아니하였다면 너희들은 깨달음을
모르는 것이며, 내가 이루고자 하는
그 역사를 모르며 내가 어찌하고자 하
는지 그 자체도 모름이니,

20 너희들은 죽은 믿음 속에서 지금 허덕
이는 것이며, 그 죽은 믿음 속에서 어
찌 너희들이 구원을 받으며 하늘에 오
른다 그리 생각하는가?
21 이와 같은 나의 이치가 나의 성령을
통하여 나의 법전에 기록되어 세상에
나갈 때, 나의 법전의 뚜껑을 열고 이
대목을 읽는 자, 다시 한 번 너희들이
믿음의 발길을 멈추고 깨우쳐야 할 것
이니라.
22 나의 십계명이요, 율법이요, 모든 법
전을 너희들이 두려워하며 너희들은
겁에 질려 그를 돌아다보지도 아니하
며 지키고 행하려 하지 아니함이니,
23 나의 십계명이요, 율법이요, 나의 성
령으로써 나의 선지자를 통해서 내려
가는 이 법전을 지킬 수 없으며 행할
수 없다 미리 겁을 먹어 두려워하며
실천하려는 생각조차도 아니 하는 자,
이는 바로 무엇이냐?
24 죽은 자와 같음이니라.
25 너희들 자신의 삶 자체를 모르는 것이
며, 너희들이 삶의 의미를 모르는 것
이며, 너희들이 살아가는 가치와 너희
들이 살아가는 존재와 살아가는 그 뜻
조차도 모르며 살아감이니, 바로 무엇
이더냐?
26 구원과 영혼의 세계가 있으며, 나의
십계명이요, 나의 율법이요, 나의 법
전을 지키고 도전하는 그와 같은 너희
들의 자세와 두려워 겁먹고 쳐다보지
아니하는 그와 같은 자세가 나의 백성
이 가는 길이 아니니라.
27 너희들은 나의 십계명이요, 나의 율법
이요, 나의 이 법전을 두려워하지 말
며, 이를 실천하고 행하고자 도전하는
그 정신 속에서 너희들이 바른 삶을
살며 구원의 길을 볼 수 있음이니,
28 이를 두려워하고 무서워하여 들여다
보지 아니하며 행할 수 없다 포기하는
자, 그저 너희 육신이 살아가는 의미
요, 모두를 다 저버리고 흐르는 세월
속에 너희들 자신을 던져 버렸으며,
29 그 흐르는 세월 속에 너희들의 생명이
흘러가며 너희들의 삶의 모두를 다 파
괴하여 우왕좌왕 살다 나에게 와 심판
받을 때 그 심판이 얼마나 두렵고 무
서운가를 너희들이 그때 깨우치니,
30 그때 가서 너희들은 어찌할 길이 없다
내가 수차 말하였으니, 너희들은 나의
계명이요, 율법을 인간으로서 지킬 수
없다 생각하여 두려워 겁먹지 말라.
31 이를 지키고 행할 수 있다는 너희들의
도전적인 마음으로써 자신 있고 당당
한 모습으로써 도전할 때, 구원의 길
을 볼 수 있으며 구원을 받을 수 있으
며 하늘에 오르는 영광의 길을 얻을
수 있음이니,
32 이를 너희들이 명심해서 행하여야 할
것이니 이를 잊지 말라.

2,283 번째 하나님 말씀

2002년 4월 30일 18시 13분

1 사랑하는 선지자야!
2 "네, 여호와 하나님! 말씀하옵소서."
3 지금 수천 년 역사가 흘러오는 이 세
월 속에 나의 피조물 만백성, 수십억
의 그 많은 인구가 세상에 와 구원을
받고자, 하늘에 오르고자 기도하고 경

배하였으며, 모두를 다 바쳤다 하며
저희들이 정녕 구원을 받았다 생각하
는 자들이 있음이니,
4 과연 그들의 믿음의 방향과 믿음을 향
하여 달려온 길은 어떠한 길이던가?
5 너희들은 여기서 한번 깨우쳐 짚고 넘
어가야 할 것이니라.
6 나의 사랑하는 선지자의 제자들과 나
의 법전을 읽고 깨우친 백성들과 모든
나의 피조물 만백성, 너희들은 오늘
이 대목을 다시 한 번 읽고 깨우쳐야
할 것이니라.
7 너희들은 나 여호와를 위하여 나 여호
와를 중심으로 살아왔으며 모두를 경
배하고 기도하였다 말할 것이니라.
8 그러나 너희들은 가슴에 손을 얹고 생
각하고 또 깨우쳐 보며, 너희들 자신
을 한번 되돌아봐야 할 것이니라.
9 지금까지 나의 피조물 만백성, 그 수
억의 인구들은 과연 어떤 믿음을 가졌
는가?
10 모든 지나간 나의 피조물 만백성은 자
신의 구원을 위하여, 자신의 축복을
위하여, 자신이 낙원에 오르는 것을
위하여 자기 중심적인 믿음 속에 연연
하며 매달려 살아오지는 않았는가?
11 너희들이 믿음이라 깨우치고 구원의
길이라 말하고 하늘에 오르는 길이라
하며 구원해 달라, 구원을 받았다, 구
원할 수 있다 울부짖으면, 과연 너희
들의 그 믿음이 어디 있었던가?
12 너희들은 나 여호와의 뜻이요, 나 여
호와의 계명에 의하여 그 중심적인 믿
음을 가지고 그 믿음 속에서 살아왔으
며, 그 길을 위하여 두 주먹 불끈 쥐고
나를 향하여 달려왔다 생각하는가?
13 너희들의 개인 중심적인 믿음에 의하
여 그 믿음을 갖지 아니하였던가?
14 나 여호와가 너희들을 내려다보기에
너희들은 너희 개인 중심적인 믿음으
로 갔으니,
15 오로지 너희들의 목적이요, 너희들의
모든 뜻이 너희 개인의 주관적인 그
생각에 있었음이니,
16 이것이 얼마나 잘못 가는 믿음이었는
가를 한번 생각해 봐야 할 것이니라.
17 지금 또한 모든 종교 집단의 믿음의
길은 무엇이던가?
18 종교 집단들의 믿음 자체도 저희 집단
의 길만을 추구하며, 저희들의 편안함
과 저희들의 안정과, 저희 조직과 저
희 세력을 확산하며 저희들이 편안히
살아오고자 하는 그와 같은 길만을 추
구하고 추종하며 실행하고 믿어 온 그
믿음이 아니던가?
19 그렇다면 나의 피조물 만백성 너희들
이 추구했던 그 믿음의 한계와 뜻은
어디 있는가?
20 그 목적하고자 함과 목적지가 어디이
며, 너희들 자신이 속해 있는 그 끝은
과연 어디인가?
21 너희들은 너희 자신의 뜻과 모든 목적
을 위하여, 거기에 대한 종교 집단의
이익과 이해관계에 의한 믿음을 행하
여 온 것은 아니던가?
22 너희들 개인은 개인 중심적인 믿음을
가져 왔으며 종교 집단은 집단대로 저
희 개별 집단 중심적인 그러한 믿음을
가져 왔다면,
23 너희들이 수천 년 역사가 흐르는 동안

에 이와 같은 너희 나름대로의 중심적
인 믿음에서 변하지 못하고 지금까지
흘러왔다 하면,
24 나의 모든 피조물 만백성은 나의 뜻과
는 아무런 관계도 없는 그 믿음을 가
져 왔음이니,
25 그리고 너희들의 목적과 그 목적의 한
계가 개인은 개인의 목적이요, 종교
집단은 종교 집단의 그 목적함에 두고
믿음을 가져 왔음이니,
26 내가 이루고 내가 세우고자 하는 나의
뜻과는 아무런 관계가 없음이니라.
27 오로지 너희들은 내가 이루고 세우고
자 하는 뜻이 중심이 되어, 나 여호와
를 위한 중심으로써 믿음을 향하고 그
길을 향하여 달려왔어야 할 것이며,
28 그리하기 위해 너희들은 모든 계명을
지키며 율법을 지키며 내가 원하는 그
사랑을 실천하고 살아왔어야 할 것이
니라.
29 그러나 너희들은 어찌 살아왔는가?
30 몇천 년 동안 너희들은 너희 각자의
중심으로 믿음의 세계요, 너희 삶 모
두를 그리 살았음이니,
31 너희들이 몇천 년 동안에 이루고자 했
던 그 모든 것도 나 여호와의 뜻에 내
가 세우고자 했던 것이 그 중심이 되
지 아니하고, 너희 개인 중심으로써
믿음을 향했으며 너희 개인이 중심이
된 목적을 두고 살았으니, 그는 나와
는 아무런 관계도 없다 하였음이니라.
32 이제, 사랑하는 나의 선택된 백성들아!
33 나의 성령을 듣는 나의 선지자의 제자
들이요, 나의 법전을 읽은 선지자의
제자, 너희들은 알아야 될 것이니라.
34 지금 수천 년 동안 하늘에 오르는 길
이라 하여 달려왔으며 모두를 다 바쳐
믿음이라 울부짖고 살아온 그들은 개
인 중심이요, 저희 종교 집단의 그 믿
음의 한계로써 살아왔음이니,
35 너희들은 그리 살아서는 아니 되는 것
이며, 너희들이 그들과 차별화되어야
함이니라.
36 이제 나의 법전을 통하여 나 여호와의
주관과 나의 뜻과 내가 미래에 이루고
자 하는 모든 뜻과 내가 이끌고자 하
는 그것을 깨달은 너희들은 너희 개인
의 중심을 벗어나, 그리고 집단의 중
심을 벗어나, 종교 집단이 추구하는
그 믿음의 중심을 벗어나
37 나 여호와를 중심으로 깨우치며, 나
여호와를 중심으로 행하며, 나 여호와
를 중심으로 믿는 것으로 모두를 바꾸
고, 그를 향하여 너희들이 실천하고
일깨워 가야 할 것이니라.
38 그리 행하도록 하라.
39 그리고 그리 나 여호와를 중심으로 나
여호와를 향하여 모두를 다 맞추는 그
믿음으로 가는 것이 나로부터 선택된
백성들이며 나의 선지자에게 선택된
나의 사랑하는 제자 너희들이니, 그리
알아야 할 것이니, 이를 명심하여 행
하도록 하라.

2,284 번째 하나님 말씀

2002년 4월 30일 23시 36분

1 사랑하는 선지자야!
2 "네, 여호와 하나님! 말씀하옵소서."
3 지금 수천 년 동안 흘러온 나의 종교

지도자라 하며 나의 피조물 만백성을
구원하는 그들이 무엇을 가르치며 어
찌 인도하고 있는가?
4 그들은 나의 아들 예수가 무엇을 어찌
행했으며 그 역사가 어찌하였으며 그
리고 나의 아들 예수가 기적을 이룬
그 역사의 행적이 무엇이었는지 그와
같은 것을, 그들은 계속 세월이 흐르
는 그 속에 변화 없이 그를 깨우치고
또 가르치고 또 전하는 것으로써 지금
까지 흘러왔음이니라.
5 그리고 한 가지 역사를 똑같이 이룬
구절을 갖고 그들이 설명하고 깨우치
는 방도가 다름이니, 이를 어찌 바로
잡을 수 있는가?
6 나의 성서는 그런 것이 아니니라.
7 나의 아들 예수가 무슨 행적을 이루었
고 무슨 기적을 이루었고 어떠한 것을
이루었으므로 그 이룬 역사가 이렇고
저렇다 하는 그와 같은 것을 전하는
것이 나의 성서에 기록된 내용이 아니
며 뜻이 아님이니라.
8 이는 비유로 한 것이니라.
9 모두를 비유하여 말을 하고 전하였으
니, 그 비유를 너희들이 어찌 깨우치
고 어찌 보느냐 하는 것은, 예수와 같
은 삶을 살고자 하는 깨끗하고 고운
자만이 그를 알 수 있음이니, 이를 너
희들이 알아야 할 것이니라.
10 그리하여 구약과 신약이 흘러내려 온
세월 동안에 많은 종교 지도자들이 같
은 내용을 가지고 지도하는 것이 다
다르며, 설법하는 것이 다르며, 거기
에 갖다 붙여 대는 말재주에 따라서
그것이 또한 달라짐이니,
11 그와 같은 것이 나의 종교 지도자라
하여 하늘에 오르는 나의 피조물 만백
성의 인도자라 하는 그들이 지금까지
흘러온 형태이니라.
12 그러나 지금 나의 법전은 너희들에게
무엇을 말하는가?
13 너희들에게 깨우침을 주며 너희들에
게 미래의 길을 알려 주며 그리고 너
희들이 행하며 살아가는 것이 무엇인
가를 내가 하나하나 세분화하여 너희
들에게 직접 명하고 깨우쳐 줌이니,
14 이것이 너희들이 구약과 신약의 성서
를 가르치는 종교 지도자들로부터 듣
는 설법과 나의 선지자를 통하여 나의
성령의 가르침을 듣는 것의 차이점이
니, 그 이치를 너희들이 깨달아 알아
야 할 것이니라.
15 너희들은 나의 법전을 접하되, 이는
나 여호와가 너희들에게 직접 내리는
뜻이며 내가 명하는 것이라는 것을 깨
닫고 이를 깨우쳐 볼 때, 거기서 너희
들이 깨닫고 가야 할 길이 있음이니라.
16 나의 선지자가 너희들에게 뭐라 말하
느냐?
17 그는 말하느니라.
18 그를 따르는 모든 제자들의 어렵고 힘
든 모습이 그의 가슴에 와 닿아 가슴
이 아프다 하였으며,
19 그가 맛있는 음식을 먹고 좋은 옷을
걸치고 갈 때, 어렵고 힘든 제자들이
먹고사는 그 환경과 그 형태를 생각하
여 그가 가슴으로 그를 받아들이지 못
한다 말함이니,
20 지금 너희들 종교 지도자와 나의 선지
자가 가고자 하는 것이 어떠한 차이던

가?
21 정녕 종교 지도자 너희들은 더 대우를
받고 싶어 하며, 더 좋은 대우를 받고
싶어 하며, 풍성한 대우를 받는 것을
자랑이라 생각하지 아니하는가?
22 그리고 많은 선물과 은혜를 너희들에
게 베풀어 준 것을, 너희 신도들 앞에
가서 그것을 자랑이라 하며 말하지 않
는가?
23 그러면서 그들에게 너희들은 그를 강
의하고 강조하고 있는 것은 아닌가?
24 그리하여 그리해 줄 수 없는 자, 그리
하지 못하는 자의 아픈 가슴을 너희들
은 생각해 보았는가?
25 좋은 식사, 좋은 대접, 풍성하고 융숭
한 대접을 받은 것이 너희들은 자랑이
요, 그것이 영광인 듯 생각하고, 그들
이 어떠한 마음이요, 어떠한 상태에서
너희들에게 베풀고 대접했는가 하는
것은 바라보지 아니하니, 그 이면의
생활을 바라볼 수 있는 마음 자세는
없는가?
26 나의 선지자가 뭐라 말하는가?
27 정녕 한 끼의 맛있는 음식을 대접받는
그 자체도 어렵고 힘든 제자들이 마음
에 걸려 그 음식이 목으로 넘어가지
아니함이니,
28 그리하여 가장 낮은 자로서 아주 낮은
대우를 받고자 한다는 것이 선지자가
가고자 하는 길이며 그가 행하고자 하
는 길이니, 이것 하나만 보더라도 너
희들과 차별화되지 아니하는가?
29 정녕 진정한 종교 지도자요, 나 여호
와의 뜻에 따라 나의 피조물 만백성을
구원하는 길에 서는 나로부터 선택된
지도자라 하면, 어떠한 것이 그 지도
자상인가?
30 너희 신도요, 너를 따르는 모든 백성
들의 어렵고 힘든 그 고통을 바라보고
생각하기 전에, 너희들이 융숭하고 풍
성한 대접을 받으며 고급스럽게 너희
들을 모시고 예우하는 것이 너희들은
큰 자랑이요, 영광이라 하여 와서 자
랑하며 떠들지는 아니하는가?
31 정녕 그것이 종교 지도자가 갈 길인
가, 풍성한 대접이요, 융숭한 대접을
받는 것을 부끄럽게 생각하며 어려운
제자들을 생각하여 그것을 받지 아니
하도록 거부하고 살아가고자 하는 것
이 정녕 진정한 종교 지도자인가?
32 이것을 너희들은 깨달아야 할 것이니
라.
33 이 하나도 보지 못하고 어찌하여 너희
들이 하늘에 오르는 그 영광의 지혜를
얻을 수 있다 하는가?
34 사랑하는 나의 피조물 만백성은 들어
야 할 것이니라.
35 나의 선지자의 가는 그 모습과, 나의
법전을 가르치는 그 내용과, 나의 성
령을 전하는 그것과, 나의 성령을 기
록한 법전이 너희들에게 과연 잘못 가
며 잘못 깨우치라는 내용이 있는가?
36 오로지 나의 계명을 지키며 나 여호와
를 향하여 한 점의 거짓이 없는 아름
다운 삶을 살라 가르치지 아니하는가?
37 정녕 어떤 것이 나 여호와의 뜻인가
이를 깨우쳐야 할 것이니라.

2002년 5월

2,285 번째 하나님 말씀

2002년 5월 1일 07시 44분

1 사랑하는 선지자야!
2 "네, 여호와 하나님! 말씀하옵소서."
3 너는 너의 제자들에게 확실히 일러 깨우쳐 주어야 할 것이니라.
4 너를 따라 믿음의 길을 가는 그 제자들은 '내가 먼저 온 자요.', '내가 늦게 온 자요.' 이와 같은 갑론을박을 해서는 아니 됨을 알라 이르라.
5 그리고 나의 법전을 먼저 읽었으며 얼마나 읽었느냐 하는 그러한 순서가 너희들과는 아무런 관계가 없음을 알라 이르라.
6 아무리 나의 선지자 너를 찾아옴이 늦음이며 나의 법전을 단 한 번만 읽었다 하여도, 아무리 그가 늦게 참여했다 하여도 그가 나를 향하여 순종하며, 그가 믿음이요, 행하는 그 자체가 얼마나 모두를 다 바쳐 행하며 그 마음이 아름다우며 순수함이 있느냐에 따라서,
7 그 모두는 우열의 관계가 없이 내가 그들을 사랑하고 사랑하지 아니함이 여기에 있음이니 그를 알라 하라.
8 너희들이 지금 선지자를 따르는 그 자세 또한 지금 너희들 마음으로써 선지자와 영원히 갈 수 있는 제자며 선지자와 같이 이 세상 끝까지 모두를 같이 이룰 수 있는 제자요, 따르는 자라 말하지 말라.
9 그 모두는 세월이 흐른 다음에 알게 됨이니, 나의 사랑하는 선지자를 끝까지 지키고 따르는 자가 마지막까지 제자가 되는 것이며,
10 누구도 '내가 제일인 제자이며, 내가 선지자를 따르는 모두의 우두머리며, 나 외에는 감히 선지자를 따라 여호와 하나님이 내리는 이 법전을 세상에 전하는 그 역사의 일등공신이 없으며, 나머지는 이등이요, 삼등이요.' 하는 그와 같은 갑론을박을 하지 말라.
11 아무리 먼저 왔으면 무엇하며, 일찍와 나의 법전을 보아 깨달았다면 무엇하는가?
12 행함과 순종함과 그리고 하늘을 향하여 내가 존재함을 믿으며 따르는 그 믿음의 자세가 우선인 것이며,
13 나의 사랑하는 선지자가 이 세상의 육을 거두고 하늘에 올라왔을 때, 너희들이 이끌어 가는 그 방향의 마음 자세에 따라 천 갈래 만 갈래 갈라질 수도 있음이니,
14 그때 그를 가르지 아니하며 나의 뜻대로 행하고 따르는 자, 그가 바로 지금 선지자의 가장 우등생인 제자이며, 오로지 그가 모두를 다 계승하여 이끌어 갈 수 있는 자임을 너희들은 알아야 할 것이니,
15 지금 너희들이 먼저 왔으며 늦게 왔으며, 법전을 많이 읽었으며 적게 읽었다는 이와 같은 것을 가지고 갑론을박해서는 아니 됨을 알아야 할 것이니

그리 알라.

2,286 번째 하나님 말씀

2002년 5월 1일 21시 36분

1 사랑하는 선지자야!
2 "네, 여호와 하나님! 말씀하옵소서."
3 내가 천 년의 역사 동안에 나의 피조
물 만백성 너희들의 자손대대 그 후손
이 세상에 지상의 낙원을 이루게 하기
위하여 지금 그 찬란한 빛을 세상에
내려보냄이니,
4 나의 피조물 만백성이 그 빛을 보지
못하며 그 빛이 얼마나 위대한 것인가
를 모르고 있음이니,
5 지금 나의 법전이 세상에 내려가 구할
자와 구하지 못할 자를 구분하며,
6 그리고 너희들이 읽고 깨우쳐 하늘에
오는 길이요, 그 영광을 얻으라 하여
나의 성령을 태워 나의 선지자를 통하
여 법전이라 하여 세상에 내려보냄이
니,
7 그 빛의 위대함과 찬란함을 모르는 것
이 나의 피조물 만백성이니,
8 그들이 나의 이 빛이 세월이 흐른 다
음에 얼마나 찬란한 영광의 빛인가를
지금 깨닫지 못하며 모르고 있음이니,
9 이 빛을 보지 못하는 자, 이 빛을 접하
지 못하는 자는 죽은 자와 같음이니라.
10 지금 너희들은 어떠한 형태로 살아가
는 것인가?
11 너희들 모두에게 내가 영으로써 존재
함이니, 너희들은 영적인 삶을 살아가
며, 너희들은 영적인 세계에서 영적으
로 살아간다는 것을 잊지 말아야 할
것이니라.
12 내가 너희들에게 말하여 이르지 아니
하였던가?
13 너희들이 선하고 착한 마음을 갖고자
하는 것은 나의 성령이요, 내가 너희
들에게 명하는 것이며,
14 그를 따르는 것이 너희들이 나의 뜻을
거역하지 아니함이라 내가 너희들에
게 일깨워 주었음이니,
15 지금 너희들은 영적인 그 삶을 살아가
고 있음을 잊지 말아야 할 것이니라.
16 나의 찬란한 빛을 보는 자는 영혼을
구원받을 것이며, 너희들은 지금 영적
으로 깨어난 자이니라.
17 나의 빛을 못 보는 자는 영적으로 깨
우침이 아니라 죽어 있음이니, 그는
영원히 구원의 길을 얻고 바라볼 수
없음이니라.
18 지금 나의 선지자를 통하여 내가 160
권이라는 이 장서를 내려보내니,
19 구약 시대의 그 장서요, 신약 시대의
그 장서요, 그리고 마지막으로 그 모
두를 다 알기 쉽고 깨우치기 쉽게 너
희들이 행할 수 있도록 내가 만든 것
이 제3의 시대의 나의 법전이니,
20 이 찬란하고 영광스러운 빛을 보지 못
하는 나의 백성들을 너희들은 일깨워,
그들이 이 위대한 빛을 보도록 그리
깨우쳐야 할 것이니라.
21 내가 천 년에 걸쳐 이루고자 하는 역
사를 위해 지금 세상에 내려보낸 빛
이, 세월이 흐른 다음에 그 빛의 역사
가 얼마나 위대하며 찬란하며 영광스
러운 것인가를 그들이 모르고 있음이
니, 이를 모르는 자 구원을 받을 수 없

음이니라.
22 이를 너희들이 깨우쳐, 나의 피조물
만백성에게 지금 내가 지상에 내려보
내는 그 빛을 볼 수 있도록 깨우치는
것이 너희들의 중요한 대명임을 잊어
서는 안 될 것이니라.
23 그리고 나의 피조물 만백성에게 너희
들은 전해야 될 것이니라.
24 너희들은 지금 육의 삶 속에서 영적인
삶이 계속되고 있음을 잊어서는 안 되
는 것이며, 영적인 삶이 더 있음을 그
들에게 일깨워 줘야 할 것이니라.
25 이것이 너희들이 행하며 가야 될 길임
을 잊지 말라.

2,287 번째 하나님 말씀

2002년 5월 2일 09시 33분

1 사랑하는 선지자야!
2 **"네, 여호와 하나님! 말씀하옵소서."**
3 너의 제자들과 나의 피조물 만백성에
게 이르라.
4 나의 아들 예수가 세상에 살다 나로부
터 부름을 받아 그 고통의 길을 가 하
늘에 오르기 전에 너희들에게 말하였
음이니라.
5 그가 '할 말은 많고 너희에게 전할 것
은 많으나 이제 때가 되고 시간이 없
어 너희들에게 전하지 못함이니, 너희
들은 내가 감을 슬퍼하지 말라.
6 내가 감으로 인하여 다음 보혜사가 올
것이며, 나의 아버지 여호와의 성령을
갖고 세상에 올 자가 있다.' 말하였음
이니, '그는 세상에 오되 진리를 가지
고 올 것이며, 그 진리를 가지고 오는
자, 제 뜻대로 말하지 아니하며 주관
하시는 분의 그 뜻을 전하며 그 뜻에
따라 말하는 그와 같은 자가 올 것이
라.' 말하였음이니,
7 어찌하여 너희들은 그 대목을 그리 왜
곡되게 설명하며 그리 또 들어 가는가?
8 너희들은 그 대목이 열두 제자 중의
한 사람이 그와 같은 역사를 이룰 것
이라 말하며, 또한 그는 성령으로써
전하는 것이며, 어떠한 인간의 형태를
하여 전하고 전달하는 것이 아니라 이
는 오로지 성령으로 이루어지는 그와
같은 뜻이라 그리 왜곡되게 설명하며,
이 가장 소중한 대목을 그저 묵살하려
함이니,
9 이는 나의 성경이요, 구약과 신약의
모든 나의 말이 기록되어 있는 성경을
짓밟아 태우는 자와 같은 행위임을 알
아야 할 것이니라.
10 내가 선지자 너를 통하여 말했듯이,
구약과 신약에 가장 중요한 대목이 바
로 예수가 죽기 전에, '할 말은 많으나
전할 시간이 없으니, 내가 가는 것을
너희들은 슬퍼하지 말라. 내가 감으로
인하여 다른 이가 올 것이라' 그리 말
한 그 대목을 너희들은 그저 그대로
받아들이고 그리 순종하면 될 것을,
11 어찌하여 그것을 너희 마음대로 해석
하며 너희 뜻대로 해석하며, 하다 안
되면 그를 덮어두며 오로지 성령으로
써 이루어지는 뜻이라 그리 말하는가?
12 거기에 반드시 기록되어 있음이니라.
13 그는 도적같이 오며, 제 뜻을 말하지
아니하고 듣는 것을 말한다 하였느니
라.

14 그러니 듣는 자가 있어야 할 것이니
그게 바로 누구더냐?
15 천사가 들어서 너희들의 귓속에 전하
겠는가, 사탄이 들어 너희들의 귓속에
전하겠는가?
16 나의 아들 예수를 통하여 나의 성령을
전하여 나의 피조물 만백성을 구원하
려 했듯이,
17 너희들과 똑같은 형태를 가진 자, 나
로부터 선택되어 그를 전하는 자가 올
것이니,
18 바로 지금 나의 성령이요, 나의 뜻을
받아 기록하는 자가 선택된 그이며,
나의 선지자이며, 나의 종이요, 또한
나의 아들임을 알라.
19 그리하여 그를 통하여 내가 법전을 세
상에 전함이니, 이 법전이 도둑처럼
흘러가 너희들을 깨우치며, 너희 영혼
을 깨워 주며, 영혼이 가는 길을 알려
주며, 너희들이 잘못 가고 있는 길을
깨우쳐 주는 그와 같은 나의 법전이
세상에 전해짐이니,
20 또 내가 뭐라 말하였는가?
21 그와 같은 자가 오는 것은 증거로써
무엇을 말한다 하였느냐?
22 너희들의 미래와 과거와 현재를 알려
주며 너희들의 운명을 알려 준다 하였
음이니,
23 이를 알려 주는 것이 그 뜻을 받아 온
자의 증표임을 알아야 될 것이니라.
24 거기에 그리 오는 자가 와 예수와 같
이 너희들을 치료하며 기적을 이루며
병든 자를 고쳐 주며 앉은뱅이를 일
어서게 하며 눈먼 자를 눈뜨게 한다는
그러한 역사가 기록되어 있지 아니함
이니,
25 너희들은 그저 나의 선지자가 거기에
기록된 그대로 행하는 것을 보면 그가
나로부터 선택된 자라는 것을 알고 깨
달아야 할 것을,
26 어찌하여 너희는 그리도 사악한 방법
으로 그를 이해하지 않으려 하며 깨우
치지 않으려 하는가?
27 이는 절대 인간으로, 인간을 통해서
올 수 없다는 것을 너희들은 말하며,
오로지 성령을 통하여 성령의 음성으
로 너희들이 각자, 종교 지도자들은
저희 가슴에 전해진다 그리 변명하고
자 함이니, 이와 같은 것을 바로 봐야
할 것이니라.
28 너의 제자들에게 다시 깨우쳐 줘야 될
것이니라.
29 이 구절을 다시 한 번 음미하고 읽으
며 깨우쳐 보라 하라. 그러면 그 뜻을
알 것이니라.
30 이를 왜곡되게 설명하여 나의 성령과
구약과 신약을 부정하지 말며, 나의
아들의 죽음을 부정하지 말며,
31 나아가 천 년에 걸쳐 나의 피조물 만
백성이 새로운 세상으로, 이 지상을
낙원으로 만들어야 하는 나의 뜻을 너
희들이 거역함이니,
32 이는 너희들이 얼마나 무거운 죄를 또
하나 더 짓는 것인가를 알아야 할 것
이니라.
33 그렇다 하여 나의 역사요, 나의 뜻이
이루어지지 아니하는 것이 아니요, 나
의 미래는 지금 시작되고 있음이니,
그리하여 내가 주관하는 그 역사대로
천 년에 걸쳐 이루어짐이니,

34 너희들은 그를 알아야 할 것이며, 다
시 한 번 깨우쳐 나의 피조물 만백성
에게 전하도록 하며 이 대목을 깊이
공부하도록 그리 깨우쳐 주라.

2,288 번째 하나님 말씀

2002년 5월 2일 22시 40분

1 사랑하는 선지자야!
2 "네, 여호와 하나님! 말씀하옵소서."
3 너의 제자들과 너를 따르는 나의 피조
물 만백성에게 일러야 할 것이며, 너
와 더불어 나의 법전을 만들어 세상에
전하는 대명을 받아 그 모두를 바치며
가고자 하는 너의 제자들에게 너는 일
깨워 줘야 할 것이니라.
4 나의 사랑하는 아들 예수가 나의 성령
으로써 세상에 태어나 나의 성령을 받
아 그가 너희들을 구원하고자 그리 행
할 때 너희들은 어찌 했던가?
5 그로 하여금 나의 성령을 전하지 못하
도록 하였으며, 그가 거짓된 자요, 위
선된 자라 하여 그를 참혹하게 십자가
에 못 박아 죽도록 하였음이니,
6 그 후 2천 년이라는 그 길고도 긴 세
월 동안 너희들은 죽음의 세계에서 살
아왔음을 알아야 할 것이니라.
7 내가 너희들에게 나의 아들을 통하여
깨우쳐 주고 일깨워 주며 너희들이 하
늘에 오르는 길을 보도록 그 성령을
내려보냈으나, 그 성령을 너희들이 단
죄하였으며 그를 막아 버렸음이니, 그
후의 삶이 무엇이더냐?
8 너희들 스스로 살아오는 그 2천 년의
역사의 세월이 흘렀음이니라.
9 내가 너희들에게 깨우쳐 주고자, 너희
들에게 바로 깨달아 하늘에 오르는 길
을 일깨워 주고자 했으나, 너희들이
나의 아들을 그리 단죄함으로 모든 나
의 성령을 전하지 못하여 길고도 긴 2
천 년이라는 그 역사가 죽음의 세계였
으며 암흑의 세계였음이니,
10 그 속에서 너희들이 무엇인가 이루고
자, 너희들이 또 나에게 오르는 길을
안내하는 자요, 인도하는 자라 하여
나의 피조물 만백성을 가르치고자 했
던 것은, 내가 말하는 너희들의 육의
세계인 그 60점의 세계를 벗어나지
못하고 그 속에서 너희들이 허우적거
리고 허우적거렸음을 알겠는가?
11 너희들이 그 깜깜한 죽음의 세계에서
허우적거리고 허우적거리는 그것이
불쌍하여 내가 2천 년이라는 역사가
흐른 지금에 너희들을 구하고자 함이
니, 너희들은 무어라 말하느냐?
12 죽은 자 가운데서 선별 받으며 구원받
으며, 누가 와, 나의 아들 예수요, 나
의 성령이 내려와, 도적같이 와 너희
들을 구원한다 하였음이니,
13 내가 지금 2천여 년 동안 너희들이 암
흑의 세계에서 살아가는 그 처참한 환
경이요, 나와는 아무런 관계도 없는
너희들의 삶의 욕심 때문에 지도자도
지옥으로 가며 그를 깨닫고 깨닫는 자
도 또 하늘에 오르는 길을 보지 못하
며 지옥으로 가는 그와 같은 처참한
광경을 더 이상 볼 수가 없어,
14 내가 예수를 통하여 전하고자 했던 그
모든 성령을, 내가 나의 가슴에 있는
모두를 다 태워 나의 사랑하는 선지자

를 통하여 너희들을 구원하고자 세상
에 지금 내려보냄이니,
15 나의 성령이요, 나의 법전이라 하여
너희들에게 전해 주는 160권의 이 책
이, 이 법전이 얼마나 소중하고 귀한
것인가를 너희들은 알아야 할 것이니,
16 또한 2천 년 전에 나의 성령을 가지고
나가 너희들을 구원하고자 했던 나의
아들을 너희들이 단죄했듯이,
17 지금 너희들이 나의 선지자를 단죄하
고자 함은 너희들은 어떠한 피해를 보
는지 알겠는가?
18 너희들은 그리하여 내가 선지자가 가
는 길에, 나의 성령을 받아 법전을 만
드는 선지자에게 파장을 이루지 말라
했으며 그 마음에 동요를 이루지 말라
하였음이니,
19 너희들이 나의 사랑하는 선지자요, 나
의 아들의 마음에 파장을 이루는 것은
너희들 각자의 욕심에서 이루어지는
것이 아닌가 하는 것을 너희들은 돌이
켜 봐야 할 것이니라.
20 너희들이 구원을 받고자, 또 바로 가
고자 나의 선지자를 앞에 놓고 너희들
이 이해관계와 욕심이라는 것이 없다
면 선지자의 마음에 파장을 이룰 일이
없으며,
21 그가 가는 길에 고통스러운 그와 같은
시간을 너희들이 그에게 전해서는 아
니 될 것이거늘,
22 어찌하여 너희들은 지금 나의 선지자
의 마음에 파장을 이루며 그의 갈 길
을 방해하는가?
23 그와 같이 하는 자, 나의 아들 예수를
십자가에 못 박아 나의 성령을 세상에
내려가지 못하도록 한 그 죄보다도 더
무서움을 알아야 할 것이니,
24 이는 나의 성령을 태워 마지막으로 세
상에 내려보내는 나의 뜻이니라.
25 그러기에 너희들이 나의 선지자의 마
음에 파장을 이루며 마음에 동요를 이
루며 그에게 고통과 시련을 가중시켜
나의 법전이 세상에 나가는 것을 지연
시키며, 그가 세상에 나가지 못하도록
하는 그 죄는 얼마나 무섭고 가혹한
것인가를 알아야 할 것이니,
26 내가 절대로 너희들을 용서할 수 없음
이니라.
27 너희들은 나의 선지자가 바로 섬으로
해서 너희들이 존재하며, 너희들이 존
재해 나의 피조물 만백성이 구원의 길
을 갈 수 있음을 알아야 할 것이니라.
28 오로지 선지자는 나로부터 성령을 받
으며 고통과 시련 모두를 인내하며,
29 그가 가고자 하는 그 길이 얼마나 힘
들고 고통스러운 길인가를 모르는 너
희들이 선지자의 마음에 파장을 이루
지 말라.
30 이는 다 너희들의 욕심에서 이루어짐
이니, 오늘 나의 이 성령의 뜻이요, 내
가 법전에 기록하여 전하는 나의 뜻을
접하고 나서도 너희들이 선지자의 마
음에 파장을 이루는 그와 같은 행위를
하면 용서치 아니할 것이니 그리 알라.

2,289 번째 하나님 말씀

2002년 5월 2일 23시 05분

1 사랑하는 선지자야!
2 **"네, 여호와 하나님! 말씀하옵소서."**

3 너의 제자들에게 일러 깨우쳐 주라.
4 나 여호와가 성령을 태워 나의 선지자
를 통하여 세상에 내려보내 너희들이
하늘에 오르는 길을 일깨워 주며 가르
쳐 주고자 하여 오늘 이와 같은 대장
정의 역사를 이루고 있음이니, 내가
너희들에게 무엇을 말하였던가?
5 너희들의 가장 곱고 깨끗하고 아름다
운 선물은 아주 깨끗한 마음으로 너희
들이 선지자에게 접하는 그것이 너희
들이 선지자에게 바치는 가장 큰 선물
이라 내가 말하였음이니, 너희들은 이
나의 뜻을 어찌하여 그리 소홀히 듣는
가?
6 지금 내가 성령으로써 나의 선지자를
다스리고 그를 인도하여 가나, 그를
해하고자 하는 사악한 무리요, 사탄들
이 그에게 근접하고자 호시탐탐 노리
고 있는 그 험악한 실정을 너희들은
모르느니라.
7 그를 쓰러뜨리기 위하여, 그를 무너뜨
리기 위하여 얼마나 많은 것들이 그를
넘어뜨리려 하고 있는가를 너희들은
모름이니,
8 너희들 제자들이 깨끗한 마음으로써
선지자에게 다가감으로 인해 그 깨끗
한 마음속에 그 사악한 무리들이 접근
하지 못하며,
9 그 사탄이 근접하지 못하게 너희들이
그 깨끗한 마음으로 항상 선지자 옆에
접하려면 너희들이 그 깨끗한 마음으
로 지금 새싹과 같이 일어나 선지자를
보호하는 그 장막을 쳐야 함이니, 이
것이 너희들에게 명하는 뜻이니라.
10 선지자의 제자 너희들이 검은 마음이
요, 사악한 마음을 먹을 때 사탄이요,
사악한 악마들은 너희들 마음속에서
그 씨앗을 키워 나감이니,
11 그 씨앗이 점점 커진다 하면 그 씨앗
은 선지자를 공격하는 화살이 되는 것
이며 사악한 자가 됨이니, 그리하여
그러한 마음을 내가 갖지 말라 함이니
라.
12 지상에 내려가 나의 성령을 받아 전하
는 선지자를 지키는 것은 너희들이 해
야 할 일이니라.
13 선지자는 스스로 선지자의 길을 가며
그가 선지자로서 대명을 받아 많은 백
성들에게 칭송을 받음은 그 자신의 몫
이라 하였으나,
14 그가 사탄과 싸우며 나의 성령을 받아
전하며 인간의 육의 모두를 벗어나고
자 하는 그 고통의 세월 속에 그를 보
호하고 지킬 수 있는 것은 너희들의
깨끗하고 아름다운 그 마음뿐이라 함
을 너희들은 왜 그리 모르는가?
15 그리하여 내가 너희들이 깨끗하고 하
얀 마음으로써 선지자 옆에 접하는 것
이 선지자에게 가장 큰 선물이라 하였
음이니, 그는 곧 무엇이더냐?
16 선지자가 쓰러지지 아니하도록 그를
지탱하는 버팀목이 됨이니라.
17 그 버팀목이야말로 얼마나 소중한 것
이던가?
18 선지자의 육신의 향락과 즐거움을 위
해 너희들이 접하는 것보다 선지자 자
체가 쓰러지는 것을 버틸 수 있는 버
팀목으로서 너희들이 있어야 될 것이
며 그 역할을 해야 될 것이니,
19 그것이 깨끗하고 하얀 마음이요, 그

마음이 아니면 너희들이 버팀목의 역
할을 할 수 없음이니,
20 그래서 사악한 마음이요, 검은 마음을
가지고 선지자 옆에 있는 자, 사악한
사탄이 그의 마음을 지배하게 됨이니,
그는 바로 무엇이더냐?
21 그가 선지자를 넘어뜨리는 악마요, 사
탄으로 변하게 됨이니라.
22 그와 같은 속에서 견디고자 하는 선지
자의 마음의 그 고통을 어찌 모르는가?
23 너희들 개개인의 마음속에, 흔들리는
그 속에서 흔들리는 강도가 커지며 높
아지며 너희들이 사악한 생각을 하며
욕심의 마음을 갖는 것만큼, 그 마음
이 크면 클수록 크나큰 사탄들이 너희
들에게 침투하여 나의 선지자에게 공
격함이니, 너희들은 이 이치를 깨달아
야 할 것이니라.
24 그리하여 너희들에게 깨끗하고 아름
다운 마음으로써 선지자 옆에 존재하
라 함이니라.
25 너희들의 흔들리는 마음속에, 너희들
이 나의 법전을 보고 의심하는 속에,
나의 법전을 놓고 너희 스스로 판단하
며 불안한 마음을 가질 때, 그리고 선
지자에게 너희들이 마음의 파장을 이
룰 때,
26 그때마다 크나큰 사탄이요, 사악한 무
리들이 너희 마음을 공격하고자 하며
너희 마음속에 안주하고자 함이니,
27 이를 막고 가는 선지자의 마음이 얼마
나 강하며 어렵고 힘든가를 너희들은
알아야 할 것이니라.
28 이와 같은 싸움의 길을 가는 것이 선
지자가 지금 가고 있는 길이니라.
29 너희들의 마음이 사악해질 때 그 사탄
이요, 악마는 너희들 마음에 침투함이
니,
30 그리하여 그 모두를 막고자 하는 선지
자의 노력이 얼마나 힘들고 고통스러
운가를 너희들은 알아야 할 것이니라.
31 너희들의 마음이 어떠하냐에 따라서
나의 법전이 세상에 나가고 못 나간다
는 것을 너희들은 알아야 함이니라.
32 지금 모든 사악한 무리들이 기회를 넘
보고 있으며, 너희들의 마음이 선지자
로부터 돌아서고 떠나기를 바라고 있
으며,
33 너희들이 선지자로부터 마음이 멀어
지고 돌아설 때, 그 사악한 악마는 너
희 마음을 지배할 것이니,
34 그리하여 그로 하여금 선지자를 공격
하고자 하는 것이 그들이 지금 노리고
있는 현 시점인 것을, 너희들이 어찌
그것도 모르는가?
35 그리하여 깨끗한 마음으로 선지자 옆
에 다가가는 것이 가장 큰 선물이라는
그 뜻을 이제 너희들이 알 수 있지 않
은가?
36 그것만이 너희들이 선지자를 지탱할
수 있는 버팀목이 되기 때문이니라.
37 선지자가 좀 더 성장할 때까지, 더 강
성해질 때까지 너희들이 그를 지켜야
될 것이니라.
38 너희들은 나 여호와에게 '선지자가 정
녕 바로 서고, 모든 사탄과 악마와 사
악한 무리들과 싸워서 이길 수 있는
그와 같은 용기와 힘을 주옵소서.' 하
고 기도하는 마음으로 선지자를 접하
고 대하지 아니하면 선지자가 쓰러짐

이요, 또한 너희들이 지옥 불로 쓰러
짐이요, 나의 피조물 만백성이 다 쓰
러짐이니,
39 내가 천 년에 걸쳐 이루고자 하는 이
낙원의 역사가 또 무너짐이니, 내가
몇천 년 동안 모두를 다 눈을 감고 잠
을 자는 그와 같은 세월을 너희들이
흐르게 하고자 하는가?
40 너희들은 그와 같은 이치를 깨우쳐 행
하여야 할 것이니라.
41 선지자가 바로 서도록 해야 할 것이니
라.
42 너희들 모두의 마음 자세가 나 여호와
에게 선지자가 바로 설 수 있도록 간
절히 원하고 바라는 그와 같은 기도하
는 마음으로써 선지자를 접하며, 선지
자 옆에 너희들이 있고자 하며, 선지
자를 그리 지키지 아니한다면,
43 그가 견디기가 얼마나 고통스러우며
얼마나 어렵고 험난한 길을 가야 하는
가?
44 거기에 선지자의 마음에 파장을 이루
고 선지자의 마음을 흔들리게 하는
자, 그 죄가 얼마나 큰가를 너희들이
알아야 할 것이니,
45 나에게 너희들이 선지자가 바로 서 나
여호와의 뜻을 세상에 이루며 피조물
만백성을 구하는 그 역사를 이루도록
하기 위하여 '선지자가 바로 설 수 있
도록 모든 힘과 용기를 주옵소서.' 하
고 너희들이 나에게 기도할 수는 없으
나,
46 간곡히 기도하는 마음으로써 선지자
를 대하고 접하는 것만이 너희들이 나
의 뜻을 이룰 수 있는 역사의 한 사람
으로서 길이 남는 것임을 잊지 말라.
47 선지자의 마음에 파장을 이루는 자,
죽음을 선택하는 것이며, 스스로 지옥
불로 가고자 하는 그와 같은 행위임을
잊어서는 안 될 것이니 그리 알라.

2,290 번째 하나님 말씀

2002년 5월 2일 23시 23분

1 사랑하는 선지자야!
2 "네, 여호와 하나님! 말씀하옵소서."
3 네가 지금 나의 법전을 받아 기록하여
세상에 책으로 만들어 냄이니,
4 1부의 열여섯 권이 끝나며 2부의 열
여섯 권이 끝나 3부에 돌입하는 너의
그 경지에 너의 제자들을 맞추려 하지
말라, 선지자야!
5 네가 치달아 오르는 그 경지에, 네가
생각하고 있는 그 모든 뜻에 너의 제
자들이 그리 따라오리라 생각하며 그
리 맞추려 하여서는 아니 됨을 알아야
될 것이니라.
6 나의 피조물 만백성이 천태만상의 생
활이 있으며 생각이 있듯이, 그리고
차이가 있듯이, 너의 제자들 또한 다
그러하니라.
7 그리하여 모자란 자, 나은 자, 또 깨달
음이 높은 자, 깨달음이 뒤처지는 자,
그리고 전혀 그를 이해 못 하는 자, 그
들을 모두 다 네가 감싸고 그 사람에
맞추어 사랑을 베풀고 인도하는 것이
네가 해야 할 길이며 가야 할 길이니
라.
8 네가 깨달음이 높으면 높을수록 육의
생활에 적응하기가 점점 어렵고 힘든

그와 같은 형태로 변하나, 이것은 정
녕 네가 깨달음이 아니니라, 선지자야!
9 네가 나의 성령을 들어 깨달음이 높으
면 높을수록 너희 육의 세계에 있는
너의 형제들이요, 너의 제자들의 그
한 사람 한 사람에 따라서 네가 이해
하고 받아들이며 용서하는 마음으로
그리 가야 할 것이며, 그리 행하지 아
니한다면 너는 정녕 깨달음이 아님을
알아야 될 것이니라.
10 천태만상의 수억의 인구가 다 가진 생
각이 다르며 보는 것이 다르듯이, 그
들을 다 네가 하나의 수준으로 맞춰서
대한다 하면 이는 잘못됨이니, 네가
이 이치를 깨닫지 못하는가?
11 그들 각자의 수준에 따라서 사랑할 수
있도록 네 마음의 사랑이 그리 변하며
그리 네가 행하지 못하면, 너는 나의
피조물 만백성을 사랑할 수도 없으며
그들을 알 수도 없으며 그들을 이끌어
갈 수도 없으니,
12 너는 나 여호와가 너를 선지자라 부름
을 어찌 생각하는가?
13 나의 선지자요, 나의 아들이요, 나의
종이라 하여 일컫는 너는, 나의 성령
을 태워서 내려보내는 그 모두를 들어
나의 피조물 만백성을 구원하는 책으
로 만든다는 너는,
14 너의 제자들이 또한 그 많은 사람들
속에서 가지고 있는 그들의 생각에 맞
추어 네가 그들을 이해하고 용서하며,
그들이 와 있는 그 깨달음에 따라서
그들을 다 네가 접하며 그들을 상대하
며 깨우쳐 이끄는 그와 같은 마음 자
세로 행하지 아니한다면,
15 너는 정녕 사랑이라는 걸 모르며, 사
랑할 줄 모르며, 너 자신을 모름이니
라.
16 네가 지금 2부의 법전을 만들면서 네
경지에 따라 나의 피조물 만백성이 그
리 올라와 있으며 그 수준에 와 있다
네가 그리 생각한다 하면, 너는 정녕
설 자리를 모르며 사랑이 무엇인가를
모름이니라.
17 나 여호와의 사랑은, 내가 모두를 다
사랑한다는 것은 모든 계층에 따라서,
그들의 생각과 그들의 그 모두에 다
맞추어 사랑하는 마음으로써 그들을
감싸는 이것이 나의 사랑이라는 것을
네가 어찌 못 깨우쳐 그리 행하지 아
니하는가?
18 믿음의 생활을 많이 하였다 하여 그
깨달음이 너의 경지에 와 있는 것이
아니요, 많은 학식을 가졌다 하여, 사
회적으로 직함을 얻고 명성을 얻었다
하여 그들의 그 깨우침이 네가 지금 3
부로 넘어가는 그 경지에 오를 수 없
음이니,
19 그들은 그들대로 그 믿음의 양식이요,
영혼을 향하여 오르는 길을 배워 온
그들의 그 가르침이 또한 그와는 아무
런 관계가 없음이니,
20 그 모두를 다 새로 출발하며 새로운
사람으로서 깨우치고 일깨워 가야 함
이 네가 가야 할 길임을 너는 잊어서
는 안 되는 것이니라.
21 네가 3부의 법전을 깨달아 나의 성령
을 들어 하늘에 오르는 그 깨달음이
높이 올라오면 올라올수록 너의 제자
들의 오르지 못하는 그 마음을 어루만

지며, 그 속에서 그들과 대화하는 그
와 같은 방향으로 가야 할 것이며,
22 너의 제자들 또한 깨달음이 높은 자를
기준으로 하여 모두를 거기에 맞추어
네가 평가하고 평하며 그들에게 갑론
을박을 한다 하면,
23 너는 정녕 나 여호와의 사랑을 모르는
자며 실천하지 못하는 자이니, 이를
깊이 깨우쳐 행하여야 될 것이며,
24 또한 깨달음이 높고 앞으로 치솟는 너
의 제자들에게도 그와 같은 마음으로
살아가도록 그리 깨우쳐 주라.
25 선지자야, 이 또한 중요함을 잊어서는
아니 될 것이니라.

2,291 번째 하나님 말씀

2002년 5월 3일 17시 03분

1 사랑하는 선지자야!
2 "네, 여호와 하나님! 말씀하옵소서."
3 하늘에 오르는 길에 만백성을 인도하
고 깨우침이 얼마나 어렵고 힘든 길인
가를 너는 알겠는가?
4 인간 세속의 너희들의 그 마음속에는
가지면 더 갖고자 하며, 높으면 더 높
고자 하며, 편하면 더 편하고자 하는
욕심이 도사리고 있음이니라.
5 이것을 다 지우고 버릴 수 있는 자만
이 정녕 하늘에 오르는 길을 볼 수 있
으며,
6 또한 이를 행하는 자만이 하늘에 오르
는 나의 피조물 만백성을 인도하는 자
요, 선지자요, 지도자라 명할 수 있으
며, 그가 갈 수 있는 길이니라.
7 내가 너에게 말했듯이, 무너지는 것은
한순간이라 말했으며, 무너지고자 하
여 그 무너지는 속에서 휘말리기 시작
하면,
8 홍수에 밀려 둑이 터지는 것처럼 작은
그 제방이 무너짐으로 인하여 그 전체
를 흔적도 없이 쓸어 감이니, 선지자
의 가는 길이 그러하니라.
9 네가 가는 길에 있어서 흔들리고 흔들
리면 그 흔들림을 감내할 수 없으며,
그로 인하여 사악한 자들이 네 마음을
밀어 내며, 너 자신을 벌려 놓는 그 순
간에 무수히 부서짐은 감당할 수 없으
며 지킬 수 없음을 알아야 할 것이니
라.
10 그리하여 네가 지치고 쓰러질 때도 오
로지 나 여호와가 존재함을 믿으며 내
품에서 떠나서는 아니 되는 것이며,
정도가 아니면 네가 봐서도 아니 되며
행하려 해서도 아니 됨이니라.
11 그리고 너는 쉬는 것도 나의 품 안의
정도에서 쉬는 것이며, 네가 잠을 자
도 그리해야 할 것이며, 피로하고 힘
들어도 네가 이 성전을 떠나서는 아니
되며, 나의 품 안을 벗어나서는 아니
됨이니라.
12 너는 알아야 될 것이니라.
13 지금 네가 어떠한 형국인지 아는가?
14 양 떼 속에서 한 마리의 양이 떨어진
다면 그 양 떼를 공격하고자 했던 이
리와 맹수들은 어찌하겠는가?
15 가차 없이 그를 채 가느니라.
16 지금 너를 보는 그 사악한 무리들이
그러하며, 마귀와 악마들이 그와 같이
너를 채 가려 바라보고 있음이니,
17 네가 나의 성전을 떠나는 그 순간에

너는 지탱할 수 없으며 그들에게 무너
짐이니,
18 그리하여 너는 내 품 안에서, 성전에
서 항상 기도하며 나의 법전을 적어야
할 것이며, 만백성을 구하는 나의 성
령을 받아야 될 것이니,
19 바로 네가 너의 마음에 파장을 이루지
못하도록 하는 것이며 네 마음에 혼란
을 이루게 하지 말라.
20 너의 제자들에게 이르는 것이 바로 여
기에 있음이니라.
21 너에게 마음의 파장을 이루며 너에게
마음의 동요를 이룰 때, 너는 나의 성
전을 뛰쳐나가게 되어 있음이니,
22 이를 막고자 하는 것이 네가 너를 지
키는 길이며 네가 너 스스로 지키는
길임을 알라.
23 오로지 너의 마음에 파장이요, 네 마
음에 동요를 이루면 네 머리서부터 발
끝까지 사악한 무리들이 그를 공격하
고자 함이니, 그를 지탱하고 견디기가
힘듦이니라.
24 그리하여 너의 제자들 또한 너를 지키
고자 하는 자와 너를 무너뜨리고자 하
는 자들이 또 있을 것이니,
25 이 모두의 속에서 네가 성전을 떠나지
않는 것만이 모두를 지킬 수 있음이니
이를 알아야 될 것이니라.

2,292 번째 하나님 말씀

2002년 5월 3일 21시 05분

(강론을 마치며)

1 사랑하는 선지자야!
2 **"네, 여호와 하나님! 말씀하옵소서."**
3 내 사랑하는 너의 제자들에게 이르라.
4 내가 너희들에게 명하여 이르기를, 선
지자의 가슴에 파장을 이루지 말며 그
마음에 동요를 이루지 말라 하며 이것
이 너희들의 책무라 하였음이니, 이
뜻을 너희들이 가슴에 깊이 새겨야 할
것이니라.
5 지금 내가 선지자를 통하여 너희들에
게 일깨워 주었듯이, 나의 아들 예수
가 세상에 나가 나의 성령을 가슴에
안고 너희들을 깨우치려 하였으나,
6 그가 세상에 전하여지지 못하여 2천
년이라는 그 암흑의 세월이 흘렀으며,
나와는 관계없는 그 세월이 흘렀다 하
였음이니,
7 지금 모든 사악한 무리들이 이 세상을
덮고 있음이니라.
8 너희들이 말하기를 사악한 무리가 세
상을 지배하고 있다 함이니라.
9 종교 지도자들 또한 단상에 서서 신도
라 하는 그 제자들 앞에 말하느니라.
10 이 세상은 악마가 지배하며 사악한 자
가 이 세상을 덮고 있다 말을 하니,
11 바로 2천 년 동안 그 세월이 그리 흘
렀음이니 그들 또한 마찬가지이니라.
12 그러나 그들이 정녕 어떠한 길을 왔다
생각하는가?
13 너의 제자들은 여기서 깨달아야 될 것
이니라.
14 2천 년이라는 그 세월 동안 사악한 뿌
리들이 세상을 덮고 있는 이 시점에
하늘의 선한 양의 뿌리를 내렸음이니,
15 하나의 겨자씨를 지금 심어 놓아 그
싹을 틔우고자 함이니, 지금 너희들은
여기서 하나를 깨달아야 할 이치가 있

음이니라.
16 그 싹이 트는 것은 2천 년 역사 동안
흘러오면서 쌓이고 쌓이며 그 힘을 저
희들이 기를 수 있는 데까지 길러 온
사악한 무리들의 그 모두의 공격 목표
요, 그 모두가 힘을 합쳐 그 선의 씨앗
을 꺾으려 할 것이며 그리 짓밟으려
할 것이니,
17 과연 그 하나의 새싹이 그를 지탱하기
얼마나 힘들고 어려운지 아는가?
18 너희들은 이 이치를 하나 깨우치고 넘
어가야 할 것이 있느니라.
19 지금 잘못 가고 있는 종교 지도자들의
그 사악한 무리요, 2천 년이라는 그
세월 동안에 쌓이고 쌓여 팽배할 대로
팽배해진 사악한 무리들의 그 힘이,
20 저희들을 멸망시키고자 하며 저희들
을 죽이고자 하는 그 선한 씨가 하나
세상에 내려왔음이니, 그를 어찌 보겠
는가?
21 그 모두가 다 힘을 하나로 합쳐서 그
를 없애려 함이니, 과연 그가 견디기
가 어떻겠는가?
22 그를 감싸고 보호하는 것이 너희들이
니라.
23 그리하여 너희들이 나로부터 선택된
백성이요, 소중한 자들이라 내가 말을
하였음이니,
24 너희들이 그 공격당하는 선지자를 너
희 몸과 마음으로 막는 것이 아니라,
너희들이 돌아서서 선지자에게 파장
을 이루며 그 오는 적을 막지 아니하
고 선지자의 가슴에 파장을 준다 하면,
25 너희들의 가슴을 통과하여 그 사악한
무리의 창끝은 선지자의 심장부를 뚫
는 것이니, 바로 너희들이 그 길의 안
내자가 되는 역할을 함이니라.
26 이 무섭고 너희들이 감당할 수 없는
이치를 내가 너희들에게 직접 명하는
것은 너희들의 깨달음이 늦기 때문이
니라.
27 그리고 너희들이 나의 뜻이요, 나의
그 깊은 이치를 모르니 내가 오늘 선
지자를 통하여 너희 손에 쥐여 준이
니, 이를 너희들이 깊이 깨우쳐야 할
것이니라.
28 내가 천 년의 역사를 이루기 위해서,
그리고 선의 씨를 뿌리기 위해서는 어
느 한 시점에 어느 한 곳에 그 선의 씨
앗이 이 지상에 내려와야 될 것이니라.
29 그 씨앗이 커서 빛이 되며 그가 행함
을 보이며 그가 나의 성령을 받아 세
상에 전하는 그 역사를 이루고자 함이
니,
30 그리하지 아니하고는 이 역사가 이루
어질 수 없으며 육의 세상을 통제할
수 있는 자가 없음이니라.
31 너희들이 육의 세계에서 그를 깨우치
고 그를 인도하는 것은, 육의 형체를
가진 자로서 너희들과 더불어 생활하
면서 그가 모든 나의 성령을 받아 나
의 피조물 만백성에게 전하며,
32 그가 곧고 바르게 자라 한 점의 부끄
럼 없는 삶을 세상에 펼쳐 가는 그와
같은 역사를 이루는 것만이 그 사악한
무리들을 제거하며, 그 사악한 무리들
에게 젖어 있는 너희 후손들이 선한
것을 보게 됨이니라.
33 그 선한 새싹을 지키는 것이 너희들이
니, 너희 모두를 다 바쳐 그를 지키도

록 하여,
34 내가 너희들을 선택하여 너희들이 감
히 누구도 건널 수 없는 그 불바다의
강을 건너 내가 너희들의 이름을 낙원
에 기록하는 그 역사를 이루어 주었으
며 축복과 은혜를 주었음이니, 너희들
은 왜 그를 받았는지를 이제야 알겠는
가?
35 그리하여 너희들의 모두를 다 바쳐 그
를 보호해야 될 것이며, 너희들이 틈
새가 없을 정도로 너희 몸으로 그를
보호하여, 사악한 무리들이 하나의 선
한 싹이 이 세상에 왔는지 안 왔는지
도 모르도록 장막을 치고 있는 것이
너희들이 해야 할 일이거늘,
36 그 장막을 쳐야 하는 자가 사탄의 날
아오는 그 화살을 막는 것이 아니라
돌아서서 나의 사랑하는 선지자의 마
음에 파장을 이룬다 하면,
37 너희들이 파장을 이룬 그 마음에 바로
화살이 그곳을 통과하여 나의 선지자
의 심장부를 뚫게 됨이니, 내 모든 역
사가 거꾸러짐이니라.
38 그리하여 내가 너희들에게 그와 같이
강조를 하였음이니라.
39 이 뜻을 너희들이 깊이 깨우쳐 행하는
데 한 치의 착오가 있다 하면 아니 될
것이니,
40 너희들 백 명이 선지자를 보호하는 그
속에서 선지자에게 마음의 파장을 이
루는 자가 있다 하면, 그것으로써 사
탄의 무리가 침투하며 그 화살이 선지
자를 향하여 독화살이 꽂혀 날아옴이
니,
41 차라리 한 명이 그를 막는 게 나으며,
두 명이 막는 게 나음의 이치가 여기
있느니라.
42 너희들이 깨끗한 마음, 하얀 마음으로
선지자 앞에 왔을 때, 그 사탄의 화살
은 공격을 아무리 한다 해도 거기를
절대로 뚫을 수 없으며 통과할 수 없
음을 알아야 될 것이니라.
43 너희들이 천사와 같은 마음으로써 선
지자 앞에 서 있을 때 너희 심장부를
뚫을 수 없음이니라.
44 그러나 너희들이 사악한 마음을 가지
며 선지자의 마음에 동요를 이룰 때
너희들은 바로 그 화살의 안내자가 됨
이니, 이 이치를 깨우쳐야 될 것이니,
45 그리하여 아래위가 없으며 높고 낮은
자가 없으며 가깝고 먼 자가 없이 그
와 같은 자 내가 용서치 아니함이니,
여기에 너희들이 알아야 할 것이니라.
46 선하고 천사와 같은 자를 선지자 옆에
한 사람이라도 세워 놓아 그로 하여금
그 화살을 막고자 하는 것이 나의 뜻
임을 너희들이 깨달을 것이니,
47 오늘 내 이 뜻을 듣는 너희들이 어떠
한 자들이며 어찌 살아가야 할 것인가
를 너희들 가슴속에 깊이 새겨야만 될
것이니 그리 알라.

2,293 번째 하나님 말씀

2002년 5월 4일 09시 38분

1 사랑하는 선지자야!
2 "네, 여호와 하나님! 말씀하옵소서."
3 내가 너를 통하여 이르지 아니하였던
가?
4 어떠한 일이 있다 하더라도 나의 성전

인 이곳을 떠나지 말며 기도와 묵상으
로 너를 지키라 하였음이니라.
5 너의 제자가 너에게 일러 깨우쳐 주지
아니하였던가?
6 너 스스로 지킬 수 있으며 너는 무너
지지 아니하나, 너를 무너뜨리고자 하
는 자들이 너에게 접근하여 너를 유혹
하여 넘어지게 함이니, 거기에 네가
넘어지면 안 된다 하였음이니라.
7 네가 깨우침의 경지가 높으며 하늘을
향하여 가고자 하는 그 깨달음이 높고
높음으로 인하여 수천 년 동안 다져
온 그 사탄의 세계가 무너지며 그들이
너를 무너뜨릴 수가 없게 됨이니,
8 지금 네가 성장하기 전에 너를 무너뜨
리고자 하는 것이 그들의 사악한 방법
이니라.
9 그리고 그들은 너를 무너뜨리기 위하
여 온갖 수단과 방법을 가리지 아니함
이니라.
10 물속의 물고기를 낚고자 하는 그 낚시
꾼들은 어찌하던가?
11 그 물고기가 좋아하는 것을 그 생명을
앗아 가는 낚싯바늘의 끝에 달아 내려
뜨리니, 그리하여 그를 유혹하고 유도
함이니라.
12 지금 사악한 무리들이 너의 성장하는
것을 불안해하며 너의 성장하는 것을
두려워함이니,
13 그들이 바로 네가 사랑하고 아끼는 너
의 제자들의 마음이 흔들릴 때 그를
이용하여 낚싯밥을 미끼로 하여 너를
무너뜨리고자 함이니,
14 네가 나의 성전이요, 이곳을 떠나서는
아니 되며, 묵상과 기도로써 너 자신
이 일관하지 아니하면 아니 된다 하였
음이니, 그 이치가 여기 있음이니라.
15 그리하여 네가 세상에 나갈 때, 너를
사랑하는 제자들을 이용하여 너를 무
너뜨리고자 하는 것이 사악한 자들이
니라.
16 그리하여 그들을 낚싯밥으로 하여 네
생명이 끊어질 수 있는, 네가 무너질
수 있는 그 낚싯바늘의 독함을 가지고
그곳에 네가 원하는 사랑하는 제자를
이용하여 네 앞에 미끼로 내림이니,
17 너는 너의 제자들을 믿고 사랑하기에
그들의 뜻을 따르며 그들이 요구하는
방법에 의하여 네가 너 자신도 모르게
흘러가는 그와 같은 우를 범하게 됨이
니,
18 이는 너 자신이 죽으며 너의 제자들이
죽음이요, 나의 피조물 만백성을 구할
수 없게 되며 모든 역사가 무너짐이
니, 이를 알라.
19 이를 다스려 네가 가야 함을 잊지 말
라.
20 이것이 지금 사악한 무리들이 너를 무
너뜨리고자 함이니라.
21 네가 서서히 자람으로 인하여 네가 나
의 뜻을 따라 행하는 그 선한 마음이
굳고 굳은 나무로 자랄 때 너를 넘어
뜨릴 수 없으며 너를 쓰러뜨릴 수 없
기에,
22 지금 네가 한 계단 한 계단 올라가는
것을 두렵고 무섭게 생각하는 그 사악
한 무리들이 온 힘을 다하여 너를 무
너뜨리고자 함이니,
23 네가 견디는 것은 나의 성전을 나가서
는 아니 됨을 잊지 말라.

2,294 번째 하나님 말씀

2002년 5월 4일 10시 07분

1 사랑하는 선지자야!
2 "네, 여호와 하나님! 말씀하옵소서."
3 내가 지금 수천 년 역사가 흘러오는 그 속에서 오늘 나의 성령을 태워 세상에 내려보내 나의 피조물 만백성을 구하고자 하는 것은 어떠한 형상이라 말하였더냐?
4 너희들이 400미터 계주라는 것을 할 때, 또는 이어 달리는 그와 같은 계주의 시합을 할 때, 첫 번째 주자가 있으며 두 번째 주자가 있으며 또 마지막 주자가 있다 하였음이니,
5 내가 지금 성령이요, 나의 모두를 태워 내려보내며 이를 나의 법전이라 명하여 너를 통하여 세상에 내보내니,
6 이 지금의 시작하는 역사가 바로 너희들이 말하는 달리기의 그 계주에서 마지막 주자가 달리는 것이라 말하였음이니,
7 그리하여 내가 너희들에게 이게 나의 마지막이라고 말한 뜻이 여기에 있음이니,
8 지금 너희들은 마지막 주자로서 우승의 목표를 위하여 있는 힘을 다하여 달려가고 있음이니라.
9 그리하여 지금 이가 천 년에 걸쳐 새로운 시대요, 새로운 역사를 이루고자 함이니, 그리하여 예수가 너희들에게 말하여 일렀느니라.
10 '내가 너희에게 실상을 말하나니, 내가 떠나는 것이 너희들에게 유익이라, 내가 떠나가지 아니하면 보혜사가 너희에게로 오지 않을 것이요, 내가 가면 그를 너희에게 보냄이니' 그리 말하였음이니라. 이게 무엇이던가?
11 나의 아들 예수가 다음 주자에게 그 계주의 연결선의 고리를 넘김이니,
12 이게 바로 나의 법전이요, 나의 성령이 세상에 인간을 통하여 와 나의 피조물 만백성을 구하는 보혜사의 은혜로써 세상에 내려옴을 알려 주었음이니,
13 또한 너희들이 이 대목을 읽고 깨우칠 것은, 나의 아들 예수가 그 소임을 다하였으니, 중간 주자로서 그 임무를 다하고 지금 하늘에 오름이니,
14 다음 주자가 마지막으로 나의 성령을 받고 나의 피조물 만백성을 구하는 그 역사가 이루어질 것이라는 것을 미리 예고한 내용이니,
15 이것이 성서의 뜻이며 그 깊이임을 너희들이 알아야 될 것이니라.
16 이와 같은 뜻과 이치를 모르는 너희들이 성서를 가지고 밤낮으로 평생을 외우고 공부한다 해도 너희들은 알 수 없음이니라.
17 오늘 이 구절의 뜻이 그와 같은 것이며, 예수가 중간 주자로서 임무를 모두 다 이루었기에 그는 가니, 마지막 주자가 세상에 내려와 너희들을 심판할 것이라 하였음이니라.
18 그가 와서 죄에 대하여 너희들을 일깨워 줄 것이며, 의에 대하여 말할 것이며, 너희들이 살아온 것에 대한 심판에 대하여 말할 것이며, 세상을 책망할 것이라 말하였으니, 그는 듣는 것만을 말하며 제 뜻으로 말하지 아니함

이라 하였으니,
19 이것은 곧 내가 법전이라 하여 나의
선지자인 나의 아들을 통하여 나의 성
령을 내려보내어 160권의 말씀이라
하는 나의 성령을 기록하는 것이니,
20 오늘의 이루어지는 그 역사의 뜻이 여
기에 다 있음이니라.
21 내가 나의 선지자를 통하여 나의 성령
을 세상에 내려보내니, 그가 나의 성
령 속에서 전하는 것이 무엇이 있는가?
22 죄에 대하여 너희들이 잘 살아오고 잘
못 살아온 그 뜻을 다 너희들에게 말
하며, 어느 것이 죄며 어느 것이 죄가
아닌지 일깨워 주는, 죄에 대하여 그
가 논하느니라.
23 또 의에 대하여 말하느니라.
24 나에게 오르는 길이요, 의인이 되는
길이 어떠한 길이며, 의인의 자세가
무엇인지 그를 너희들에게 깨우치고
자 나의 법전에 기록하여 세상에 내려
보내니,
25 이게 나의 성령의 뜻이 아니고 무엇으
로써 누가 감히 이를 기록하며 이와
같은 예언을 미리 너희들에게 알려 줄
수 있다 말하는가?
26 또한 심판에 대하여 말하였느니라.
27 너희들이 어찌하여 심판을 받는다 하
였으며, 심판의 기준이 무엇이라 나의
선지자가 너희들에게 일깨워 주었음
이니라.
28 육의 삶은 너희들이 세상에 나오면
60점이라는 그 점수 속에서 모두를
다 얻고 취하고, 너희들의 노력에 따
라서 이루고 못 이루는 것이 그 속에
있음이니,
29 60점을 넘어 그를 향하여 깨달으라
함을 알려 주었음이니,
30 그리하여 너희들이 죽어 와 나의 계명
을 지키고 율법에 따라 어찌 살았느냐
에 따라서 그것이 너희 영혼이 죽고
사는 심판의 기준이라 내가 너희들에
게 말하였으니,
31 나의 법전에 기록된 뜻을 미리 여기서
예언하였음을 너희들이 부인치 못할
것이니라.
32 그리고 '그는 세상을 책망하리라.' 하
였음이니라.
33 세상사 너희들이 지금 얽히고설켜 살
아감에 욕심이 앞을 가려 너희들이 사
랑이 없으며, 나눔이 없으며, 나의 뜻
에 의하여 내가 이루고자 하는 사랑의
그 뜻조차도 실행하지 아니하며,
34 너희들은 모두를 사랑으로써 다 다스
리며 사랑으로써 실천하며 구원을 받
는 자라 말하나,
35 너희들이 살아가는 그 생활에 있어서
는 너희들은 사랑을 정녕 모르는 자이
며, 너희 것밖에 모르며, 그와 같이 살
아가는 지금 너희들의 세상사를 책망
하는 내용이 여기에 기록되어 있으며,
36 그리하여 너희들을 바로잡고자 하여
여기에 나열되어 있는 것이 나의 법전
이니,
37 미리 예고되어 내려가 있는 성서를 너
희들은 부인할 수 없음을 알아야 될
것이며, 그리하여 나의 법전이 예고됨
을 알아야 할 것이니라.

2,295 번째 하나님 말씀

2002년 5월 5일 06시 10분

1 사랑하는 선지자야!
2 "네, 여호와 하나님! 말씀하옵소서."
3 내가 너에게 말하여 명하였느니라.
4 네 마음이 아프고 힘들며 파장이 와도
이 성전을 나가지 말라 하였으며, 이
곳에서 너 자신을 스스로 달래라 하였
음이니라.
5 그리하여 네가 모두를 이 성전에서 스
스로 달래고 지키지 아니하면 네가 쓰
러짐이라 내가 말하였거늘,
6 네가 어찌하여 나의 뜻을 듣지 아니하
고 네가 나에게 경배를 드린 5월 3일
밤, 이 성전을 뛰쳐나가 너 자신도 감
내할 수 없는 여행을 시작하였는가?
7 네가 10시 44분이라는 그 시간에 기
차라는 그 기계를 타고 여행을 함은,
8 너 스스로 쓰러지고자 하는 그와 같은
마음의 자세는 네가 나 여호와를 두려
워하지 아니함이니,
9 어찌하여 내가 너에게 내린 그 명령을
지키지 아니하며 그리 네가 무작정 여
행을 하려 하는가?
10 나가서는 아니 되며 해서도 아니 되는
그 여행을 네가 하니, 내가 너를 쳐 너
에게 벌을 하려 하나,
11 내가 너에게 이르기를 네가 잘못하여
나로부터 벌을 받아야 하나 내가 너를
사랑으로 다스림이니, 그 사랑을 그대
로 너의 제자들에게 실행하라 하여 내
가 너를 벌하지 아니한다 하였음이니,
12 내가 그 열차를 중도에 세웠음이니라.
13 내가 너를 다치게 함이 아니요, 내가
그 크나큰 철마를 중도에 세우는 그와
같은 일이 있었음이니,
14 네가 다치는 것보다, 내가 너를 벌하
는 것보다 너로 하여금 많은 사람들이
놀라며 많은 사람들이 불편을 겪는 그
길을 선택하여 너를 깨우치고자 하였
음이니,
15 네가 차후 나의 명령을 어기는 일이
있으면 많은 사람들이 너로 하여금 시
련을 겪어야 되며 많은 사람들이 고통
의 길을 행하여야 하는 그와 같은 것
으로써 네가 보게 될 것이니,
16 너 자신이 어찌 깨우쳐 행하여야 하는
것인가를 너는 알아야 될 것이니라.
17 이러한 것으로써 너를 다스리고자 함
이니, 정녕 사람으로서, 나의 선지자
로서 나의 성령을 따라 나의 법전을
만들어 만백성을 구하는 네가,
18 너 스스로 마음의 파장을 달래지 못하
며 너 스스로 마음을 다스리지 못하여
네가 불안하고 초조한 마음으로 내가
명하는 것을 거역할 때,
19 너의 제자들과 주변에 있는 사람들이
그와 같은 대가를 치르게 됨을 너는
알아야 될 것이니,
20 이제 네가 두 번 다시 나의 명을 어기
는 일이 있어서는 아니 될 것이니 너
스스로 판단하여 그리 행하도록 하라.
21 그보다도 더 무서운 현실이 벌어질 것
이며 그보다도 더 무서운 문제들이 터
지니, 그는 네 마음에 달렸으며 그 모
두는 너로부터 고통을 당하는 것이니
라.
22 내가 너를 사랑하듯이 나의 피조물 만
백성을 네가 사랑하라 하였거늘,

23 그들을 사랑하기 전에 그들에게 불편
과 고통을 주는 역사를 한다면 과연
네가 죽어 나에게 와 어찌 고개를 들
것이며,
24 너를 따르는 많은 나의 피조물 만백성
이 방향을 잃게 됨이니 그 죄가 어찌
될 것인가를 너는 알아야 될 것이니,
그리 알아 행하도록 하라.

2,296 번째 하나님 말씀

2002년 5월 5일 06시 46분

1 사랑하는 선지자야!
2 "네, 여호와 하나님! 말씀하옵소서."
3 요한복음 16장 8절에 그 내용이 기록
되어 있지 아니하던가?
4 '그가 죄에 대하여, 의에 대하여, 심판
에 대하여 세상을 책망하리라.' 하였
음이니,
5 이는 예수를 단죄함이 성령을 중단한
그 무서운 죄임을 너희들에게 깨우치
고자 하여 그 죄에 대하여 너희들을
깨우치도록 하였으며 또한 이를 알려
줌이니라.
6 또한 믿음의 길을 간다 하는 자, 계명
을 지키지 않는 것이 죄가 되며 믿지
아니하는 자만 못함을 알려 주는 것임
이니, 너희들은 이 뜻을 알아야 할 것
이니라.
7 '의에 대하여'라 함은 지금 죽음의 시
대에 살아가는 사악한 무리가 나의 아
들 예수가 너희들을 다시 구원하러 올
것이다, 그리고 너희들의 구원자로 다
시 올 것이다 그리하여 나의 피조물
만백성을 지옥으로 이끌어 가는 이와
같은 행위가 세상에 이루질 것을 내가
미리 알고 있었음이니,
8 이를 나의 아들 예수를 통하여 깨우쳐
주고자 함이며, 두 번 다시 나의 아들
이 세상에 나와 심판하지 아니한다는
것을 미리 너희들에게 깨우쳐 줌이니,
9 이는 내가 나의 법전에 기록하여 예수
의 재림이 없다는 그 반박이 지금에
무슨 뜻인가를 대비하여 기록한 구절
임을 알아야 할 것이니라.
10 지금 나의 피조물 만백성 중에 그 사
악한 자들이 가는 믿음의 세계에서 예
수의 재림은 반드시 있으며 저희들은
예수의 보혈로써 은혜를 받았으며 구
원을 받았다 하는 자, 그들의 마음을
돌릴 수 없으며 그들이 공격하는 그
화살을 막을 수가 없음이니,
11 그리하여 오늘에 이 구절이 기록되었
음을 너희들은 알아야 할 것이니라.
12 그리하여 여기서 예수의 재림이 없다
는 것을 확실히 못을 박았으며,
13 이리하여 나의 법전에 성령이 나의 뜻
이요, 내가 선지자를 통하여 나의 피
조물 만백성을 구원하는 이 법전이 기
준이라는 것을 너희들에게 못을 박아
깨우쳐 주고자 함이었으니,
14 너희들이 이를 알고 행하고 행하지 아
니하는 것은 너희 자신에게 달렸음이
니라.
15 그리하여 나의 법전을 증명하며 증거
하기 위한 이 구절을 반드시 여기에
기록하여 못을 박았음이니 너희들은
알아야 될 것이며,
16 나의 아들 예수가 재림하여 너희들을
심판한다는 것은, 죄를 더덕더덕 지으

며 회개하고 또 죄를 지으며 그와 같
은 행위를 하면서 나의 아들 예수의
피로써 구원받아 천국에 올라갈 수 있
다, 그리고 저희들은 하늘에 올 수 있
다는 해괴망측한 소리를 하는 자들과
똑같음이니,
17 여기서 나의 아들의 부활이 없다 함은
나의 법전을 입증함이니, 그러고도 이
를 믿지 아니하며 나의 법전을 따르지
아니하는 자는 제가 지옥에 가 어떠한
벌을 받는 것인가를 죽어 와 알 것이
니,
18 그들을 깨우쳐 줘 알고 알지 못함은
그들의 뜻이나, 너의 제자들 또한 이
를 만백성에게 전하는 일은 너희들 몫
이니, 너희들은 최선을 다해야 할 것
이라는 것을 여기에 기록하여 주었음
이니 그리 알라.
19 '심판에 대하여'라 함은 무엇을 말하
는가, 내가 너희들에게 일깨워 주었음
이니라.
20 2천 년의 신약 시대는 죽음의 시대며
암흑의 시대며, 이 시대에 나의 뜻을
거역하며 사는 자, 내가 이제는 다 그
들을 버렸음이라 말하였느니라.
21 너희들도 구원할 수 있는 길이 없으며
너희들을 인도할 수 있는 길이 없음이
니,
22 내가 새로운 시대를 열기 위하여 2천
년 만에 나의 법전을 세상에 내보내
나의 성령으로써 나의 피조물 만백성
을 구분하는 법전이라 하여 내려보냈
으니,
23 이는 천 년의 역사 속에서 나의 천국
을 이루고자 시작함을 위하여 지금까
지 잘못하여 온 자들, 그 모두를 다 내
가 심판하여 버렸음이며,
24 이제는 내가 그곳에서 나의 법전을 깨
우쳐 이르는 자, 그들에게 구원의 기
회를 주기 위하여 내가 바로 이것이
심판하는 기준이기에 법전이라 말하
였음이니라.
25 너희들이 구원을 받고 못 받는 것은,
그리고 너희들을 내가 버리고 안 버리
는 것은 내가 너희들에게 한 번의 기
회를 주었음이니,
26 심판에 대하여라 함은, 심판을 하기
위해서는 무엇이 필요한가?
27 거기에 따르는 법이 필요함이니라.
28 그리하여 내가 심판하는 법을 법전이
라 하여 기록하여 내려보냈음이니,
29 이것이 나의 성령을 기록하여 나의 선
지자가 받아 160권이라는 책으로서
엮어 냄이니, 이게 바로 무엇이더냐?
30 그리하여 내가 너희들을 심판하는 것
을 의미하는 법전이라 말하였음이니,
31 이 또한 법전이 세상에 내려옴을 내가
미리 예고하여 기록하였던 뜻임을 알
아야 할 것이니 그리 알라.

2,297 번째 하나님 말씀

2002년 5월 5일 06시 56분

1 사랑하는 선지자야!
2 **"네, 여호와 하나님! 말씀하옵소서."**
3 요한복음 16장 13절에 '그러하나 진
리의 성령이 오시면 그가 너희를 모든
진리 가운데로 인도하시리니, 그가 자
의로 말하지 않고 오직 듣는 것만 말
하시며 장래 일을 너희에게 알리시리

라.' 기록된 그 뜻을 너희들은 지금 알
아야 될 것이니라.
4 지금 내가 너희들에게 말하여 이르기
를, 2천 년의 역사는 죽음의 시대요,
암흑의 시대라 하였음이며, 내가 너희
들에게 관여하지 아니하는 시대라 말
하였음이니라.
5 이 구절이 지금 하늘에 오르는 믿음의
길을 가르치며 그 길을 간다 하는 나
의 피조물 만백성 그들을 위하여 기록
되어 내려옴이 아님을 너희들이 알아
야 할 것이니라.
6 그들은 그들을 위하여 오늘의 이 구절
이 성서에 기록되어 있다 하나, 이는
그들과는 아무런 관계가 없는 내용이
니라.
7 다만 지금 내가 새로운 시대를 열어
나의 성령을 나의 선지자를 통하여 법
전에 기록하여 나의 뜻을 내려보내는
이 시점에 나의 법전을 읽고 깨우치는
자, 그리고 나의 성령을 듣고 깨우치
는 자,
8 그리고 지금 새로운 시대를 열고자 하
는 나의 뜻을 따르며 십계명을 지키며
하늘에 오르는 길이 무엇인가를 알고
구원을 받기 위하여, 2천 년 세월이
흘러 다시 시작하는 지금의 시점에 이
를 깨우치는 나의 사랑하는 백성들에
게 관계되는 내용임을 알아야 될 것이
니라.
9 이것은 지금 내가 2천 년 동안 버려
둔, 암흑의 시대에 살아온 그들을 위
하여 존재함이 아니니라.
10 내가 너희들에게 말하였느니라.
11 모든 성령이요, 하늘의 뜻은 내가 선
택한 자, 한 사람을 통하여 너희들에
게 내려보내며 그를 통하여 거두어들
인다 하였음이니라.
12 그러나 너희들이 예수가 세상에 나의
뜻을 받아 전하는 것을 단절하여 그를
죽인 2천 년의 세월 동안에는 나의 성
령이 세상에 내려가지 아니하였음이
니,
13 나하고는 아무런 관계가 없는 대목이
며, 또한 너희들과도 아무런 관계도
없는 대목이니라.
14 내가 다시 나의 선지자를 통하여, 나
의 아들을 통하여 나의 성령을 법전이
라 말하여 내려보낸 바로 지금의 그
백성을 위하여 필요한 대목임을 너의
제자들과 나의 피조물 만백성에게 일
러야 할 것이니라.
15 그리하여 '진리의 성령이 오시면 그가
너희를 모든 진리 가운데로 인도하시
리라.' 그리 말하였음이니,
16 너희들은 진리의 성령이 지금 와 있어
서 너희들 가슴속에 다 성령이 임하여
있다 말할 것이며, 너희들 가슴속에
그 성령이 와 있으니 그건 바로 성령
이라 말하나,
17 이는 너희들이 꿈을 깨야 될 것이며
너희들과는 아무런 관계도 없는 말임
을 알라.
18 너희들이 오늘 이 대목을 읽으며, 나
의 성령인 하늘의 뜻을 알며 천지가
개벽하는 그와 같은 놀라움을 느끼지
못한다면, 너희들은 정녕 하늘에 오르
는 길이요, 깨우침을 모르는 백성임을
알라.
19 이 구절은 지금 2천 년 역사에 나의

성령을 통하여 내린 나의 선지자가 세
상에 나오며, 그 선지자를 통하여 나
의 성령을 받는 그 백성들에게 관계됨
이니,
20 오로지 나의 법전을 읽고 깨닫는 자,
그리고 나의 성령을 듣는 자, 나로부
터 선택되어 새로 태어난 나의 백성들
에게 해당되는 말이니라.
21 그리하여 그가 너희를 모든 진리 가운
데로 인도한다 하였으니, 그가 바로
누구를 말하느냐?
22 성령을 한 사람으로서 받아 그 사람만
이 너희들에게 전할 수 있음이니,
23 나의 선지자를 통하여 지금 성령을 받
아들이는 선택된 백성 너희들에게 관
계된 일이며, 너희들과 주고받는 내용
임을 여기서 알고 넘어가야 할 것이
니, 이 무서운 이치를 깨달아야 할 것
이니라.
24 그리하여 그다음에 그가 자의로 말하
지 않고, 그는 바로 무엇이더냐?
25 성령을 받아 나의 피조물 선택된 백성
들에게 성령을 내려 준 그가 자의로
말하지 아니하며 오로지 듣는 것을 말
하며 그리하여 나의 피조물 만백성을
일깨워 준다는 뜻이 거기에 있음이니,
26 그리하여 그는 오로지 나의 성령을 받
아 자기 뜻이 아니며 나의 뜻에 의하
여 너희들을 일깨워 준다는 그 대목이
기록되어 있음을 너희들이 알아야 할
것이니라.
27 그리하여 그와 같은 자가 입증되는 증
표는 무엇이더냐?
28 내가 새로 이루고자 하는 새 역사의
이 지상에 낙원을 이루고자 하는 그
뜻과 길과 너희들의 미래에 이루어지
는 모든 장래를 알려 줌이니,
29 이는 선택된 백성들에게 그 개인의 미
래를 알려 주며, 나가서는 너희들의
모든 집단들을 나로부터 선택된 백성
들이 이끌어 나가며 너희들이 행하여
야 할 그 임무와 미래를 통하여 미래
가 열리는 역사를 알려 줌이니,
30 이게 바로 나로부터 선택된 자이니라.
31 그리하여 요한복음 16장의 이 모든
구절은 2천 년이 흐른 오늘에 필요한
대목이니,
32 그리하여 내가 구약과 신약 중에 가장
중요한 대목이라 너희들에게 일깨워
주었으니,
33 이를 알고 나의 피조물 만백성에게 전
해야 될 것이며, 지금 선택되어서 나
의 성령을 그를 통하여 받아들인 너희
들은 어찌 살아야 될 것인가?
34 2천 년 동안 살아오며 지금 하늘에 오
르며 구원을 받겠다 발버둥치며 나의
아들 예수의 피로써 구원을 받았다고
외치는 그 백성들과는 아무런 관계도
없으며,
35 오로지 나의 선지자를 따르며 나의 성
령의 법전이라 믿고 따르는 나의 백성
너희들에게 필요한 대목이며 너희들
을 위하여 내려온 구절이니, 이게 얼
마나 소중한 것인가를 알아야 할 것이
니라.

2,298 번째 하나님 말씀

2002년 5월 5일 07시 12분

1 사랑하는 선지자야!

2 "네, 여호와 하나님! 말씀하옵소서."
3 기록되어 이르기를, 예수가 말하였느
니라.
4 '그가 내 영광을 나타내리니, 내 것을
가지고 너희에게 알리겠음이라.' 그리
예수가 예언하였음이니,
5 이 뜻은 나 여호와가 예수를 통하여
이루고자 했던 것을 계승하는 자요,
6 그리고 그의 고통을 알며, 그가 무엇
을 요구했으며 무엇을 원하여 그리 어
렵고 힘든 길을 가 나에게 올라왔으며
나의 피조물 만백성을 구하고자 했던
것인가 하는 그 뜻을 아는 자가 세상
에 온다 하였으며,
7 그가 예수의 그 뜻을 받아 그대로 펼
쳐 나의 피조물 만백성을 구하고자 다
시 내려온다 하였음이니,
8 이는 바로 지금 나의 선지자를 통하여
나의 성령을 태워 내려보내는 나의 이
법전이 세상에 내려옴을 미리 알렸음
이니,
9 이는 곧 예수를 통하여 내가 이루고자
했던 그 뜻을 나의 피조물 만백성이
알고 깨우치기 쉽게 하기 위하여 모두
를 풀이하여 내려보낸다는 나의 법전
임을 너희들은 알아야 될 것이니라.
10 2천 년 동안에 지금, 구약 시대에 그
구약의 성서와 같이 큰 보따리요, 신
약 시대에 신약의 큰 보따리만큼 나의
피조물 만백성 너희들을 깨우치고자
나로부터 받아 세상에 기록한 자 있는
가?
11 그리고 나의 성령이라 하여 직접 받아
기록한 내용이 있는가?
12 그보다도 더 위대한 보따리로써, 160
권의 법전으로써 세상에 나의 피조물
만백성을 구하는 역사를 이루니,
13 그게 바로 그를 가지고 오는 자, 선택
된 자가 온다는 것을 미리 예고하였음
이니,
14 지금 나의 성령을 받아 기록하는 나의
선지자요, 나의 아들이 세상에 나와
나의 뜻을 전하며 예수가 전하고자 했
던 그 뜻을 풀이하여 하나하나 나의
피조물 만백성, 새로운 백성들에게 일
깨워 주어 새로운 천국을 이루고자
하는 그 시대가 열림을 예고한 내용이
니,
15 너희들은 그리 알아야 할 것이며, 이
또한 지금 나의 성령이요, 나의 법전
을 읽고 깨우치는 나의 선택된 백성
너희들에게 해당되는 것이요,
16 2천 년 역사 동안 죽어진 그 암흑의
세계에 있는 그들에게 해당되는 내용
이 아님을 알라.

2,299 번째 하나님 말씀

2002년 5월 5일 08시 46분

1 사랑하는 선지자야!
2 "네, 여호와 하나님! 말씀하옵소서."
3 너는 너의 제자들과 나의 피조물 만백
성에게 이리 전하라.
4 요한복음 16장 23절, 거기에 기록되
어 있지 아니하는가?
5 예수가 그리 말하였느니라.
6 '너희가 아무것도 내게 묻지 아니하리
라. 내가 진실로 진실로 너희에게 이
르노니, 너희가 무엇이든지 아버지께
구하는 것을 내 이름으로 주시리라.'

한 이 말의 뜻을 아는가?
7 지상의 모든 나의 피조물 만백성에게
전하는 것은 내가 뭐라 말하였느냐?
8 예수를 통하여 모두를 전하였으며, 예
수를 통하여 그 모두의 기도가 상달되
어 내가 들어줌이라 말하였으니,
9 이는 예수가 나 여호와의 말을 진심으
로 하였음이며, 나의 피조물 만백성을
일깨워 주었음이니라.
10 '너희들이 무엇이든지 아버지께 구하
라. 예수의 이름으로써 모두를 주리
라.' 말하였음이니, 그것은 맞는 것이
니라.
11 그러나 그다음 구절을 너희들이 깊이
깨우쳐야 될 것이니라.
12 '지금까지는 너희가 내 이름으로 아무
것도 구하지 아니하였음이니' 이 대목
은 지금까지 너희들이 나의 아들 예수
의 이름으로써 아무것도 얻지를 못하
였음이니
13 '너희들은 아버지께 구하라. 그리하면
받으리니, 너희 기쁨이 충만하리라.'
이리 기록되어 너희들이 가르칠 대목
이니, 너의 제자들과 법전을 읽고 깨
우치는 만백성은 이 구절을 놓고 연구
하고 깨우쳐야 할 것이니라.
14 내가 뭐라 말하였느냐?
15 이 세상의 나의 피조물 만백성에게 전
하는 것은 신약 시대는 나의 아들 예
수를 통하여 모두를 전했으며 그를 통
하여 모두를 거두어들였음이니 이 뜻
이 합당함이니라.
16 그리하여 지금은 내가 뭐라 말하였느
냐?
17 구약과 신약의 시대를 덮으며 제3의
시대를 여니, 나의 성령의 나의 뜻을
나의 선지자를 통하여 나의 피조물 만
백성에게 전한다 하였으니,
18 오로지 그를 통하여 세상에 전해지며,
세상의 모든 너희들이 드리는 그 기도
를 그가 걸러 나에게 상달한다 하였음
이니,
19 내가 다만 뭐라 말하였느냐?
20 지금은 내가 직접 너희들을 터치하며
너희들의 옳고 그름을 심판하는 그 시
대며,
21 너희들을 직접 나의 법전으로 심판하
기에, 너희들에게 누구를 위하여 기도
를 하며 누구를 통하여 기도드리라 하
지 아니하며,
22 오로지 내가 직접 너희들에게 옳고 그
름을 깨우치며 하늘에 오르는 길을 깨
우치며 하늘에 오르는 빛을 바로 볼
수 있도록 명하여 깨우치니, 이게 마
지막 시대라 말하지 아니하였는가?
23 너는 너의 제자들에게 이리 전해야 될
것이니라.
24 모든 것은 나 여호와에게 직접 너희들
이 기도함으로써 그 기도의 뜻을 내가
예수를 통하여 거둬들이며, 예수의 이
름으로써 너희들에게 모두를 내려 줌
이니, 이는 정상적인 것을 나의 아들
예수가 너희들에게 깨우쳐 주었음이
니라.
25 그러나 너희들은 다음 구절의 깨달음
을 깊이 알아야 될 것이니라.
26 지금까지는 너희가 예수의 이름으로
아무것도 구하지 아니하였으니, 이는
너희들이 예수를 통하여 얻지 못하였
음이니라.

27 너희들이 구하지 아니한 것은 너희들
이 아직 얻지를 못하였으니, '너희들
은 나 여호와의 이름으로 구하라. 그
리하면 너희들에게 모든 기쁨과 충만
을 주리라.' 그리 말하였거늘,
28 너희들은 예수에게 구하는 양 그를 그
리 가르쳐, 너희들은 내가 지키고 살
라는 그 힘들고 어렵다는 십계명을 접
어두며 나 여호와를 버렸으며,
29 나의 아들 예수의 이름으로써 그저 구
하고 기도하면 구원을 받을 것이며 너
희들이 잘못 살고 지은 죄를 용서 빌
면 구원해 주는 것이라 그리하여 너희
들이 나의 십계명이요, 나의 율법을
교묘히 벗어났으며,
30 예수의 가르침을 너희들이 왜곡되게
전하고 깨우치는 이와 같은 험악한 시
대가 되었음이니, 내가 바로 뭐라 하
였느냐?
31 2천 년의 역사는 죽음의 시대며 나하
고는 아무런 관계도 없다 하였음이니,
지금 내가 너희들에게 명하여 뭐라 말
하느냐?
32 나 여호와에게 직접 기도하며 나 여호
와를 직접 찾으라 하였음이니, 이것이
무엇이 잘못되었던가?
33 진실로 내가 나의 성령이요, 나의 법
전이기 때문에, 왜곡되고 너희들이 잘
못 가르치는 그 부분을 내가 수정하기
위한 부분이 나의 법전에 기록되어 있
으며,
34 나의 뜻이요, 나의 길에 의하여 너희
들에게 일깨워 주어 하늘에 오르는 길
을 볼 수 있다 깨우쳤으니,
35 지금까지 너희가 예수의 이름으로 아
무것도 얻지를 못하였고 구원받지 못
하였음이니라.
36 그리하여 너희들은 오늘 이후부터 나
여호와에게 직접 구하고 기도할 때,
37 모든 것은 선지자를 통하여 상달되며
구하고 얻을 수 있으며 충만될 수 있
는 그 내용임을 그리 깨우쳐 나의 피
조물 만백성에게 전하여,
38 왜곡된 부분을 바로잡아 그들에게 깨
우침을 확실히 가르쳐 주며, 하늘의
뜻을 그들이 깨닫도록 그리하는 것이
너희들의 대명임을 잊지 말라.

2,300 번째 하나님 말씀

2002년 5월 5일 09시 04분

1 사랑하는 선지자야!
2 "네, 여호와 하나님! 말씀하옵소서."
3 너의 제자들에게 일러 주라, 요한복음
16장이 얼마나 소중한가를.
4 26절에 그와 같은 말이 있지 않으냐?
5 그날이 오니 너희들이 나의 아들 예수
의 이름으로 모든 것을 구할 것이며
구원받고자 할 것이니라.
6 그러나 예수가 말하지 아니하였느냐?
7 예수는 저 스스로 너희들을 아버지께
구하겠다는 말이 아니라 하였음이니,
8 이는 곧 나의 아들 예수가 너희들을
위하여 나에게 구하겠다는 기도를 드
리지 아니함이니,
9 나의 피조물 만백성 너희들이 직접 나
여호와를 찾으며 구원을 받도록 그리
명하는 것이니라.
10 그리하여 너희들이 나 여호와에게 직
접 구원을 받으며 구원을 요구하는

자, 구원받을 수 있는 길을 가고자 하
는 자, 그리고 나의 십계명에 따라서
살아가고자 하는 자, 나의 율법에 따
라 살아가고자 하는 자,
11 그와 같이 살아가고자 하는 자는 또한
나의 아들 예수가 나의 아들이요, 나
의 뜻을 받아 세상에 나갔으며 나의
피조물 만백성을 구하기 위하여 그가
세상에 온 것을 인정하는 것이니,
12 그 모두를 인정하고 믿는 자, 내가 사
랑한다 하였음이니라.
13 그러나 지금 수천 년 역사가 흐르는
동안, 신약의 2천 년의 암흑의 시대
요, 죽은 그 시대에서 너희들은 뭐라
말하고 왔는가?
14 그저 나의 아들 예수의 이름으로 구원
받으며, 나의 아들 예수를 찾는 그 순
간에 구원을 받는다 그리 말하였음이
니, 이게 얼마나 잘못되고 왜곡된 가
르침이던가?
15 나의 아들 예수는 말하였느니라.
16 그가 너희들을 위하여 나에게 구원을
원하는 것이 아니라 너희들 스스로 나
여호와를 찾아 구원을 받으라 그리 말
하였거늘,
17 너희들이 왜곡되게 기록하였으며 너
희들이 왜곡되게 전하고 있음이니, 이
이치를 또한 내가 깨우쳐 줌이니 너희
들은 알아야 될 것이니라.
18 나의 아들 예수는 말하였느니라.
19 예수의 이름으로 기도한들 아무것도
아니며, 그리하여 예수가 너희들을 구
원하고자 나에게 기도드림이 아님이
니,
20 너희들이 나의 아들이요, 딸이라 하면
너희들이 직접 나에게 기도를 드려 구
원을 받는 그 시대가 올 것이며 그리
가라 하였음이니라.
21 그리 가는 자, 나의 아들 예수가 나의
아들이요, 나의 성령을 가지고 세상에
나와 너희들을 깨우치고자 했던 그 예
수의 고통과 그가 나의 아들이라는 것
을 인정하는 것이니,
22 그와 같이 인정하고 따르는 자, 내가
그 모두를 사랑하는 백성이라 말하였
느니라.
23 여기서 너의 제자들과 나의 법전을 읽
고 깨우치는 백성은 알아야 될 것이니
라.
24 너희들은 지금 뭐라 말하느냐?
25 예수가 말한 대로 예수가 너희들을 구
원하는 것이 아니요, 예수의 이름을
부른다 하여 너희들이 구원을 받는 것
이 아니라 가르쳐 주었음이니,
26 그리하여 나에게 직접 기도하고 나에
게 직접 구원을 받으라 말하였음이니,
그러면서 너희들은 지금 어찌 가는가?
27 나의 아들 예수가 나의 아들이요, 예
수가 나의 성령을 받아 그를 세상에
전하여 만백성을 구하고자 하였으나
그를 살해했음이니,
28 그의 뜻을 지금 알기 쉽게, 이해하기
쉽게 풀이하여 전하고 있음이니, 이게
바로 오늘에 기록된 역사이니라.
29 그리하여 성서는 6천 년 전의 것이 기
록되어 있으며, 지금 것이 기록되어
있으며, 미래의 것이 기록되어 있으며,
30 그래서 과거와 현재와 미래가 모두 통
할 수 있는 것이 나의 성서라 하였음
이니,

31 지금의 요한복음 16장은 너희들이 이
룰 것이며 너희들이 존재할 것이며 내
가 제3의 시대를 열기 위하여 나의 성
령으로 세상에 내보내는 그 모두를 명
확히 기록하고 전하였지만,
32 이를 전하는 자, 이를 기록하는 자들
이 저희 마음대로 왜곡되게 기록하였
음이니, 내가 뭐라 말하였느냐?
33 성서의 나의 뜻을 기록하다가 너희들
에게 꿀이요, 떡이 되는 좋은 말, 단말
을 갖다 한 구절씩 집어넣었다 하였음
이니,
34 그걸 찾아내는 것이 지금 나의 법전에
서 기록되어 나가는 뜻이니,
35 너희들은 나의 성령으로 내리는 나의
법전에 기록된 내용과 나의 선지자가
너희들에게 일깨워 주는 그 내용을 읽
고 깨우쳐 나가면 그것이 하늘에 오르
는 진정한 길임을 알게 될 것이니, 그
리 알고 행하도록 하라.

2,301 번째 하나님 말씀

2002년 5월 5일 12시 27분

(강론을 마치며)

1 사랑하는 선지자야!
2 "네, 여호와 하나님! 말씀하옵소서."
3 네가 너의 제자들 앞에 나의 성서를
가지고 그들을 일깨워 주었음이니,
4 너희들은 성경이라는 이 성서가 실타
래처럼 얽히고설킨 그 사연을 이제 파
헤쳐야 될 때가 되었음이니라.
5 오늘 내가 너희들에게 요한복음의 그
대목을 깨우쳐 준 것은 얽히고설킨 그
실타래의 끝을 찾기 위한 방법이며 지
금 그를 찾았음이니,
6 이제 그를 하나하나 풀어 가는 그 역
사를 너희들이 이루어야 할 것이니라.
7 그것을 풀어 나가며 그를 헤쳐 나가면
서 너희들은 얼마나 어렵고 힘든 대목
들인가를 알게 될 것이니,
8 너희들이 힘들고 어려운 만큼 너희들
을 핍박하는 자, 너희들에게 돌을 던
지는 자들이 그에 열배 백배 가중한
공격으로써 너희들에게 침투할 것이
니,
9 오늘 내가 너희들에게 내린 그 성령의
뜻을 각자 깊이 연구하고 깨우쳐 그
지식을 너희 것으로 만들어야 될 것이
며,
10 오늘 선지자가 너희들에게 내려 준 그
뜻을 깊이 음미하고 깨우쳐야 할 것이
니라.
11 너희들이 돌이켜 생각해 보라.
12 몇천 년의 역사가 흐르는 동안에 나의
성서에 기록된 것이 몇 번의 엎어지고
잦혀지는 그와 같은 역사를 이루면서
지금까지 이루어져 왔음이니라.
13 달리기를 하는 선수도 넘어지면 그가
아무리 잘 달린다 하여도 앞을 따라잡
을 수가 없음이니,
14 나의 성서를 그와 같이 뒤죽박죽으로
만들어 놓은 역사가 한 페이지를 장식
하고 있다 하면, 그는 정녕 나의 피조
물 만백성을 바로 이끄는 그와 같은
역사가 이루어질 수가 없음이니, 지금
에 이와 같은 형국이 이루어져 있음이
니라.
15 너희들이 말하기를, 한 자도 고치지
말며 더하지도 말고 빼지도 말라 하였

음이니,
16 거기에 더해진 것이 있고 빠진 것이
있으며 너희들 임의로 기록한 것이 있
다 하면, 과연 어떠한 형태가 이루어
지겠는가?
17 지금 나의 피조물 만백성이 살아가는
그 형태가 바로 나의 성서를 가지고
너희들이 그와 같이 잘못 가르치고 잘
못 깨우쳤으며,
18 너희 마음대로 더하고 빼고 기록하였
음이라 하였느니라.
19 지금 너희들이 정녕 나의 피조물 만백
성이요, 나로부터 죄를 사함 받으며
새로 태어나는 백성으로서 하늘에 오
르는 길을 본다 하면,
20 나의 아들 예수가 기록한 그 원본을
백일하에 펴놓아야 할 것이거늘, 너희
목숨이 끊어져도 내놓지 아니할 것이
니라.
21 이는 두 가지의 이유가 있음이니라.
22 지금까지 너희들이 이루어 놓은 것이
다 허상이요, 잘못됐다는 것을 너희들
이 시인하게 될 것이며,
23 나의 피조물 만백성이 깨우칠 것이며,
그리하여 그들이 등 돌리고 떠나는 것
을 너희들이 감내할 수 없음이니 내놓
을 수 없는 것이 첫 번째 이유요,
24 두 번째는 너희들이 그를 지키고 살아
갈 수 없다고 판단하기 때문이니라.
25 이왕에 이를 세상에 내놓아도 너희 후
손들은 또한 이를 지키지 못하고 살
것이라 그리 이야기하여 너희들이 내
놓지 아니함이니, 이는 너희들의 욕심
이며 너희들이 잘못 평가하고 있음이
니라.
26 그리하여 오늘 내가 나의 아들 예수를
통하여 내리고자 했던 그 뜻을 알기
싶고 듣기 쉽게 풀이하여 너희들에게
내려보낸 뜻이 여기에 있으며, 또 하
나는 너희들이 구원을 받고 못 받는
그 길이 여기에 있음이니,
27 이를 접하고 깨닫는 자, 하늘에 오르
는 길을 얻을 수 있으며, 이를 접하고
도 읽지 아니하는 자, 접하지 아니하
는 자, 그들은 깨우쳐 하늘에 오를 수
없음이기 때문이니라.
28 내가 오늘 선지자에게 일러 제자 너희
들에게 전하였음이니, 내가 오늘 너희
들에게 깨우치고자 함은, 선지자 또는
너희들 앞에 와 많은 피조물 백성들이
고성을 지르며 대들 것이니,
29 저희들은 보혜사의 은혜를 받았으며
이 요한복음은 모두 저희들 가슴에 성
령이 임하는 것이며 저희들 가슴에 성
령을 심어 주기 위하여 이 구절이 있
다 그들이 그리 말할 것이니, 육두문
자 식으로 너희들에게 대들 것이니라.
30 그들에게 너희들이 답할 수 있는 것을
깨우쳐 주고자 함이니, 그와 같이 말
하는 자, 그들에게 성령이 임하여 있
지 아니함이라 함이니라.
31 그들은 나의 계명을 지키며 살고자
하는 것이 아니며, 내가 예수를 통하
여 전하고자 했던 그 깊은 뜻과 원리
를 모르고 있는 자들이 나의 성령을
받았다 함이니,
32 나와는 아무런 관계가 없는 자들이기
에 성령이 그들에게는 임하지 아니하
였으며,
33 나의 법전을 접하며 나의 성령을 듣는

너희들로 하여금 나의 모든 성령을 임
하여 나로부터 선택된 백성으로서 내
뜻을 이루는 것이 너희들이라는 그 차
별화를 내가 오늘 너희들에게 깨우쳐
주고자 함이니라.
34 내가 너희들에게 말하여 이르지 아니
하였는가?
35 나 여호와의 피가 선지자를 통하여 흐
르며 그 피가 너희들에게 흐름이니,
이는 바로 무엇이더냐?
36 그 피를 받은 자, 나의 자식이라는 뜻
이 아니던가?
37 그리하여 너희들이 바로 나로부터 성
령을 받아 선택된 백성이라 함을 말하
는 것이며, 그들과 너희들과의 차별화
임을 알라.
38 너희들로 하여금, 너희 후손으로 하여
금 내가 천 년에 걸쳐 새로운 역사를
이루고자 함이니,
39 너희들 외에는 지금 이 세상에 너희들
과 같이 얼굴을 맞대고 살아가는 자
중에 성령을 받은 자가 하나도 없음이
니라.
40 그들이 말하지 않느냐?
41 사탄이나 사악한 자가 역사를 이룬다
하나, 너희들은 이와 같은 나의 이치
와 깊이를 잘 깨우쳐 행하여야 될 것
이며,
42 그들이 정녕 하늘에 오르는 빛을 보고
행하는 것인가, 허황된 빛 속에 저희
스스로 빠져 가는 것인가를 너희들은
구분할 수 있는 안목이 있을 것이니라.
43 이를 너희들이 깊이 깨우쳐 허상과 진
실을 깨우쳐야 될 것이니, 그 노력을
하도록 해야 할 것이니 그리 알라.

2,302 번째 하나님 말씀

2002년 5월 5일 19시 50분

1 사랑하는 선지자야!
2 "네, 여호와 하나님! 말씀하옵소서."
3 내가 너희들에게 일깨워 알려 주었느
니라.
4 태산보다도 큰 돌과 한 주먹도 안 되
는 작은 돌이 있을 때, 그 주먹만 한
돌이 태산보다도 큰 돌을 이긴다 하면
너희들은 그를 인정하지 아니하려 하
며,
5 누구든 다 그 큰 돌 쪽에 서는 것이 너
희들 인간의 형태며 마음가짐이라 하
였음이니라.
6 그러나 나 여호와가 작은 돌이 이긴다
하였음이니, 이는 큰 돌은 죽은 돌이
요, 생명력이 없는 돌이며, 작은 돌은
생명력이 있기 때문에 그가 세월이 가
면 갈수록 커짐이니,
7 그리하여 그 죽은 큰 돌을 이길 수 있
다 내가 너희들에게 일깨워 주었음이
니라.
8 지금 나의 피조물 만백성이 저희들이
하늘에 오르는 길이요, 그리고 구원받
는 길이요, 구원을 받았다 하며 모든
종파 속에 가 그들이 머리 숙여 기도
하고 경배하며, 저희들만이 극락세계
요, 또는 하늘에 올랐다 그리 말하고
있음이니,
9 이들이 정녕 허황된 길을 가고 있다
하면 과연 어찌하겠는가?
10 그들이 진정한 하늘에 오르는 진리의
빛을 보지 못하고 허황된 마음속에서
허황된 빛을 보고 그것이 참진리라 하

여 달려간다 하면,
11 그 집단이 아무리 크고 큰들 나하고는
아무런 관계가 없으니, 그게 바로 무
엇이더냐?
12 썩어서 생명력이 없는 죽은 돌이니라.
13 지금 네가 이 작은 지하실에 너의 제
자들을 모아 놓고 강론을 하고 있음이
니,
14 비록 그들이 지금은 이해를 못 하며
그 뜻을 모르나 세월이 지나면 그들이
어찌 선택되었으며 얼마나 소중한지
알게 될 것이니,
15 지금 모든 종파들이 너희들을 다 덮고
있으며 거기에 너희 이름 석 자도 댈
수 없는 그와 같은 나약한 형태이나,
너희는 나 여호와로부터 선택된 나의
백성이니,
16 바로 내가 너희들에게 성령을 임하여
생명수를 주며 너희들이 자랄 수 있도
록 옥토를 부어 줌이니, 바로 너희들
은 산 돌이니라.
17 그리하여 너희들이 이기는 것은 당연
한 것이며, 모든 승자는 너희들이 된
다는 것을 잊지 말아야 될 것이니라.
18 너희들이 지금까지 살아오면서 인생
의 삶이 얼마나 되었는가?
19 너희들이 살아온 그 시점에서 너희들
자신을 돌이켜 보라.
20 너희들이 서 있는 자리가 어떠한 자리
인가?
21 지금서부터 너희들이 나 여호와가 존
재함을 알며 나의 뜻을 알며 하늘에
오르는 길을 알며, 너희들이 세상에
사는 동안 육의 영광과 축복을 얻을
것이며, 그리고 죽어 너희들이 영원히
사는 영혼이 구원을 받는 그와 같은
선택된 자라 말한다 하면,
22 너희들은 이 뜻에 나 여호와에게 어찌
감사의 기도를 드릴 수 있겠는가?
23 내가 너희들에게 말하나니, 너희들은
나의 성령이요, 나의 뜻을 내려 기록
하는 나의 법전대로 살아가는 그 아름
다운 마음을 다스려나가라 그리 말하
였음이니라.
24 너의 제자들에게 이르라.
25 너희들이 지금 나의 법전을 접하는 순
간에 새로 태어나는 아이처럼 아름답
고 고운 마음으로써 세상사를 살아가
지 아니한다면,
26 너희들은 나로부터 선택된 백성이 아
니며, 나의 법전에 의하여 너희들이
나를 따라가고자 하는 자가 아님을 알
라.
27 너희들이 나의 법전을 접하며 나의 법
전의 뚜껑을 여는 그 순간에 내가 너
희들과 같이하며 덮을 때 내가 떠난다
하였음이니,
28 나로부터 선택된 백성 너희들은 새로
태어난 생명이라 내가 하였음이니라.
29 너희들이 십계명을 지키지 아니하며
나의 율법을 지키지 아니하고 사는 것
은 죽은 자이며 죽은 생명이라 말하였
느니라.
30 너희들은 나의 아들 예수요, 나의 성
령이 세상에 내려와 죽은 자 중에 너
희들을 구원한다 하나,
31 너희들은 죽어 육신이 죽은 자 속에서
구원하는 그와 같은 우매한 생각을 하
지 말라.
32 이는 잘못 가르침이니라.

33 너희들이 지금 살아 있는 이 형태에서
나의 계명을 지키지 아니하며 나의 법
전대로 살아가지 아니하는 자는 죽은
자인 것이니라.
34 그리 죽은 자 속에서 너희들이 나의
법전을 접하며 그 십계명을 따라 지키
고 살고자 하는 것이 바로 죽은 자 가
운데서 사는 것임을 알아야 될 것이니
라.
35 그리하여 너희들은 나의 십계명을 지
키고 계명을 지키는 그 순간에, 나의
법전을 접하는 순간에 다시 태어난 생
명임을 알아야 할 것이니라.
36 죽은 자 가운데서 다시 태어난 너희들
이며, 다시 나 여호와로부터 생명을
받았음이니, 갓 태어난 아이의 심성이
어떠한 자세이던가?
37 갓 태어난 아이의 심성으로써 너희들
이 살아가야 할 것을 잊어서는 아니
될 것이니라.
38 너희들은 병들어 죽어 가며, 병들어
쓰러져 가며, 죽어 가며, 너희들이 사
랑하고 아끼는 모든 사람들, 부모나
형제나 자식들이 너희 앞에 죽어 갈
때, 나 여호와에게 뭐라 기도하는가?
39 '정녕 여호와 하나님이시여! 저의 자
식을 살려 주신다 하면 제 모두를 다
바치며 제 생명을 바쳐 하나님의 뜻에
살아가겠나이다.' 하며 그리 너희들은
애걸복걸할 것이며,
40 그리고 너희들이 병들어 죽어 가는 그
순간에 다시 한 번 너희들에게 생명을
준다 하면,
41 나 여호와의 뜻에 따라 나를 경배하고
나를 따르며 오로지 그 길만을 향하여
살겠다 너희들은 기도하고 경배할 것
이니라.
42 바로 그와 같은 것보다 더 험악한 형
국에서 내가 너희들에게 새로운 생명
을 주었으며, 새로 태어난 사람으로서
너희들을 내가 구원하였음이니,
43 너희들은 그와 같은 간절한 기도를 열
배 백배 더 하는 심정으로써 나를 향
하여 살아가야 할 것이니, 내가 너희
들에게 직접 새로운 생명이 태어나게
하였음이니라.
44 너희들이 바르고 곧은 그 육신 속에서
나의 계명을 지키며, 나의 뜻을 알며,
내가 이루고자 하는 나의 미래의 계획
을 알며, 그리고 너희들이 하늘에 오
르는 길이 무엇인가를 내가 너희들에
게 법전을 통하여 하나하나 깨우쳐 주
었음이니,
45 이와 같은 선물을 너희 가슴에 안겨
주며 너희들을 다시 태어난 생명으로
서 내가 세상에 내보냈음이니라.
46 너희들을 세상에 다시 태어난 생명으
로서 내보내며, 너희들이 곱고 아름답
게 자라 하늘에 오를 수 있는 길의 모
든 깨우침을 너희 가슴에 그득히 안겨
주었거늘,
47 너희들은 그 법전의 뚜껑을 열면서 그
대로 살지 아니한다 하면 어찌하겠는
가?
48 오늘 내가 나의 선지자를 통하여 제자
너희들에게 명하노니, 너희들의 모든
지난날의 죄를 내가 다 용서해 줌이니,
49 오늘부터 너희들은 새로 태어난 마음
으로써 곱고 아름답게 살아가는 그 마
음을 다스려 살아가야 될 것이니, 그

리 알라.
50 이를 어기는 자, 내가 정녕 그를 용서
치 아니할 것이니, 이 뜻을 따르지 않
는 자, 그는 어떠한 체벌이며 어떠한
형국으로써 제가 나로부터 버림을 받
는 것인가를 깨우치게 될 것이니 그리
알라.

2,303 번째 하나님 말씀

2002년 5월 6일 07시 20분

1 사랑하는 선지자야!
2 "네, 여호와 하나님! 말씀하옵소서."
3 2천 년 전, 나의 아들 예수를 너희들
이 그리 사악하게 죽였으며 그가 가슴
에 안고 간 모든 나의 성령의 뜻을 전
하지 못하게 하였음이니,
4 그리하여 그때부터 지금까지 죽음의
세계요, 암흑의 세계에서 너희들이 살
았다 내가 하였음이니라.
5 너희들이 그와 같은 사악한 일을 저지
른 백성들로서 내가 내린 계명을 지키
고자 발버둥치며 노력하여 나에게 은
혜와 은총에 대한 감사를 드리고자 하
였더라면, 오늘과 같은 그런 역사는
이루어지지 아니하였을 것이니라.
6 구약 시대에 십계명을 지키라 너희들
에게 그리 명하였으며 그리 사는 것이
구원의 길이라 말하였으나, 너희들은
이를 지키지 아니하며 우상을 숭배하
며 우상을 만들어 그와 같이 살아갔음
이니,
7 그리하여 또한 신약 시대에 나의 아들
이 세상에 왔음에도, 우상을 섬김이
얼마나 잘못된 것인가를 깨닫고 후회
하고 통곡한 너희들은 어떠한 행위를
했는가?
8 너희들이 알다시피 나의 아들 예수를
그리 처참히 죽게 하였음이니라.
9 그리하고 너희들은 또 뭐라 말하느냐?
10 다시 예수가 재림하여 새로운 시대를
열며 너희들을 구원해 줄 것이며 구원
할 것이라 너희들은 그리 발버둥치고
있음이니라.
11 그러면서 너희들이 말하느니라.
12 이 세상은 모든 사악한 악마와 사탄이
지배하고 있음이니, 그 속에서 저희들
만이 구원을 받는 자며, 저희들이 가
는 길만이 하늘에 오를 수 있는 길이
며 영광된 길이며, 저희들만이 구원을
받았다 그리 말하는 자들이 지금 있음
이니,
13 그와 같이 말하고 행하고 실천하고 살
아가는 형태가 어찌 되었는가?
14 너희들이 구원을 받은 자며, 선택을
받은 자며, 그리고 암흑의 세계에서
탈출한 자들이며, 그 사악한 세상의
마음속에서 탈출한 자들이라면 너희
들은 어찌 살아야 되는가?
15 구약에서 보냈던 그 계명을 지키며 선
하고 착한 마음으로써 내가 원하는 사
랑을 나누며 살아가는 그와 같은 인생
으로 변하여 살아왔어야 되나,
16 너희들은 그저 구원이요, 구원을 받았
으며, 예수의 보혈로써 구원을 받았으
며, 그저 너희들이 만들어 놓은 그 성
전에 와 나 여호와를 찾음으로 인해서
구원을 받았다 말함이니,
17 너희들이 살아가는 그 생활 상태의 이
면에 과연 사랑이 있고 나눔이 있으며

내가 원하는 그와 같은 것이 있었던가?
18 너희들에게는 정녕 없었음이니라.
19 그리고 너희들은 말하느니라.
20 내가 십계명을 지키는 자만이 영혼을
구원받으며 하늘에 오르는 길을 볼 수
있으며 하늘에 오르는 축복을 얻는다
말하였으나,
21 너희들은 이를 지킬 수 없으며 인간이
기 때문에 시행할 수 없다며 그리 던
져 버렸음이니,
22 바로 너희들은 암흑의 세계에서 탈출
할 수 있는 오로지 그 한 가닥의 빛마
저도 짓밟으면서 그 빛이 구원의 빛이
아니라고 던져 버렸음이니라.
23 그것이 바로 나의 계명을 지키고 살
수 없다 말하는 너희들이니라.
24 그러니 지금 나의 선지자를 따르는 제
자 너희들은 깨달아야 될 것이니라.
25 나의 성령을 통하여 나의 법전을 세상
에 내려보내어 너희들을 깨우치고자
하니,
26 이는 구약의 보따리와 신약의 보따리
보다 더 방대한 보따리로서 나의 모
두를 태워 내려보내나니,
27 여기서 '나 여호와가 존재함을 믿는
그 자체가 구원의 길에 들어서는 기본
이요, 근본이라.' 하였음이니라.
28 너희들은 나 여호와가 존재함을 믿으
니 그 근본에 임박하였으며, '나의 법
전을 가슴에 안고 정독하는 자, 반석
위에 서서 하늘에 오르는 찬란한 빛을
보게 되는 영광을 얻는다.' 하였음이
니,
29 이 두 가지를 시행하고 지키는 나의
피조물 선택된 백성 너희들이 과연 어
찌 살아야 되는가?
30 너희들이 바로 살아가는 그 모습이요,
생활 형태가 차별화가 될 것이며,
31 법전에 기록된 그 내용대로, 계명대로
따라 살아가는 그 모습으로 변하지 아
니한다 하면 바로 너희들이 무엇이더
냐?
32 계명을 지키고 살 수 없다 부르짖는
그와 같은 사악한 백성들과 다름이 없
음이니라.
33 너희들은 바로 계명을 지킬 수 있다
말해야 될 것이며, 지키고 살아야 될
것이며,
34 그리고 너희들이 실제로 살아가는 그
생활에 겉과 속이 같은 형태로써 나의
법전을 지키고 살아가는 데 하나도 손
색이 없는 그와 같은 길을 가는 것만
이 내가 너희들에게 십계명 다음에 암
송하라는 그 계명의 뜻에 가는 자들이
며, 선택하여 가고 있는 자라는 것을
알아야 할 것이니라.

2,304 번째 하나님 말씀

2002년 5월 6일 08시 10분

1 사랑하는 선지자야!
2 "네, 여호와 하나님! 말씀하옵소서."
3 너의 제자들과 너를 따르는 백성들에
게 이르라.
4 내가 너를 통하여 나의 성령을 내려보
내어 법전이라 하여 만들어 나의 피조
물 만백성이 가장 편안하고 쉬운 방법
으로써 하늘에 오르는 길을 깨우치고
자 하여 내가 너를 이리 통제하며 이
끌어 감이니,

5 너의 제자들은 어찌하여 지금까지 믿
어 온 종파의 그들이 행하는 그 행동
과 그 행위에서 벗어나지 못하며, 그
들이 지금까지 믿어 왔던 잘못 갔던
그 길을 머릿속에서 지워 버리지 못하
고 떨쳐 버리지 못하고 답습하며 그와
같은 자들의 전철을 밟는 형국으로써
모두를 이끌어 가려 하는가?
6 너희들은 여기서 너희 손으로 만든 그
성전이요, 교회라는 곳과 내가 지금
이끌어 가는 방법이 모두가 다름이니,
7 그와 같은 방법으로써 너를 이끌어 가
려는 그 제자들에게 너는 깨우쳐 일러
야 될 것이니라.
8 이는 내가 선지자를 통하여 나의 명에
의하여 독자적인 방법으로 이끌어 가
며, 새로운 시대를 열어 가기 위하여
너희들에게 깨우치는 방법이요, 가르
치는 방법이 따로 있음이니,
9 그 방법을 거역하려 하지 말며 너희
손으로 만든 그 성전에서 배우고 깨우
쳤던 그 종파의 흐르는 그 역사의 형
태나 방법으로써 그리 가려 하지 말라.
10 너희들은 엄연히 나의 음성을 직접 들
으며 나의 성령을 직접 받아 나를 따
르는 하나의 혈통으로서, 새로운 역사
를 이루고자 하는 새로운 백성으로서
다시 태어남이니,
11 어찌하여 너희들은 너희 손으로 성전
이라 하여 짓고 그 속에서 너희들이
이끌어 온 그 형태의 방법으로써 모두
를 이끌어 가려 하며 그와 같은 변화
로써 가려 하는가?
12 너희들 머릿속의 그 사상과 그 생각부
터 지워 버려야 될 것이며, 그와 같은
형국으로 나의 성전에서 너희들이 행
하며 이끌어 가려 하지 말라.
13 너희들이 어찌하여 잘못 가는 그 성전
이라는 곳에 가서 했던 그와 같은 방
법으로, 그곳과 이곳을 같이 견주어
그러한 형태로 이끌어 가려 하는가?
14 나 여호와가 지금 새로운 시대요, 새
로운 백성으로서 너희들을 깨우쳐 주
는 것은 나의 법전이요, 나의 성령을
깨닫고 이해하여 실행하는 것이 중요
한 것이니,
15 너희들이 형식적인 그와 같은 방법으
로써 나의 선지자가 가는 길을 막으며
그를 혼란케 하지 말라.
16 오로지 너희들은 선지자가 이끌어 가
는 그 형태로써 가야 함이니, 그는 내
가 주관하는 것이며 내가 이끌어 가고
자 하는 것이니,
17 너희들의 방법과 너희들의 주관을 여
기에 첨부하여 너희들이 지금까지 머
릿속에 젖어 온 잘못 간 그 성전의 형
태로써 나의 성전을 그리 이끌려 하지
말라.
18 여기는 자유롭고 가장 편안하고 가장
즐거우며 너희들 마음에 평온함과 온
화함을 찾는 곳이니라.
19 그와 같은 형태를 벗어나서 너희들이
틀에 박힌 어떠한 형태로써 이끌어 가
려 하지 말라.
20 나 여호와가 지금 마지막으로 나의 법
전을, 나의 성령을 내려보내어 나의
법전이라 하여 책으로 만들어 만백성
에게 전하는 것은,
21 그들이 여태껏 젖어 있는 그와 같은
형틀에 의하여, 또한 그와 같은 너희

들이 이끌어 온 방법으로써 끌고 가고
자 함이 아니니,
22 이를 너희들이 확실히 해야 할 것이
며, 나의 선지자를 통하여 내가 모두
를 주관하여 가는 대로 너희들은 그저
따라오면 될 것이니 그리 알라.

2,305 번째 하나님 말씀

2002년 5월 6일 10시 55분

1 사랑하는 선지자야!
2 "네, 여호와 하나님! 말씀하옵소서."
3 내가 너에게 일찍이 일깨워 주었노라.
4 모든 은혜와 기적을 나로부터 받아 나
의 피조물 만백성에게 전하는 너는 어
떠한 방법이든 무상으로 그냥 전해야
될 것이며, 어떠한 대가를 받아도 아
니 된다 하였음이니라.
5 네가 나로부터 받은 모든 것은 나로부
터 보상 없이 받은 것이니, 또한 나의
뜻을 나의 피조물 만백성에게 그대로
전하는 것이 네가 해야 할 일이며 가
야 할 길이라 내가 너에게 말하였느니
라.
6 이제 너의 제자들과 나의 법전을 읽고
깨우친 백성들에게 정녕 그들이 행해
야 할 길을 내가 명하노니, 그들에게
이를 기억하여 실천하라 이르라.
7 너희들의 생명은 나로부터 받았으며
너희들의 영혼 또한 나로부터 받았음
이니라.
8 그리고 무상으로 너희들이 받았음을
인정할 것이니라.
9 그리고 너희들이 이 세상에 나와 먹고
살아갈 수 있도록 내가 모두를 다 무
상으로 너희들에게 내려 주었음이니,
10 너희들이 얼마만큼 노력하고 얼마나
열심히 사느냐에 따라서 육의 욕심을
충족시킬 만큼, 육에서 원하는 것을
다 이룰 수 있을 만큼 모든 것을 세상
에 너희들에게 다 주었음이니라.
11 너희들은 모두를 나로부터 다 받았느
니라.
12 그 소중하다는 생명까지도 너희들이
나로부터 무상으로 받았음이니, 모든
물질을 세상에 무상으로 받은 것보다
도 더 소중한 것이 그것이니라.
13 그렇다면 정녕 너희들은 나로부터 무
상으로 받은 생명을 가지고 세상에 나
오며, 또한 너희들이 그 영혼마저도
나로부터 무상으로 받았음이니,
14 너희들의 인생살이 사는 그 삶을 남을
위하여 살 수는 없는가?
15 너희 스스로 남을 사랑하며, '나'를 사
랑하기 전에 '너'를 사랑한다는 그와
같은 마음으로 살아갈 수는 없는가?
16 나의 피조물 만백성 너희들은 깨우쳐
야 될 것이니라.
17 이제는 나의 법전을 읽고 깨우치고 터
득한 백성들은 해야 할 일이 있고, 가
야 할 길이 있느니라.
18 이제는 너희들이 '나'를 사랑하며 '나'
를 생각하기 전에 '너'를 생각하고 '너'
를 사랑하는, 남을 위하여 살아가는
그와 같은 인생으로 삶의 방향을 바꿔
서 살아갈 수는 없는가?
19 꼭 그리해야만 되느니라.
20 너희들이 무상으로 나로부터 받은 그
생명을 너희 육신의 편안함과 욕심을
충족시키는 데 그 모두를 바치고 사는

인생이 아니라,
21 남을 위하고 남을 도와주며 남을 즐겁게 하기 위하여, 남의 행복한 삶을 위해서 너희 스스로 살아가는 그와 같은 마음으로 살아가야만 할 것이니라.
22 너희들이 지금 당장 생각하기는, 남들은 자기 자신을 위하여 몸과 마음을 바쳐 무엇인가를 이루기 위하여 발버둥치거늘,
23 너희들만이 남을 위하여 살아가는 그와 같은 세상이 된다 하면 이는 너무나 불공평하고 억울하며, 있을 수 없는 일이라 생각할 것이니라.
24 그러나 너희들은 여기서 들어야 할 것이니라.
25 2천 년 역사가 흐른 다음에 모든 지금 잘못 가고 있는 백성들은 내가 그들로부터 손을 놓았다 하며, 내가 버렸다 하였음이니라.
26 오로지 내가 나의 성령을 세상에 내려 보내어 다시 시작하니, 너희들이 무상으로 다 받아 가는 것이니,
27 너희들은 그와 같은 마음으로 정녕 살 수 없는가?
28 너희들이 지금 많은 손해를 보고 억울한 것 같으며, 너희들만이 그리 살면 이 세상에 누구도 존재할 수 없으며 살 수 없다 말하나,
29 너희들은 그러한 세상을 만드는 것이 너희들의 대임이니 어찌하겠느냐?
30 너희들과 똑같은 마음을 가지고 사는 나의 피조물 만백성이 이 세상을 다 덮었을 때, 그것이 바로 무엇이더냐?
31 지상의 낙원이 이루어지는 근본이니라.
32 '나'를 생각하지 아니하며 '너'를 생각하며, 상대방을 위하여 살아가는 인생이 되어 살아간다 하면, 얼마나 아름답고 행복한 세상이 오겠는가?
33 지금 나의 피조물 만백성이 나로부터 버림받은 백성이라 말하는 것은 그와 같은 마음을 갖고 살지 아니하기 때문이니라.
34 '나'만 알며 '나'의 것만 챙기며 '나' 위주로만 살아가는 그와 같은 세상이 되어 있기에 지금 바로 사악한 자가, 사탄이 세상을 통제하며, 그 속에서 아비규환처럼 서로 얽히고 살아가는 그와 같은 형국이니라.
35 이제 너희들이 어찌해야 되는가?
36 내가 천 년에 걸쳐 새로운 역사를 이루는 그 세상은 바로 그러한 세상이니라.
37 '나'를 생각하고 '내 앞에 무엇인가 더 크고 높은 것을 놓고자' 하는 것이 아니라, 상대방을 위해 살아가는 그와 같은 마음 자세로 인생을 살아가는 것이 천 년 후에 왕국을 이루어 그 세상에 사는 백성들의 기본이고 기틀이니라.
38 그러니 그 시대를 위해 천 년의 역사에 걸쳐 시작하는 너희들이 지금 바로 어찌해야 되겠는가?
39 어떠한 손해와 어떠한 억울함이 닥친다 하여도 너희들은 이를 시행하고 가야 하는 것이니라.
40 그리하여 너희 자신들이 퍼져 나가며 또 그 후손이 퍼져 나가 그와 같은 나의 피를 받은 백성들만이 이 세상에 존재하고 살아가게 됨이니,

41 그 역사가 이루어지는 것이 바로 이 지상의 낙원이 이루어지는 근본이며 원천임을 알라.
42 너희들은 모두 마음을 비우고 나의 계명에 따라 지키고 사는 것이 너희들이 손해 보며 이 세상에 살아갈 수 없는 것이라 말하느니라.
43 그러나 어찌하겠는가?
44 그와 같이 사는 사람들이 지상의 낙원을 이루는 백성이며, 그들만이 살 수 있는 이 지상의 낙원이 이루어지는 것이 천 년의 역사에 걸쳐서 이루고자 하는 내 뜻이니라.
45 그러니 지금 너희들이 어렵고 힘든 길을 가지 아니하고 행하지 아니한다 하면, 너희 자손대대 또 그 세월을 기다리며 그 시간을 기다리다가 천 년의 역사가 그저 물같이 흘러감이니,
46 이 세상은 또 사악한 무리들이 장악하며 사탄들이 다스리게 됨이니, 이를 어찌하여야 되겠는가?
47 너의 제자들에게 이르라.
48 이것이 너희들이 가야 할 길이고 그리하여 너희들이 어려움이니라.
49 그리하여 너희들의 이름을 내가 낙원에 걸었음이니,
50 오로지 너희들은 구원을 받은 그 영광 하나로써, 나의 성령을 듣는 것으로써, 나의 법전의 메시지를 듣는 것으로써 모두를 다 감내하고 실천하고 살아가야 하는 것이 너희들의 운명이니라.
51 선지자야, 너의 제자들에게 간곡히 나 여호와의 뜻을 전하라.
52 이것이 너희들이 가야 할 길이고 행해야 할 길이니, 이를 어찌하겠는가?
53 너희들이 지금 결단을 내려서 그를 행하지 아니하고 그리 가지 못한다 하면, 나의 피조물 만백성은 이 세상에 나의 피를 받은 그 백성이요, 나로부터 선택된 백성들만이 사는 지상의 낙원을 이룰 수 없음이니, 이를 너희 스스로 알아 깨우쳐 행하도록 그리 이르라, 선지자야!
54 내가 너희들을 사랑한다 그리 전하라.

2,306 번째 하나님 말씀

2002년 5월 6일 16시 07분

1 사랑하는 선지자야!
2 "네, 여호와 하나님! 말씀하옵소서."
3 구약 시대요, 신약 시대의 그 역사의 흐름을 보기 전에 구약 시대를 너희들이 돌이켜 생각해 보라.
4 나의 백성들을 구하기 위하여 모세가 많은 기적을 이루어 역사를 이루었으며, 그리하여 나의 피조물 만백성은 눈으로 그것을 보았으며 몸으로 직접 체험을 하였으며 그 현상과 그 무서움을 보았음이니라.
5 그리고 내가 저희 자식을 살리기 위하여 저희들이 사는 대문의 문설주에 양의 피를 바르라 하여 그들을 구제해 주는 역사를 이루었으며,
6 저희들의 장자들을 보호하는 그와 같은 역사를 이룬 그 백성들은 과연 모세의 시대에 어찌 살아갔던가?
7 그와 같은 역사와 현상을 본 그 백성들은 과연 나 여호와가 존재함을 믿으며, 그들이 나를 경배하며 하늘에 오

르고자 모두를 다 바쳤던가?
8 그들은 우상이라는 것을 만들었으며,
우상을 숭배했으며, 저희들이 소중히
간직하는 금과 은으로 우상을 만들었
음이니,
9 그들은 나에게 바치기는 두렵고 아까
웠으면서도 그 우상을 만드는 데는 저
희들이 가지고 있는 그 보배라는 것을
다 던지는 그와 같은 사악한 마음으로
변했음이니, 그들이 그와 같은 역사를
어찌 그리 이룰 수 있었겠는가?
10 이것이 바로 너희들 인간이 가지고 있
는 마음의 욕심이니라.
11 즉, 이는 무엇이더냐?
12 가진 자가 더 갖고자 하며, 높은 자가
더 높고자 하며, 위대한 자가 더 위대
하고자 하는 그와 같은 욕심이니,
13 나 여호와가 저희들에게 보여 준 기적
이요, 역사보다도 더 큰 것을 얻겠다
는 욕심에서 그와 같은 광란의 형국을
이룬 것이 나의 피조물 백성들이니라.
14 그러나 나는 그들을 버리지 아니하였
음이니라.
15 그리하여 내가 그들을 깨우치기 위하
여 나의 아들 예수를 세상에 내보냈으
니,
16 그가 나의 성령을 가슴에 안고 세상에
나가 나의 피조물 만백성을 구원하고
자 광야에서 들판에서 수없이 외쳤노
라.
17 그가 나 여호와의 아들이요, 하늘에
나 여호와가 있으며, 너희들이 나의
성령이요, 나의 뜻에 따라 살지 아니
하면 영원히 사는 구원을 받을 수 없
는 것이며,
18 육의 삶을 향하여 그곳에서 너희들이
영원히 산다는 그 착각을 버리며, 육
의 생활이 끝나면 영의 생활이 있음을
깨달으라 그리 외쳤건만,
19 그들은 또한 무어라 말하였느냐?
20 구약 시대에 나에게는 바치기가 아까
워서 금화와 은화를 내놓지 않던 자들
이 우상을 만들기 위해서는 그 아깝다
하는 것을 서슴없이 내놓았듯이,
21 그들은 나의 아들 예수가 정녕 저희들
의 깨우침을 위하여 세상에 나갔다는
것을 인정하지 아니하였으니,
22 바로 우상을 만드는 그와 같은 그 사
악한 피를 가진 나의 백성들이 어찌하
였던가?
23 나의 아들 예수를 살해하여 그와 같이
처참하고 고통스럽게 그를 죽게 하였
음이니,
24 과연 그가 죽어 갈 때, 그 앞에서 기적
을 보았으며 역사를 보았으며 나의 아
들 예수가 정녕 나의 아들이라는 것을
믿고 나 여호와가 존재한다 했던 그
제자들이 어찌하였던가?
25 그 누구도 그를 대신하여 죽고자 하는
자가 없었으며, 그를 팽개쳤음이니라.
26 팽개친 것이 아니라, 그들이 그를 팔
았음이니라.
27 그와 같은 것이 너희 사악한 인간의
형국이요, 너희들이 가지고 있는 마음
이니라.
28 그리하며 너희는 무어라 말하는가?
29 그 후손인 너희들이 나의 아들을 다시
한 번 보냄으로 인해서 구원을 받을
것이라 말하며,
30 내가 직접 성령으로써 너희들을 구할

것이라 하며,
31 인자가 올 것이며 인의를 가진 자가
올 것이라 하여 너희들은 또 그리 말
하고 있음이니라.
32 그러면서 너희들은 성령이 도적같이
와 구원할 자와 구원하지 아니할 자를
선별하는 그와 같은 시대가 올 것이니
항상 마음의 문을 열어 놓고 그를 기
다려야 한다 하며,
33 너희들이 만든 성전에 와서 기도하며
나의 아들 예수를 찾는 자는 무조건
구원을 받을 수 있으며, 그로 하여금
너희들은 선택된 백성이라, 그리하여
문을 열어 놓고 그가 오기를 기다린다
그리 말하느니라.
34 나 여호와의 존재가 무엇이며 나 여호
와가 하고자 하는 것이 무엇이며 내가
이루고자 하는 것이 무엇이더냐?
35 나 여호와가 이루는 것은 오직 '사랑'
이니라.
36 그리고 너희들이 나누며 사는 아름다
운 마음이요, 그 천사와 같은 마음이
요, 그 속에서 사랑이라는 것을 베풀
며 사는 것이 나의 뜻이며 내가 이루
고자 하는 것이거늘,
37 나를 기다리며 내가 올 것이라 말하며
너희들을 구원하러 올 것이라 하여 나
를 경배하며 하늘에 오르고자 기도하
고 찬송하면서 살아가는 너희는 과연
어떠한 형국의 마음 자세가 되어 있는
가?
38 정녕 너희들의 집단은 사랑을 하고 있
는가?
39 사랑을 베풀며 나의 뜻에 따라 하늘에
오르겠다는 너희들은 지금 어찌하였
는가?
40 너희들이 만들어 놓은 그 쇠사슬에 의
하여, 너희들이 만든 그 계획에, 너희
들이 만든 그 조직에 의하여 인간의
인본주의를 버렸으며,
41 부모와 자식 간에, 형제지간에 모든
의도 끊어 놓으며, 인간관계를 두절하
는 그와 같은 형국으로 너희들이 지금
나의 피조물 만백성을 이끌고 왔음이
니라.
42 나는 너희들에게 반드시 말하여 일렀
느니라.
43 너희들이 지켜야 할 계명을 내가 내려
주었으며, 그곳에서는 다른 신을 두지
말고 부모를 공경하며 살라 내가 너희
들에게 임하였느니라.
44 그러나 너희들은 이를 다 저버렸음이
니라.
45 너희들은 인간이기 때문에 이를 지킬
수 없다 말했으며, 인간이기에 죄를
짓지 아니하고 살 수 없다 그리 말하
였느니라.
46 그리하여 너희들이 재물을 바치면서
그 죄를 용서받는 자, 그는 구원을 받
을 것이라 그리 가르치고 있느니라.
47 그리하여 잘못된 자, 불안한 자, 그 마
음을 다스릴 수 없는 자들이 너희 성
전에 찾아와 저희들이 모은 재물을 바
치고 죄의 용서를 빌며 구원받는다는
그와 같은 형국으로 나의 피조물 만백
성을 지옥으로 이끌고 가고 있음이니,
48 과연 그들을 깨우치는 종교 지도자 너
희들 자신이 하늘의 빛을 볼 수 있으
며 하늘의 뜻을 볼 수 있으며 나의 음
성을 들으며 나의 메시지를 들어 움직

이는 자가 있다 생각하는가?
49 너희들은 사랑 자체도 모르느니라.
50 그리고 베풂 자체도 모르는 것이 너희
들이니라.
51 지금의 너희들이 가고 있는 형국이 그
러하니라.
52 그 속에서 너희들이 어찌 하늘에 오르
는 길을 볼 수 있다 생각하는가?
53 그리하며 너희들은 말하느니라.
54 나의 아들 예수를 그리 처참히 죽게
해 놓고 또 너희들은 구원할 자 와 달
라, 그리고 내려올 것이라, 보내 달라
그리 말하느니라.
55 그리고 너희들은 그가 올 것이다 지금
부르짖고 있느니라.
56 너희 스스로 마음이 불안한 것이요,
종교 지도자 저희 자신이 제가 서 있
는 자리가 무엇이며, 제가 이끌고 가
는 방향이 어디이며, 제가 가고자 하
는 목적이 어디인지 그 자체도 모르며,
57 육의 삶과 저 자신의 육의 편안함을
위하여 지금 나의 피조물 만백성을 세
치 혓바닥으로 유혹해서 끌고 가고 있
음이니,
58 그들은 목적지가 없으며, 그들이 끌고
갈 사상이 없으며, 그들이 원하는 지
표가 없음이니라.
59 그리하여 그들은 저희 조상들이 왔던
그 방법, 그 형태로써 그저 저희들이
이용하고 활용하며, 그리고 저희들이
그 성전에 와 금화와 은화를 바쳐 구
원을 받으라 그리 부르짖고 또 부르짖
다 그들이 죽어 갈 것이니, 지금 그와
같은 형국에 있는 것이 너희들이 가고
있는 길이니라.
60 여기서 너의 제자들에게 일러야 할 것
이니라.
61 나의 뜻이요, 하늘에 오르는 길이란
미래가 있으며, 변화되는 것이며 전진
하는 것이며,
62 내가 추구하는 그 뜻이 무엇인가 하여
나에게 한 계단 한 계단 변하여 오르
는 것이 나의 뜻에 의하여 사는 자들
이니,
63 이는 바로 나의 계명을 지키면서 하루
하루 천사처럼 아름답게 변하여 한 계
단 한 계단 나에게 가까이 오는 자, 구
원을 받을 수 있는 길이니라.
64 그러나 10년 전, 100년 전과 똑같은
말로써 똑같이 깨우치며 똑같은 방법
으로써 너희들에게 부르짖는 그 종교
지도자들은 죽은 자이며, 썩은 물 속
에 있는 그와 같은 형국이니, 고인 물
이니라.
65 이것 하나도 구분하지 못하는 것이 지
금 나의 피조물 만백성이니라.
66 그리고 너희들이 다시 예수를 그리 살
해하였으나, 너희들이 또 구원의 빛이
올 것이요, 너희들을 구원할 성령이
올 것이라 그리 부르짖으니,
67 내가 너희들을 버리지 아니하고 너희
들의 뜻에 따라 지금 나의 법전이라
하여 나의 성령을 태워 나의 선지자를
통하여 세상에 대장정의 160권이라는
이 법전을 내려보내나, 너희들은 무어
라 말하느냐?
68 말세에 온 거짓 선지자의 장난이요,
사악한 자라 하여 너희들은 나의 법전
의 뚜껑을 열지도 아니하고 불 속에
태워 버리며 찢어 버리는 그와 같은

사악한 짓을 하고 있음이니라.
69 너희들이 바로 너희 자신을 돌아다봐야 될 것이니라.
70 구약 시대에 너희들이 우상을 만들어 그리 나의 뜻을 어겼으며, 신약 시대는 나의 성령을 가지고 간 나의 아들을 그리 살해하였으며,
71 또 너희들이 성령이 올 것이라 하여 지금 기다리고 원하고 기도하며 너희들이 구원을 원하기에,
72 내가 너희들이 읽고 깨우쳐 하늘에 올 수 있는 길이 나의 성령이요, 나의 법전이라 하여 너희들을 마지막 심판하는 나의 성령이 기록된 나의 이 법전을 160권으로 만들어 너희들에게 내려보내니,
73 너희들은 이를 또 거부하며 사탄의 장난이라 그리함이니라.
74 과연 너희들을 누가 다스릴 수 있으며, 누가 너희들을 깨우쳐 이끌어 갈 수 있다 말하더냐?
75 사랑하는 선지자야!
76 "네, 여호와 하나님! 말씀하옵소서."
77 너의 제자들에게 일러야 할 것이니라.
78 나의 법전을 읽고 깨우치는 자, 나의 법전을 가슴에 안고 정독하는 자, 그리고 나의 성령이 나의 뜻임을 아는 자, 그에게 나의 성령이 임하며 그 몸에 너를 통하여 나의 피가 그리 흐름이니,
79 그게 바로 나의 자식이요, 나의 아들이요, 나의 딸임이니라.
80 그들이 천 년에 걸쳐 내가 이루고자 하는 이 지상에서 뿌리를 내릴 나의 자식들이요, 나의 백성임을 알라.
81 이를 확실히 차별화하여 너의 제자들에게 일깨워 줘야 될 것이며, 너의 제자들의 책무가 얼마나 소중하고 귀한 것인가를 각자 깨닫도록 그리하라.

2,307 번째 하나님 말씀

2002년 5월 7일 10시 46분

1 사랑하는 선지자야!
2 "네, 여호와 하나님! 말씀하옵소서."
3 너희들 인생사에 살아가면서 습관과 버릇이라는 것이 있지 않더냐?
4 어릴 적 버릇을 나이가 들어서도 고치지 못한다 하였음이니, 이는 여러 가지 의미가 있음이니라.
5 그 버릇도 버릇이지만, 습관 또한 무서움이니라.
6 나 여호와를 경배하며 하늘에 오르고자 하는 너희들의 마음 자세가 어떠한 상태로, 어떠한 생활 습관으로써 살아가느냐에 따라서 너희들이 구원의 길을 볼 수 있고 구원을 받을 수도 있으며, 구원의 길에 들어서지 못하고 구원을 받지 못할 수도 있는 그와 같은 너무나도 멀고도 엄청난 일이 벌어짐이니라.
7 너희들이 마약이라 하는 것을 맞고 맞으면 그것에서 헤어나지 못하고 폐인이 되듯이, 그는 거기에 습관이요, 버릇이 들었기 때문이니라.
8 그리하여 동적인 행동을 좋아하는 사람은 계속 동적인 행동을 하게 됨이니, 그는 동적인 사람으로 살아가게 됨이니라.
9 시를 쓰고 책을 읽으며 또 그림을 그

리며 유한 행위를 하는 자는 그 유한
습성이 자기 몸에 배어 그 성격이 또
한 유하게 변하며, 그와 같이 자기가
하는 업종에 따라 그 모두가 변하는
것이 너희들이니,
10 너희들은 그리 훈련되고 다스려 가게
되어 있음이니라.
11 강한 훈련을 받으면 강한 자로 가며
강도 높은 훈련을 받게 됨이니, 이것
이 너희들이 가진 다재다능한 능력이
며, 나 여호와로부터 받은 은혜이니라.
12 알코올을 좋아하는 자 알코올을 계속
마시게 됨이니, 그 버릇 또한 습관이
니라.
13 그리하여 도적질하는 버릇을 가진 자
가 아무리 재물이 있고 돈이 있으며
명예가 있어도 그는 도적질하는 그 습
관과 버릇을 버리지 못하여 도적질하
게 되니,
14 그 습관을 단죄하지 아니하면 그것에
서 벗어날 수 없는 것이 너희들의 생
활이니라.
15 거짓 하는 자, 그게 습관이 되면 계속
거짓 하게 됨이니, 이것이 너희들이
가진 자세이며 너희들이 살아가는 모
양의 마음의 형태이니라.
16 그러니 어찌 살아가야 되는가?
17 내가 너희들에게 말하기를, 부모에게
효도하면 그 효도하는 마음의 폭이 넓
어지며 효도하는 방법을 배우게 됨이
니,
18 너희들을 낳아 주고 길러 준 육신의
부모에게 효도하는 그 습성이 넓어지
고 넓어짐으로 인하여 나 여호와를 경
배하는 마음으로 연결됨을 잊지 말아
야 될 것이며,
19 너희들이 남을 시기하고 질투하는 마
음을 갖게 되면 이 또한 건잡을 수 없
음이니라.
20 그러니 너희가 선하고 아름다운 마음
쪽으로 살며, 행동을 바르게 하며, 더
럽고 추한 습성을 버리는 그 훈련이
얼마나 중요하고 소중한가를 알아야
할 것이니라.
21 그리하여 너희 생활을 바로잡도록 그
리하라.
22 나쁜 버릇을 단죄하면, 한 번만 단죄
하면 그리하지 않을 수 있음이니,
23 그걸 단죄하지 못하는 자, 계속 말려
들어 가며 그로 인하여 그가 절망이
요, 패망의 길을 가게 됨이니라.
24 좋지 않은 습관을 가지고 가는 자, 잘
못된 습관을 가지고 가는 자, 과연 그
가 얼마나 지탱할 수 있다 생각하는가?
25 지금 나의 피조물 만백성이 잘못 왔기
때문에 이를 돌이킬 수도 없고 고칠
수도 없어 브레이크 없는 기계가 달려
가듯이 그저 너희들이 그냥 감이니라.
26 너희들은 초등학교라는 그 기본 교육
을 받는 어린 학생에게, 또 유치원이
라는 그 기초 교육을 받는 아이들에
게, 제 나이를 알며 이름을 아는 아이
들에게 물어봐도 그들의 상식으로 다
알 수 있는 것을 성인이 되어 역행하
고 삶이니라.
27 아이들에게 물어보라.
28 남에게 도둑질하는 것이 좋으냐 나쁘
냐 물어볼 때, 그들은 도둑질하는 것
이 나쁘다고 할 것이니라.
29 그를 너희들이 따르고 배우면 되느니

라.
30 어른에게 예의를 갖추는 것이 잘하는 것이냐 못하는 것이냐 물어보면 예의를 갖추는 것이 잘하는 것이라 그리 말할 것이니, 너희들은 예의를 갖추면 되는 것이니라.
31 그와 같이 그 어린아이들의 상식에 물어보라.
32 그리하여 내가 너희들에게 어린아이처럼 살아가는 기본이요, 기초를 깨달으라 함이 여기 있음이니라.
33 어린아이들은 절대로 저희들이 말하는 정도를 어긋나지 아니하며, 저희들이 계산이 없으니 듣고 배운 옳은 것을 그대로 대답하느니라.
34 너희들이 그러한 모습으로 살아가야 함이니라.
35 너희들이 나이를 얼마를 먹었든, 너희들이 어찌 세월이 흘러가 인생의 연륜을 쌓았든, 그저 그 방법으로 살아가야 하는 것이 나의 뜻이니, 너희들은 이 이치를 깨우치라.
36 이제는 너희들이 모든 일을 함에 있어서 O, X의 둘을 놓고 따져 보라.
37 어떤 것이 O, 어떤 것이 X인가 하는 것이 정확한 답이 있음이니라.
38 선하고 아름다운 쪽으로 살아가는 것이 나의 뜻이며 내가 명하는 것이니라.
39 그리고 너희들은 선한 쪽에 O를 칠 것이니 그 O를 바라보고 살아가면 될 것이니라.
40 그와 같은 이치를 너의 제자들에게 깨우쳐 임하도록 그리하라, 선지자야!

2,308 번째 하나님 말씀

2002년 5월 8일 0시

1 "너는 나 외에는 다른 신들을 네게 있게 말지니라.
2 너를 위하여 새긴 우상을 만들지 말고, 또 위로 하늘에 있는 것이나, 아래로 땅에 있는 것이나, 땅 아래 물 속에 있는 것의 아무 형상이든지 만들지 말며, 그것들에게 절하지 말며, 그것들을 섬기지 말라.
3 너는 너의 하나님 여호와의 이름을 망령되이 일컫지 말라.
4 안식일을 기억하여 거룩히 지키라.
5 네 부모를 공경하라.
6 살인하지 말지니라.
7 간음하지 말지니라.
8 도적질하지 말지니라.
9 네 이웃에 대하여 거짓 증거하지 말지니라.
10 네 이웃의 집을 탐내지 말지니라.
11 나 여호와가 존재함을 믿는 그 자체가 구원의 길에 들어서는 기본이요, 근본이며, 나의 법전을 가슴에 안고 정독하는 자, 반석 위에 서서 하늘에 오르는 찬란한 빛을 보게 되는 영광을 얻게 됨이니라."
12 사랑하는 선지자야!
13 "네, 여호와 하나님! 말씀하옵소서."
14 눈물을 거두라. 네가 변하여 가면 되는 것이니라.
15 네가 지금 나의 계명을 외우며 우는 그 눈물은 너 자신이 견딜 수 없는 그 고통 속에서 몸부림치며 참회하는 그 눈물의 회개이니,

16 그만큼 네 마음이 다져질 것이며, 네
행동이 바를 것이며, 네가 가고자 하
는 그 모습이 바를 것이니, 너는 눈물
을 거두라, 선지자야!
17 "여호와 하나님!
18 저는 정녕 여호와 하나님께 기도드릴
자격이 없사오며, 제자들을 가르칠 만
한 용기도 없으며, 자신도 없사옵나이
다.
19 인간사에 깨우친 자, 한 점의 부끄러
움 없이 살아가는 자가 수없이 많으
며, 스스로 터득하여 남에게 부끄럽지
않은 행위를 하며 살아가는 자 수없이
많이 있으나,
20 이 더러운 인간은 하나님의 말씀을 들
으며 성령을 들으며 그 귀한 말씀으로
써 법전을 만들어 세상을 펴는 대명을
받은 자이면서도 이리도 바로 서지 못
하고 있사옵나이다.
21 어느 곳에서부터 시작하여야 할지 그
방향 자체도 모르고 있으며, 인간의
세속에 살던 그 삶을 지금도 벗어나지
못하고 그 길을 그리워하며 그 길을
가고자 하옵나이다.
22 저를 벌하여 주옵소서.
23 어찌하여야 하오리까, 여호와 하나
님!"
24 사랑하는 선지자야!
25 마음을 다스리라. 너 자신을 다스리라.
26 그리고 나 여호와를 위하여 기도하며
경배하고 묵상하라.
27 그리고 정녕 나의 피가 네 몸을 통하
여 나의 피조물 만백성에게 흐르는 그
물이라 생각하라.
28 너야말로 이 지구상에 오염이 하나도
없는 깨끗한 그 항아리로서, 나의 생
수를 담는 그 항아리라 네가 생각하라.
29 그리고 그 항아리의 역할을 지금서부
터 해야 할 것이니라.
30 사랑하는 선지자야!
31 곧게 가라. 그리고 바르게 가라.
32 너는 갈 수 있고 해낼 수 있음이니라.
33 네가 오늘 흘리는 그 눈물 속에는 너
의 반성과 회개가 있으며, 그리고 네
가 그를 지키고자 하며, 지켜 갈 수 있
는 네가 아니던가?
34 너는 할 수 있느니라.
35 모두를 다 버리라. 그리고 모두를 다
지워 버리고, 오로지 나 여호와를 향
하여 두 주먹을 불끈 쥐고 달려오는
네가 되어야 할 것이니라.
36 이제는 모두가 다 이루어질 것이니라.
37 나의 법전을 만들기 위하여 너를 돕는
자, 그리고 너희들이 말하는 금화와
은화로써 네가 법전을 만드는 데 부족
함이 없도록 그 모든 상을 다 내가 너
에게 내려 줄 것이니,
38 너는 지금 네가 마음의 각오로써 나에
게 눈물을 흘리는 그 회개의 기도를
헛되이 하지 말라.
39 오로지 네가 기도하고 회개하며 나에
게 반성의 눈물을 흘리며 네가 또 죄
를 짓고 너 자신을 다스리지 못한다
하면, 너는 정녕 네 제자들을 가르칠
만한 자격이 없으며, 수천 년 역사에
새로운 역사를 이루는 나의 뜻을 네가
이루지 못함이니라.
40 오늘 내가 너에게 내리니, 5월 8일 0
시를 기하여 너의 모두를 다 내가 용
서함이니라.

41 다 너를 사랑함이며, 이 이상 내가 더
사랑하고 더 용서할 수 없음이니, 네
가 지금 지키는 그 마음 자세로 살아
가야 할 것이며, 네가 이 성전을 지키
라.
42 이 성전에 네가 쇠사슬로 네 발목을
묶어 놓은 것처럼, 쇠사슬로 네 발목
을 묶어 놓은 것만이 묶음이 아니요,
묶지 아니하였어도 네 마음속에서 쇠
사슬로 네 발목을 묶으면 될 것이니,
선지자야, 그리 행하라. 그리고 지키
고 가라.

2,309 번째 하나님 말씀

2002년 5월 8일 08시 19분

1 사랑하는 선지자야!
2 "네, 여호와 하나님! 말씀하옵소서."
3 '나 외에 다른 신들을 네게 있게 하지
말라.' 하였음이니, 너희들은 여기서
깨닫기를, 다른 우상을 섬기며 다른
신을 섬기는 자와 같이 그리하지 아니
해야만 된다 생각하며 그리 아니 하려
노력하나,
4 너희들은 그러한 행위를 하고 있으니,
그 죄 또한 용서받을 수 없음을 알아
야 할 것이니라.
5 너희들에게 '도적질하지 말라.' 하였
느니라.
6 도적질한 자 용서받을 수 없으며, 거
짓 한 자 용서받을 수 없음을 알아야
될 것이니라.
7 '살인하지 말라.' 하였음이니, 너희들
이 살인을 하지 아니하려 발버둥치는
것이 당연한 것이며, 이미 살인한 자
용서받을 수 없음을 알아야 할 것이니
라.
8 '간음하지 말라.' 하였음이니라.
9 이미 간음한 자 용서받을 수 없음이
니, 내가 너희들에게 열 배의 그 원칙
을 깨우쳐 주었음이니, 그를 보상하고
그리 돌려놓을 수 있는 자 구원을 받
을 수 있음이니라.
10 오늘 내가 여기서 나의 선지자를 통하
여 나의 피조물 만백성에게 전하고자
이 대목을 다시 한 번 상기시킴이니라.
11 나로부터 구원을 받는 백성이요, 내
옆에 올 수 있는 백성은 그 혈통이 중
요함을 알아야 함이니라.
12 간음한 여자가 무엇으로써 그 열 배의
간음의 죄를 갚겠는가?
13 이제 너희들이 깨달아야 할 것이니라.
14 나의 혈통의 피가 흐르는 자는 간음하
지 아니한 자의 자식을 내가 말함이니
라.
15 간음하지 아니한 여자, 간음하지 아니
한 아들, 내가 간음을 하지 말라 하였
으니, 간음하지 아니한 나의 딸과 간
음하지 아니한 나의 아들의 그 자손만
이 나의 백성임을 너희들이 알아야 될
것이니라.
16 "여호와 하나님!
17 이 백성이 그와 같은 자, 그와 같은 혈
통을 지켜 나갈 수 있는 지금의 세상
이 아니옵나이다.
18 이를 감히 지킬 수도 없으며, 이가 여
호와 하나님의 혈통이라 한들, 그를
어찌 지켜 갈 수 있는 백성이 있겠사
옵나이까?
19 여호와 하나님!

20 정녕 그것이 하나님의 혈통이요, 하나
님께서 이 세상에 만들고자 하시는 낙
원에 살 자격이 있는 백성이라 하시옵
나이까?
21 이는 누구도 갈 수 없으며 누구도 지
킬 수 없사옵나이다.
22 이 지금의 형국으로써는 이를 다스릴
수가 없사옵나이다.
23 자식이 부모의 말을 듣지 않는 것도
극에 달하였으며, 자식이 부모를 무시
하는 것도 극에 달하였음이니,
24 그러니 남의 자식이 잘못 가는 것을
훈계하고 가르칠 수 있는 그와 같은
지금의 세상이 아니옵나이다.
25 남의 자식의 잘못된 것을 어른이라 하
여 훈계할 때, '네가 나에게 무엇을 해
주었냐?' 하며 힘으로써 대드는 이와
같은 형국이며,
26 아래위로 눈을 뜨는 그 모습이 두려워
감히 말을 할 수 없는 형국이 지금의
살아가는 이 형태이옵나이다."
27 그러니 내가 사탄의 뿌리요, 사악한
무리들이 지금 이 세상을 지배한다 말
하지 아니하였느냐?
28 부모가 자기 자식을 다스릴 수 없으
며, 부모가 자기 자식을 탓할 수가 없
으며, 부모가 자기 자식을 어찌할 수
없는 이와 같은 형태를 내가 모르고
있는 것이 아님이니라.
29 제 자식을 다스리지도 못하며 제 자식
을 관장하지도 못하는 지금의 세대에
그 자식이 남의 부모의 말을 듣겠는가?
30 그러니 너희들이 생각하기에는 모두
악하며 사악하며, 극에 달하여 있다는
것을 너희들이 알 것이니, 지금의 형
국이 어떠한 세대라 너희들이 말하느
냐?
31 그리하여 그 속에서 십계명을 지키고
사는 너희들이 가장 불행한 자들이며
모두를 다 잃고 사는 자들이라 하였음
이니,
32 그 자손의 씨가 또 퍼짐으로 인하여
시대가 변하여 이룰 수 있는 희생양이
있다 하였음이니, 곧 너희들이 희생양
이라 하였음이니라.
33 나 여호와는 여기서 나의 뜻을 나의
선지자를 통하여 너희들에게 전함이
니, 이를 명심하여 들어야 할 것이니
라.
34 간음이라는 그 죄목을 너희들은 그리
넘기지 말라.
35 간음하지 아니한 나의 딸, 간음하지
아니한 나의 아들, 그들이 생산하는
백성만이 나에게 올 수 있는 백성이며
나의 자식이요, 나의 아들딸임을 내가
오늘 너희들에게 선포하니,
36 이를 너희들이 지키고 못 지키는 것은
너희들에게 달렸음이나, 이는 엄연한
하늘의 뜻이며 하늘의 이치임을 알라.
37 "여호와 하나님!
38 이는 정녕 지금 이 세대에서 지킬 수
없으며, 지켜 갈 수 없사옵나이다.
39 지금 이러한 자를 갖다 하나님의 자식
이라 말한다면 누구도 여호와 하나님
의 자식으로서 그 혈통을 지키고 갈
사람이 없사옵나이다."
40 선지자야,
41 그리 보지 말라. 네가 잘못됨이니라.
42 그리 보는 나의 피조물 백성들이 잘못
됨이니라.

43 그와 같이 가는 나의 백성들이요, 나
의 아들과 딸들이 있음이니라.
44 이제 그 혈통을 지키며 그 자리를 지
키는 자만이, 그 자식만이 구원을 받
을 수 있는 자식이요, 나에게 오를 수
있는 자식이라는 것을 너는 너의 제자
들과 나의 피조물 만백성에게 전하면
될 것이니,
45 네가 어찌 눈물로써 나에게 갑론을박
하려 하며 네가 눈물로써 나에게 거부
하려 하는가?
46 이것이 간음하지 아니하는 자식이요,
간통하지 않는 자식이요, 내가 어찌
간음하고 간통하는 자식을 나의 혈통
이요, 나의 자식이라 말할 수 있겠는
가?
47 너는 어찌하여 너희들의 지금의 생각
만을 나에게 말하며, 나 여호와가 하
늘의 법도를 깨우쳐 주고 가르쳐 주는
것은 어찌하여 듣지 아니하고 행하려
하지 않는가?
48 이것이 하늘에 오르는 길임을 알라.
49 이것이 나의 피를 받아 가는 혈통의
자식이요, 나의 아들이요, 딸임을 알
라.
50 이 자식만을 천 년에 걸쳐 세상에 살
도록 하는 것이 나의 뜻이니, 그와 같
은 것을 지키지 못한다 하면 나의 아
들과 딸들이 아님을 너희들은 알아야
할 것이니, 그 계명을 그리 지나치지
말라.
51 그러기에 내가 나의 아들 예수에게 가
르쳐 준 그 계명의 뜻과 직접 너희들
에게 지키라는 원본이 세상에 나오지
못하며, 고개를 들지 못하며, 내놓지
를 못함이니라.
52 누구도 그를 따를 자가 없기 때문이니
라.
53 내가 나의 법전을 접하는 자, 너희들
의 머리에 손을 얹고 모든 죄를 다 용
서한다 하였음이니, 그 뜻이 어디 있
는지 아는가?
54 오로지 나만이 너희들을 용서할 수 있
고 다스릴 수 있음이니라.
55 너희들 자식을 그리 가르치라.
56 너희 자식들을 어려서부터 그리 지키
고 가도록 가르치며, 그 자손만이 나
의 피를 계승하는 나의 아들이요, 딸
임을 알라.
57 "여호와 하나님!
58 숨이 가쁘옵나이다. 그리고 지탱할 수
없사옵나이다.
59 이 무서움 속에서 저 자신이 지킬 수
가 없사옵나이다.
60 두렵사옵나이다.
61 이를 전하기는 하겠나이다. 그리고 저
의 제자요, 하나님의 백성들에게 전하
겠나이다.
62 그러나 그 모두는 그저 전하는 것으로
써 저의 소임을 다하겠사옵나이다."

2,310 번째 하나님 말씀

2002년 5월 8일 08시 39분

1 사랑하는 선지자야!
2 정녕 나의 딸과 나의 아들이 얼마나
아름답고 순결하게 살아가야 하는지
아는가?
3 정해진 너희들의 만남 외에 어떠한 행
위도 용서할 수 없다 하였음이니라.

4 오늘 내가 나의 선지자를 통하여 나의
피조물 만백성에게 하늘의 자식이라
는 그 증표를 알려 주었음이니, 너희
들이 알아야 될 것이니라.
5 너를 따르는 제자들은 오늘, 너희들이
말하는 5월 8일 0시를 기하여 너희들
의 지난 모든 과거를, 간음이요, 간통
이요, 그 죄 또한 다 용서해 줌이니,
6 그 후부터 그러한 행위를 하는 자 용
서할 수 없으며, 성전에 들어오지 아
니하도록 각자 행하도록 하라. 그리고
나의 법전을 접하지 말라 이르라.
7 이는 나의 뜻을 어겼음이니라.
8 그리고 나의 피조물 만백성은 이 법전
이 나가 저희들이 접하여 읽는 그 순
간, 그 후부터 저희들이 시행하지 아
니하는 자, 정녕 구원의 기초가 아니
되었음을 알아야 될 것이며, 정녕 구
원받을 수 없으며 구원의 길이 없음이
라 하라.
9 지금까지 저희들이 살아옴을 내가 용
서함은 아니니라.
10 다만 나의 법전을 접한 이후부터 그리
행하는 자, 그들에게 나의 아들이요,
나의 딸이 될 수 있는 단 한 번의 기회
를 다시 내림이니라.
11 너희들이 이것을 깨닫지 못하고 죽어
오는 자, 그리고 '간음하지 말라.'는 나
의 십계명을 지키지 아니하는 자, 그
는 나의 아들과 나의 딸이 아님을 오
늘 나의 피조물 만백성 너희들에게 전
함이니,
12 이 무서운 이치요, 이 뜻을 깨달아, 너
희들이 말하는 단순한 나의 피를 이어
주는 순종의 나의 자식들만이 천 년
후에 이 세상에 살아간다는 이 엄연한
사실을 너희들은 알아야 할 것이니라.
13 내가 십계명에 명한 '간음하지 말라.'
한 것을, 간음한 자 그가 정녕 무엇으
로써 열 배의 보상을 할 것이며, 그가
무엇으로써 나에게 구원받을 수 있다
생각하는가?
14 너희들은 계명을 지키는 것이 첫 번째
로 중요하나, 계명을 지키지 아니하고
살아온 자 용서받지 못함이 있음을 알
아야 될 것이니라.
15 과연 그를 용서받을 수 있는 것인가,
용서받을 수 없는 것인가?
16 용서받을 수 없는 대목을 내가 오늘
선지자를 통하여 너희들에게 명하니,
17 너의 제자들은 오늘 0시를 기하여 너
희들의 그 모두를 다 용서할 것이며,
18 다시 한 번 그와 같은 행위를 하는 자,
나의 법전을 접하지 말며 나의 성전에
오지를 말며 나를 찾지 말라 이르라.
19 너희들이 목숨을 바쳐 그를 지키고 시
행하는 것을 내가 하늘에서 내려다봄
이니라.
20 너희들의 자식들에게도 또 그리 가르
치라.
21 그리고 나의 법전을 접하는 백성들이
이 글귀를 읽고도 자세가 흐트러지는
자, 구원의 길에 용서를 받을 기회조
차도 없음을 알라 전하라.
22 그리하여 이를 모르고 살아오는 자들
은 나와는 아무런 관계도 없는 백성임
을 알라 그리 전하라.
23 이는 내가 선지자를 세상에 내보냈음
이요, 나의 아들을 세상에 내보냈으며,
24 그가 160권의 법전을 써 너희들을 구

원하고자 하는 나의 뜻을 따라 순종하
며, 선지자가 그리 가고자 그 목숨을
내놓는 것보다도 더 무서운 신념과 그
뜻으로써 지키고자 하는, 선지자가 가
고자 하는 그 상으로 내가 너희들에게
5월 8일 0시를 기하여 이를 다시 한
번 기회를 줌이니라.
25 그리고 모든 피조물 만백성 너희들은
나의 이 법전의 대목을 읽는 그 후부
터 너희들이 하늘에 오르는 빛을 보고
못 봄이 여기 있음을 그리 알라.
26 모든 사탄이요, 사악한 무리들이 놀랄
일이며, 그들이 지금 몸 둘 바를 모르
느니라.
27 그들이 정녕 순결을 지킨 나의 아들딸
들에게는 침투하지 못하며 근접하지
못함이니라.
28 그것이 무너진 자, 그곳에서부터 사악
한 마음이 그를 지배하며, 그것이 바
로 사탄이요, 사악한 자의 자식이 됨
이니, 이게 그의 증표이니 그리 알라.
29 그리하기 때문에 지금 사탄들이 온 세
상을 뒤덮고 있으며, 나의 선지자를
죽이려 하며, 나의 선지자를 쓰러뜨리
려 함이니,
30 너희들은 선지자가 죽는다 하여도, 쓰
러진다 하여도 이 대목을 읽어야 할
것이며,
31 두 번 다시 선지자는 이를 거론하지
못할 것이니라. 그리고 두 번 다시 너
희들에게 전하지 아니할 것이니라.
32 이것 하나로써 사탄들의 씨가 말라져
가는 이 나의 명령이요, 하늘의 뜻이
요, 천기를 내려보냄이니,
33 이와 같은 자식들에게는 사탄이 감히
침투하지 못함이니,
34 너희들이 오늘 이 시간부터 지킴으로
써 사탄이 너희들에게 침투하지 못하
며 너희들을 이용하지 못함이니라.
35 너의 제자들이 이를 지켜야 나의 선지
자를 팔아먹는 그와 같은 사탄의 씨앗
이 없어짐을 알게 될 것이니라.
36 그리고 나의 아들 선지자를 지키기 위
하여 내가 너희들에게 천기를 또 하나
누설해 줌이니, 이 비밀을 간직하고
그대로 시행하라.

2,311 번째 하나님 말씀

2002년 5월 8일 14시 42분

1 사랑하는 선지자야!
2 "네, 여호와 하나님! 말씀하옵소서."
3 내가 너희들 자신의 그 고고한 순결을
지키는 자, 그가 나의 딸이요, 나의 아
들이라 하였으며, 그 자식이 또한 나
의 피를 받는 나의 딸이요, 나의 아들
이라 말하였음이니라.
4 너는 너의 제자들에게 일러야 할 것이
니라.
5 내가 오늘을 기하여 너희들의 그 모두
를 다 용서한다 하였으며, 너희들이
새로 태어났다 하였음이니,
6 너희들이 이 순간부터 나의 계명 중의
하나인 간음을 행할 때, 너희들은 그
얼마나 무서운 죄의 대가를 치러야 되
는지 알아야 될 것이며, 내가 너희들
에게 그 영광의 면죄부를 주었음이니,
7 이 순간 이후에 너희들이 간음이라는
그 죄를 짓거든 스스로 목숨을 끊으라
그리 이르라.

8 너희들이 차라리 목숨을 끊어 나에게
사죄하는 것만 못할 것이니, 그 길고
도 긴 고통의 역사를 너희들은 견딜
수 없을 것이니라.
9 너희들이 나로부터 영광의 축복을 받
았으며 낙원에 존재하고 사는 그와 같
은 영광을 얻은 자로서 그를 저버리고
지옥으로 가,
10 내가 너희들을 다시 태어난 생명으로
서 너희들의 모든 죄의 면죄부를 준
이 순간에 너희들이 다시 그와 같은
행위를 하는 자, 나를 속이며 간음하
는 자, 너희들 스스로 그 죄를 감당할
수 없으며 그 고통을 이길 수 없으니,
스스로 육신의 그 목숨을 끊으라 하라.
11 너희들이 목숨을 끊는 것과 마찬가지
로, 그 목숨을 끊는 한이 있어도 너희
들 자신을 지키지 아니하면 나의 계명
을 지키지 아니하는 자니, 너희들이
구원을 받을 수 없을 것이니라.
12 나의 피조물 만백성 열 명 중에 아홉
명이라는 자들이 이를 지키고 시행한
다면 이 세상에 추하고 더러운 사악한
씨들이 나오지 아니할 것이며, 그리고
악한 자들이, 악마들이 이 세상을 지
배하지는 아니할 것이니라.
13 너희들은 이를 지켜야 될 것이니라.
14 오늘 이후에 너희들이 그를 지키지 못
하거든, 너희 스스로 목숨을 끊으라.
15 너희들이 목숨을 끊을망정 간음하는
죄는 짓지 말라.
16 이는 열 배로써도 용서받을 수 없으며
백 배로써도 용서받을 수 없는 죄 중
의 하나이기에, 이는 너희 스스로 지
금서부터 지켜 가는 길밖에 없음이니
라.
17 오늘까지 지나온 너희들의 그 모두를
다 용서할 것이며, 나 여호와가 0시를
기하여 너희들을 다 용서함이니,
18 선지자를 위시하여 너의 제자들, 그리
고 나의 법전을 읽은 백성은 이를 시
행하지 아니한다 하면 너희들은 차라
리 죽음만 못함이니 그리 알라 이르라.

2,312 번째 하나님 말씀

2002년 5월 8일 21시 13분

(강론을 마치며)

1 사랑하는 선지자야!
2 "네, 여호와 하나님! 말씀하옵소서."
3 너의 제자들에게 이르라.
4 내가 너희들을 바라보는 그 마음의 기
쁨은 나 외에는 아무도 모를 것이니라.
5 너희들이 오늘 나의 법전을 통하여 공
부하며 듣지 않았던가?
6 60살 먹은 자식을 보고 80살이 넘은
그 노모가 외나무다리를 건너면서 조
심하라 했던 그 마음이 무엇이더냐?
7 사랑과 인자함이니라.
8 내가 그보다도 더 기쁜 마음으로 너희
들을 바라보고 있음이니, 내가 선지자
를 통하여 천기를 너희들에게 내려 너
희들이 시행하도록 강조하며 가르치
는 것은 너희들이 그만큼 이해하고 받
아들일 수 있도록 성장한 나의 백성이
기에 나 여호와가 너희들을 믿어 채근
함이니라.
9 이 얼마나 나 여호와의 마음이 기쁜가
를 너희들은 알겠는가?
10 구구단을 모르는 아이에게 어려운 수

학이라는 것을 풀라 말하며 그에게 매
질을 한다 하면 그가 받아들이겠느냐?
11 그는 눈물을 흘리면서 그를 가르치는
선생을 원망하지 않겠는가?
12 내가 너희들에게 명하여 이를 지키라
저를 지키라 명할 수 있음은, 너희들
이 받아들일 수 있으며 그만큼 깨우쳐
나 여호와에게 근접해 와 있음이니,
13 하늘과 땅 사이에 내 옆에 와 있는 것
은 너희들뿐이기 때문이니라.
14 누군가는 희생을 해서 이 길을 가야
되지 아니하던가?
15 내가 선지자를 통해서 너희들에게 말
하여 일렀느니라, 나의 계명을 지키고
가는 것이 얼마나 힘들고 어려운 길이
며 가시밭길인가를.
16 그리고 너희들에게 일렀느니라.
17 '나'는 존재하지 아니하며 '너'만이 존
재하는 그 삶을 살라 말하는 나 여호
와의 마음이 어떻겠는가?
18 너희들은 너희들 앞에 쌓아 놓아야 되
며, 너희들이 가져야 되며, 너희 처자
식들과 생활을 꾸려 갈 것은 있어야
함이니라.
19 그러나 그를 버리고 가라 함이며, 자
기를 생각하기 전에, 앞에 있는 사람
을 생각하며 자신을 잊으라 하는 그
말을 내리는 나 여호와의 마음은 어떠
하겠는가?
20 너희들은 듣고 깨우쳐야 할 것이니라.
21 구약 시대의 그 역사의 세월이 흘렀으
며, 나의 사랑하는 아들이 목숨을 던
진 신약 시대를 거치며, 제3의 시대,
내가 직접 통제하는 이 시대에 선택된
백성이니, 너희들이 어찌해야 되겠는
가?
22 내가 새로 이루고자 하는 그 역사가
'내가 아닌 너를 위해 사는 시대'며,
나의 계명을 지키는 자들만이 이 세상
에 존재하는 시대가 내가 이루고자 하
는 그 시대라 하면,
23 너희들 누군가는 이를 지켜 가고 지금
서부터 이루어야 되지 않겠는가?
24 씨앗을 뿌리고 그 씨앗을 가꾸는 농부
가 있어 그것을 추수할 수 있듯이, 바
로 너희들이 오늘에 그와 같이 선택된
백성이니, 너희들의 마음이 얼마나 아
프고 저려 오겠는가?
25 너희들은 번뇌할 것이니라, 과연 너희
가 이를 지키고 갈 수 있을 것인가를.
26 너희들은 나의 성전을 떠나며 내가 너
희들에게 순결을 지키며 간음하지 말
라 하였음이니,
27 너희들이 이를 지키지 못하면 스스로
목숨을 던져 나에게 와 그 무서운 벌
을 받지 말라 하였음이니,
28 너희들이 감내할 수 없는 그 벌의 길
을 가지 말라 하여 너희들에게 일러
주었음이니, 이는 너희들이 깊이 깨우
쳐 행하여야 될 것이니라.
29 너희들은 나의 선지자를 통하여 명하
는 것을 들었을 것이니라.
30 자신의 소중함을 알라 내가 말하였느
니라.
31 이 세상 너희들이 살아가면서 나로부
터 생명을 받았으니, 너희들이 살아가
는 첫 번째가 무엇이냐?
32 자신이 가장 소중한 사람이라는 것을
먼저 깨우치라 하였음이니라.
33 그리고 자기 자리를 지키는 사람으로

서 살아가라 하였음이니라.
34 자기 자신을 지키지 못하고 무너진 자
는 나의 자식이 아니라 함은 그는 무
너지는 그 순간에 사탄이요, 사악한
자식으로서 그 이름을 등록함이니, 그
를 어찌하여야 되겠는가?
35 여기에 모두가 있음이니라.
36 누군가는 지키고 행하여 갈 길이 있느
니라.
37 너희들이 엄동설한에 징검다리를 놓
아야만 많은 사람들이 옷을 벗지 않고
건널 수 있지 않겠는가?
38 그 다리를 누가 놓아야 되는가?
39 누군가는 희생자가 있어야 되지 않겠
는가?
40 그리고 그 다리를 놓는 자가 있어야
되지 않겠는가?
41 엄동설한에 발이 빠져도 그 추운 강물
을 건너는 사람들을 위하여 누군가는
다리를 놓아야 됨이니, 너희가 바로
엄동설한에 살이 찢어지는 고통을 무
릅쓰고 그 돌다리를 놓아 줌이니,
42 많은 사람들이 옷을 벗는 그 고통을
겪지 아니하고, 노인이요, 젊은이요,
아이들이 건너갈 수 있는 그 길을 놓
는 것이 너희들이니라.
43 바로 시작이니라.
44 누군가는 가야 하지 않겠는가?
45 그게 바로 선택된 너희들이니라.
46 그리하여 내가 너희들의 이름을 낙원
에 걸어 놓았음이니, 너희들 이름을
그냥 걸어 놓은 것이 아님을 알라.
47 나의 피조물 만백성이 말할 것이니라.
48 어찌하여 여호와의 선지자와 제자들
만이 그 나이에 낙원에 하나님께서 그
리 쉽게 이름을 걸어 놓았느냐 할 것
이니라. 그러니라.
49 쉽게 걸어 놓았느니라.
50 그들이 말하거든 그리 말하라.
51 '우리 이름은 그리 쉽게 건너가 하나
님께서 낙원에 걸었다.' 말하라.
52 그러나 너희들은 그 앞에 서기 위해서
하나 둘 너희들이 지키고 가야 할 것
이 있으니,
53 내가 내리는 명령이요, 그 고비를 다
넘어야만 너희들이 그 앞에 설 수 있
다 말하며,
54 지금서부터 너희는 그 시련의 길을 가
고 있는 것이며, '하나님의 뜻으로 살
아가고자 하는 우리는 그 반석 위에
발을 디뎌 놓았다.' 그리 말하며, '험난
하고 험난한 그 길을 우리는 넘어야만
그 낙원의 이름 앞에 설 수 있다.' 그
리 말하라.
55 너희들은 그 대가를 지금서부터 치르
고 가는 것이니라.
56 나 여호와의 뜻을 너희들이 알겠는가?

2,313 번째 하나님 말씀

2002년 5월 9일 0시 32분

1 사랑하는 선지자야!
2 "네, 여호와 하나님! 말씀하옵소서."
3 너를 따르는 제자들의 그 깨우침과 그
들이 행하며 살아가고자 하는 그 마음
이 나 여호와가 보기에 그리도 갸륵하
고 기특하도다.
4 이제는 너의 제자들이 알아야 할 것이
있느니라.
5 내가 너희들에게 내리는 작은 것도 소

홀히 듣지 말며 깊이 깨우쳐 행하는
그와 같은 삶을 살라 내가 너희들에게
일렀듯이,
6 이제 나의 법전을 접하며 그를 읽고
깨우치고 그 장장을 넘기는 너희들이
그때마다 내가 원하는 것이 무엇이며,
내가 이루고자 하는 것이 무엇이며,
내가 너희들에게 원하는 것이 무엇인
가를 그 장 속에서 깨우쳐야 될 것이
며,
7 그를 정녕 정독하고 정독하여야만 나
의 뜻을 알 수 있음을 알아야 할 것이
니라.
8 내가 너희들에게 하나를 가르치면 그
뜻을 알아야 될 것이며, 내가 너희들
에게 하나를 전하는 그 단어의 뜻을
너희들이 깊이 음미하고 생각함으로
인하여 나의 뜻을 알게 됨이니,
9 나의 뜻을 알고 깨우치는 자, 정녕 나
의 법전이 위대함이며 이는 나의 성령
으로써 나의 피조물 만백성을 구하기
위하여 세상에 내려간 것임을 알게 될
것이니라.
10 너희들이 읽는 모든 책들처럼 그저 책
장을 넘기는 자, 그 의미를 알 수 없음
이니라.
11 내가 예수와 같은 삶을 사는 자만이
나의 아들 예수가 행하고자 했던 그
뜻을 알 수 있다 말하였음이니,
12 너희들이 나의 법전을 접하는 그 순간
에 나의 법전에서 내가 원하는 것이
무엇이며 너희들에게 깨우쳐 주고자
하는 것이 무엇이며 내가 이끌고자 하
는 것이 무엇인가를 그 의미를 알며,
단어 하나하나의 그 뜻의 깊이를 알지
아니하면, 너희들은 어린아이들의 도
덕책만도 못한 그와 같은 책으로 볼
것이며,
13 그 뜻을 깊이 음미하고 깨우치는 자,
그 속에 있는 나의 뜻을 알게 됨이니,
스스로 놀라움을 얻게 될 것이니라.
14 그리고 너희들이 변함을 알게 될 것이
며, 너희들이 깨우쳐 감을 알게 될 것
이며, 너희들이 행하는 것이 무엇이
며, 너희들이 꼭 행하지 아니하면 얼
마나 어렵고 힘들며 무서운가를 알게
될 것이니, 그리 한 구절 한 구절 그
의미를 깨닫고 정독하라.
15 이제는 그와 같이 너희들이 나의 법전
을 읽을 때가 되었음이니라.
16 그리고 너희들이 나의 성전에 와 무엇
인가를 깨우치고자 왔다 가는 사람을
붙들지 말라.
17 너희들이 아무리 그들을 달래며 그를
돌려놓으려 해도 그들이 너희 말을 듣
지 아니함이니,
18 그는 이미 마음이 떠났으며 정신이 떠
났으며, 이미 나에게 오르는 길을 포
기한 자이며, 사악한 자의 유혹에 빠
져 있음이니, 그를 너희들이 어찌 구
제하겠는가?
19 그저 그가 다시 깨우치고 돌아올 때까
지 너희들이 기다리는 수밖에 없음이
니라.
20 그들이 돌아섬을 너희들이 가슴 아파
하며 슬퍼하지 말라.
21 그들이 다시 돌아올 날이 있을 것이니
그리 알라.

2,314 번째 하나님 말씀

2002년 5월 9일 07시 29분

1 사랑하는 선지자야!
2 "네, 여호와 하나님! 말씀하옵소서."
3 너희들은 어찌하여 자식을 바로 서고
바로 가게 하기 위하여 그 자식에게
매질을 하는 부모의 심정을 모르는가?
4 너희들은 자식이 잘못되어 도저히 그
를 구원할 수 없을 때, 부모 또한 그
자식으로부터 손을 놓음이니, 그게 포
기함이니라.
5 내가 너희들에게 어렵고 힘든 그 길을
가도록 명함은 너희들을 사랑하기 때
문이며, 너희들로 하여금 새로 지상의
낙원을 이루고자 하는 것이 나의 뜻이
니,
6 하늘에서 이루어진 것같이 이 땅에서
이루어진다는 그 소원의 뜻을 이루기
위해서는 어찌 가야 되는가?
7 그 씨앗을 세상에 뿌려야만 되지 아니
하는가?
8 너희들이 바로 누구이던가?
9 너희들이 말하는 하늘에서 이루어진
것같이 지상에서 이룰 수 있는 바로
그 기초요, 기본인 씨앗이니라.
10 그리하여 내가 천기인 하늘의 비밀을
너희들에게 이리 지키라 말하며 직접
명하는 것이며, 너희들에게 '간음하지
말라.' 하였음이니라.
11 간음하는 자, 죽음으로써 나에게 모두
를 사죄하며, 차라리 죽으라 하였음이
니,
12 이것이 얼마나 어버이로서 가슴 아픈
말이며, 얼마나 너희들을 사랑하기에
그 말을 내가 내리는 것인가?
13 정녕 나 여호와가 너희들을 사랑하고
있음을 모르는가?
14 순결을 지키는 자만이 나의 아들이요,
딸이라 말하였음이니라.
15 그를 지키지 아니하는 자, 나의 아들
이요, 딸이라 말할 수 없다 말하였음
이니라.
16 이는 곧 무엇을 의미하는 것이더냐?
17 그와 같은 길을 가지 아니하는 자, 사
탄에게 그들이 팔려 가며 그들이 사탄
에게 버려진 자라 하였음이니, 나의
자식이 아니라 말하였음이니라.
18 그러하기에 내가 그들을 얼마나 사랑
하고 소중히 아끼면 그 길을 가라 명
하며 너희들에게 매질을 하겠는가?
19 내가 너희들을 포기하고 버린다 하면
그 어렵고 힘든 나의 명을 너희들에게
내릴 이유도 없으며, 너희들에게 지키
라 강요할 필요도 없음이니라.
20 그러나 너희들은 바로 누구더냐?
21 내가 이루고자 하는 새로운 역사의 지
상 낙원의 실현을 너희들이 실천하는
자이며, 너희들의 희생으로만이 모두
가 시작됨이니라.
22 그리고 너희들을 받쳐 주는 백성이 또
누가 있는가?
23 너희들의 후손이 누가 있느냐?
24 그들이 바로 순결을 지키고 살아가는
자들이니라.
25 그들이 너희들을 받쳐 주는 힘이요,
너희들의 자식이요, 너희들의 후손임
을 알아야 할 것이니라.
26 그러기에 너희들에게 어렵고 힘든 길
을 가라 함이니라.

27 그렇지 아니하면 나의 아들이 아니요,
나의 딸이 아니요, 나의 성령이 임한
자가 아님이니, 이것이 바로 성령이
내려와 너희들을 심판하고 구분함이
니라.
28 너희들은 성령이 내려와 너희들을 구
분하느냐?
29 그저 너희들이 손으로 지은 그 성전에
가 나의 아들 예수를 부르며 나 여호
와를 찾는 것으로써 너희들은 구원의
길에 들어선 자며 구원의 길에 선택된
자라 말하니, 그리 쉽게 생각하지 말
라.
30 하늘에 오르는 길이요, 나에게 구원을
받는 것이 그리 쉽고 간단한 것이 아
니니라.
31 너희들이 나로부터 구원을 받고 나에
게 오를 수 있는 것은 너희들이 지켜
야 할 그 덕목이 있고 행해야 할 조건
이 있음이니라.
32 내가 바로 너희들에게 십계명이라는
그 명을 내려 지키라 한 이유가 여기
있음이니라.
33 나의 아들 예수가 그리 처참히 죽어
가며 그가 남긴 말이 무엇인지 아는가?
34 '나의 아버지가 내리신 그 계명을 지
키고 사는 것만이 구원의 길이라.' 말
하였으니,
35 너희들이 그 음성의 기록은 삭제하였
으며 그 원본을 내놓지 아니함이니라.
36 지금 내가 나의 선지자를 통하여 너희
들에게 지키라 명하는 것이 무엇이던
가?
37 나의 십계명에 있는 그 구절을 풀이하
여 너희들이 지켜야 될 그 이유를 내
가 설명해 주며, 이를 보고 깨우쳐 너
희들이 행하도록 하라 함이니라.
38 너희들은 어찌하여 그와 같이 어렵고
힘든 그 길을, 그저 나의 아들 예수의
이름을 찾으며 너희들이 손으로 지은
그 성전에 가 잘못 가르치는 종교 지
도자들의 세 치 혓바닥에 현혹되어 재
물과 물질을 바치며 기도하고 경배하
면, 그리고 그 성전에 들어서는 순간
에 너희들은 구원을 받았다 말하는가?
39 그리 말하지 말라.
40 그와 같은 쉽고 간단한 방법으로써 너
희들이 구원을 받을 수 있다면 이 세
상 많은 피조물 만백성이 구원받지 못
할 자 없으며,
41 나의 십계명을 지키지 아니하여도 구
원을 받을 수 있다 하는 그런 말 하지
말라.
42 그것을 지키지 아니하고도 너희들이
구원받을 수 있다면 누구나 다 구원받
을 수 있으며 하늘에 오를 수 있음이
니,
43 너희들은 바로 이 약점을 이용하여 사
악한 행위를 하고 있음이니라.
44 인간으로서 그를 지킬 수 없다고 미리
겁먹고 등 돌리고 돌아선 그 백성들에
게 너희들이 간악한 혓바닥으로 '십계
명을 지키지 아니하여도 구원받을 수
있음이니, 나에게 와 금화와 은화를
바치고 내 뜻에 따라 기도하고 경배하
며 내 발 밑에 구부려 눈물의 기도를
하라.' 그리하니,
45 그들은 그 길을 선택하여 바로 어디로
가는 것이냐?
46 그 순간 너희들의 말을 듣고 따르는

그들은 지옥으로 감이니라.
47 너희들은 어렵고 힘든 길을 가야 함을
알라.
48 바늘구멍으로 통과하는 그 어렵고 힘
든 고행의 길을 선택하여 가는 것이
너희들이 구원의 길에 들어서는 것이
니라.
49 너희들은 그 이치를 깨닫지 못하면 구
원받을 수 없음을 알라.

2,315 번째 하나님 말씀

2002년 5월 9일 07시 48분

1 사랑하는 선지자야!
2 "네, 여호와 하나님! 말씀하옵소서."
3 지금 나를 향하여 가는 피조물 만백성
의 그 믿음이 정상적인 것으로써 정도
의 길이요, 바른 믿음이라 하면 이 법
전은 세상에 나오지 아니하였을 것이
니라.
4 저희들이 손으로 지은 그 성전에 와
금화와 은화를 바치며 경배하는 기도
를 드리면 무조건 구원을 받는다 그리
가르치는 자들이,
5 그리고 나의 성전이라 하여 저희들이
지어 놓은 그것이 정녕 나의 뜻에 의
하여 오는 길이며 하늘에 오르는 길이
라 하면,
6 나는 너희들을 사랑할 것이며, 너희들
을 가륵히 여길 것이며, 너희들에게
힘과 용기를 줄 것이며,
7 지금과 같이 나의 선지자를 달구어 그
에게 나의 성령을 내려보내어 법전이
라 하여 전하는 이 160권의 책이 세상
에 나오지 아니하였으며 나올 필요도
없었음이니라.
8 그러나 너희들은 나와는 아무런 관계
도 없는 그와 같은 사악한 지옥의 불
로 가는 길을 인도하고 그 길로 가고
있기에,
9 내가 지금 너희들이 보고 읽고 깨우쳐
구원을 받을 수 있는 나의 법전이라
하여 세상에 내려보냄이니, 이 이치를
너희들은 어찌 모르는가?
10 너희들은 지금 그리 말할 것이니라.
11 이는 사탄이요, 마지막 종말의 시대에
오는 사악한 자의 행위라 말할 것이
니, 그리하여 너희들이 이가 가는 길
을 덮으려 할 것이니라.
12 나의 아들 예수를 죽이고 그와 같이
처참히 십자가에 매달려 죽게 한 자들
이 뭐라 말하였는가?
13 그들은 그 당시에 그리 말하였느니라.
14 그는 나 여호와의 아들이 아니요, 그
는 정녕 만백성의 왕이 아니며 저희들
과는 관계도 없는 사악한 자라 그리
말하고 핍박하여 그를 죽였음이니,
15 지금 너희들이 바로 나의 법전이 마지
막 시대에 내려오는 사악한 자의 장난
이라 그리 말하며 이를 핍박하고 태워
버리고 찢어 버리니,
16 예수가 십자가에 매달려 그 고통의 시
련을 겪고 죽게 한 장본인들의 그 행
위와 지금 이것이 잘못된 것이요, 사
탄의 짓이라 부르짖는 너희들의 그 행
위가 무엇이 다르던가?
17 예수를 십자가에 못 박아 죽인 그 사
악한 자들과 지금 나의 법전이 잘못된
것이라 하여 태우고 찢어 버리는 자와
다른 것이 무엇이 있는가?

18 너희들은 여기서 알아야 될 것이니라.

19 정녕 너희들이 가는 길이 맞고 옳다면 내가 너희들이 가는 길에 힘과 용기를 줄 것이며 너희들을 격찬할 것이나,

20 내가 너희들을 버리고 새로이 나의 성령을 160권의 법전에 담아 내려보내 너희들을 깨우치고 다스리고자 하니,

21 나의 법전이 세상에 나가는 것이 사악한 짓이요, 사악한 자의 장난이며 사탄의 장난이라 너희들이 말한다면, 여기서 너희들은 하나 짚고 넘어가야 할 것이 있느니라.

22 지금 나의 법전이 세상에 나가며, 너희들이 지금 듣고 구원의 길이라 하는 구약과 신약보다도 나의 성령이 기록된 이 법전을 더 많은 나의 피조물 만백성이 읽고 깨우치며,

23 이 법전이 세상을 덮어 나의 피조물 만백성을 바로잡아 가는 그 역사가 구약과 신약이 이룬 그 역사보다 더 방대하여지며, 더 광대한 방법으로써 나의 피조물 만백성이 이를 따른다 하면,

24 너희들은 그때 가서도 과연 이것이 이단이요, 사탄의 장난이라 말할 수 있겠는가?

25 나의 성령으로써 나의 피조물 만백성을 구원하고자 내리는 것이 아니면 그와 같은 역사가 이루어질 수 없음이니, 이것으로써 너희들이 과연 판가름할 수 있겠는가?

26 너희들은 지금 너희들이 듣고 성전에 가 구원을 받는다는 그 성경보다도 더 많은 나의 피조물 만백성이 나의 법전을 접하며 이게 옳다 말한다면 과연 어찌하겠는가?

27 지금 너희들의 성전이라는 곳에 가 기도하고 경배하던 나의 피조물 백성들이 뭐라 하는가?

28 이 법전을 따르며, 나의 성전에 와 나의 선지자를 통하여 내가 내리는 그 음성을 듣고 그들이 옳다 말하며 고개 숙여 듣고 있음이니,

29 그들에게 너희들이 손으로 지은 성전에서 가르치는 것처럼 기복 신앙의 대표와 같이 '너희들에게 복을 주라, 영광을 주라, 하나님의 은총이 있을 것이다, 구원받을 것이다.' 하는 그러한 달콤한 말로 그들을 가르치고 깨우친다 생각하는가?

30 너희들의 그와 같은 말을 듣고 그와 같은 말에 현혹되어 축복 속에 생활하던 그들이 등을 돌려 나의 성전에 와 내가 선지자를 통하여 내리는 그 성령의 음성을 듣고 있는 그들은 무엇인 줄 알겠느냐?

31 '간음하면 죽음이니 간음을 하지 말라, 그리고 순결을 지키라, 도둑질하지 말라, 나쁜 짓 하지 말라, 그리고 변하지 아니하는 자는 이 성전에 오지 말라.' 하며,

32 인간으로서는 견딜 수 없는 그와 같은 고통과 시련의 음성만을, 내 뜻을 전하고 또 그들에게 다그침이니, 그것을 들으면서 그들이 이 성전에 나오고 있음이니라.

33 그 고통과 시련의 길을 가면서 육신의 모든 부귀와 영화를 저버리고 여기 와 고개 숙여 나의 음성을 들으며 나의 법전을 읽고 깨우쳐 가는 그들과 너희들을 견주어 보라.

34 그들이 과연 어찌하여 그와 같이 어렵
고 힘든 그 고통의 길을 가면서 나의
성전에 와 나의 선지자가 전하는 그
음성을 듣는가?
35 이 이치를 하나 보고 너희들이 다시
한 번 너희 주변을 되돌아볼 것이며,
너희들이 가고 있는 믿음을 다시 한
번 견주어 봐야 될 것이니라.

부 록

【하나님께서 가르쳐 주신 운동】

천재지변이 일어날 때, 동물이나 미물들은 미리 알고 대피하지만, 인간은 알지 못하고 큰 화를 당합니다. 하나님께서 인간에게 가장 높은 지혜를 주시고 완벽하게 창조해 주셨기에 동물들보다 더 잘 알 수 있지만, 욕심으로 마음이 혼탁해져서 한 치 앞을 보지 못하는 것입니다.

마찬가지로, 인간은 누구나 스스로 필요한 운동을 해서 건강을 지킬 수 있도록 하나님께서 만들어 주셨습니다. 우리의 머리에서 우리 몸에 필요한 동작을 해 달라고 끊임없이 신호를 보내지만, 인간이 혼탁하게 살아서 그 신호를 알아채지 못합니다. 그러니 자연스럽게 자기 몸이 원하는 그 신호를 따라서 운동하는 것이 하나님께서 가르쳐 주신 운동 방법입니다. 바로, 우리의 영이 육을 이끄는 운동입니다.

▶ 하나님 운동법

1. 눈을 감고, 발을 어깨너비로 벌리고 바르게 선다.
2. 몸에 힘을 풀고, 허리를 숙이면서 손과 머리를 아래로 내린다.
3. 허리를 펴고 싶을 때, 천천히 펴면서 하고 싶은 동작을 하면 운동이 시작된다. (사람마다 다르다.)
4. 멈추지 말고, 어떤 동작이든지 자기 몸의 느낌대로 계속 이어서 한다.

▶ 참고 사항

① 눈을 감은 상태로 아무 생각 하지 않고, 자기 몸의 느낌대로 움직입니다.

② 마음을 비우고, 욕심을 버리고, 지난날의 잘못을 반성하면서 몇 차례 시도하다 보면, 자기도 모르게 하고 싶은 동작이 끊임없이 생깁니다.

③ 운동 장소는 방 안이든 운동장이든 관계없으며, 걷거나 달리고 싶을 때는 눈을 떠도 됩니다.

④ 매일 40분 이상, 주 4회 이상, 3개월 이상 하면 음식 조절에 들어갑니다.
- 음식으로 생긴 병은 음식으로 치료하게 되며, 어떤 음식을 먹어야 하는지 스스로 알게 됩니다.
(자기 몸에 필요한 음식만 먹고 싶어집니다.)

⑤ 사랑하는 사람과 함께 운동하면 서로 치료해 주기도 합니다.

⑥ 운동을 하다가 몸의 어느 한 부분을 계속 손으로 자극한다면 그쪽에 이상이 있는 것이니, 의사에게 상담을 받고 적절한 치료를 받으면 됩니다.

⑦ 다이어트 및 기타 건강관리에 효과적입니다.

⑧ 꾸준히 운동하여 영이 맑아지면, 자신의 과거와 미래를 스스로 보게 됩니다.

누구나 스스로 하실 수 있습니다.

간행사

《새로운 성경》은:

· 새로운 성경은, 하나님께서 선량하고 선한 자를 선택하여 십계명을 암송하도록 하시고, 십계명을 암송한 다음에 음성으로써 들려주시는 말씀을 듣고 그대로 카세트테이프에 녹음해서 받아쓴 책입니다.

· 90분짜리 녹음테이프 700여 개에 달하는 말씀으로, 1999년 8월부터 2004년 7월까지 총 160권(권당 288쪽)을 완성하였으며, 그 이후에도 현재까지 계속 말씀을 내려 주고 계십니다.

· 새로운 성경은 "하늘을 두루마리 삼고 바닷물을 먹물 삼아 쓰고 써도 다 못 쓴다"는, 끝없이 방대한 하나님의 말씀이 두루마리로 직접 내려오는 것입니다. 이러한 새로운 성경은 구약과 신약을 폐하려는 것이 아니라 "인봉된 성서의 비유의 뜻"을 상세히 설명하여 완성하고자 하나님께서 직접 내려 주신 말씀입니다.

《새로운 성경》의 구성:

· 제 목: 2013년, 160권 모음집을 발간하면서, 본 도서의 제목을 "하나님! 말씀하옵소서"에서 《새로운 성경》 으로 명해 주셨습니다.

· 단행본: 각 권당 288쪽(신국판) 책이 160권까지 시리즈로 출판됩니다.
(모음집은 단행본을 16권씩 묶어서, 총 10부로 구성됩니다.)

《새로운 성경》의 성경적 근거:

· 신약 성경 [요한복음] 16장 13절에 "진리의 성령이 오시면 그가 너희를 모든 진리 가운데로 인도하시리니 그가 자의로 말하지 않고, 오직 듣는 것만을 말하며" 하신 말씀처럼 하나님의 음성을 들은 것만 기록하였으며,

· "장래 일을 너희에게 알리시리라" 하신 말씀과 같이 개인, 나라, 인류의 "장래"일을 하나님께서 알려 주시는 것만 기록하여 책으로 만들었습니다.

《새로운 성경》의 기록 방법:

- 1999년 8월부터 하나님께서 저에게 들려주시는 음성을 기록하였습니다. 처음에는 제가 들은 말씀을 불러 주면 저의 아내가 기록하여, 2000년 1월 29일에 1권 초판이 세상에 나왔습니다. 2000년 4월부터는 주시는 말씀을 받아 녹음기에 기록하기 시작하였습니다.

- 녹음을 시작하면서 하나님의 말씀을 받는 데 가속도가 붙었고, 2001년 5월 3일에 1부(1~16권까지)를 인쇄하여 출판하였으며, 2004년 7월까지 총 160권 분량의 말씀을 받아 기록하였습니다.

하나님께서 저에게 주신 것은:

- 첫째, 만백성을 상대로 내려 주시는 "기도", 둘째, 수시로 내려 주시는 "묵상", 셋째, 개인의 과거, 현재, 미래를 알려 주시는 "개인 기도", 넷째, 개인의 건강을 위해서 내려 주시는 "음식 처방", 다섯째, 하나님께서 가르쳐 주신 "운동"등이 있습니다. 이 중에 첫 번째, "기도"를 책으로 편찬하였습니다. 사람의 생사, 개인의 미래에 관한 천기는 수록하지 말라 하셨습니다.

강론 안내:

- 하나님께서는 지금도 매일 저에게 새로운 하늘의 비밀의 말씀을 내려 주고 계십니다. 수시로 내려 주시는 말씀을 정리해서 제자를 육성하라는 말씀에 따라 매주 강론을 하고 있습니다. 누구나 무료로 들으실 수 있습니다. (book160.com)

《새로운 성경》을 읽는 분들에게 드리는 선물:

- 개인 기도: 개인의 과거, 현재, 미래에 관하여 말씀을 내려 주십니다.

- 음식 처방: 사람은 음식을 먹고살다가 건강을 잃으니, 음식과 운동으로 건강을 되찾는 방법을 알려 드립니다. 단, 하나님이 계심을 믿고, 십계명을 지키겠다고 진실로 서약하는 분들께 알려드립니다.

《새로운 성경》의 은혜와 기적:

- 새로운 성경 전160권은 16권씩 묶어서 총 10부의 모음집으로 구성됩니다. 모음집 한 부를 읽고 깨우치는 자에게 하나님께서 다음과 같은 기적이 있다고 하셨습니다.

· "첫째, 그가 죽어 하늘에 갔을 때 그의 죄를 묻지 아니하며, 구원을 받는 위대한 은혜가 있으며, 둘째, 그의 소원과 소망이 이루어지고, 셋째, 죽은 자(부모, 형제, 자식, 사랑하고 은혜 입은 분)의 이름으로 구입한 책을 읽고 누군가 한 사람이 깨우칠 때, 그 죽은 자가 지옥에서 천국으로 구원을 받게 되며, 넷째, 유산, 중절 수술 등으로 태어나지 못한 아이를 위하여 구입한 책을 보고 한 명이 깨우쳤을 때, 그 아이가 사람으로 다시 한 번 태어나는 은혜를 받는다."

· "새로운 성경"을 3회 이상 정성을 다해 정독하는 자, 성서의 비밀을 알게 되고, 세상의 이치를 알게 되며, 세상을 지배하고 통제할 수 있는 지혜를 다 얻게 된다고 하셨습니다. 이 책은 만백성이 정독하고 이웃에게 전하여, 평생 가슴에 묻은 슬픔과 고통의 짐을 벗고 미래를 위한 힘찬 삶을 살아가도록 하는 책입니다.

끝으로

· 하나님께서는 흰 눈이 세상을 덮듯이 새로운 성경을 온 세상에 전하라고 하셨습니다. 《새로운 성경》 을 각국어로 번역해서 온 인류에게 구원의 길을 깨우쳐 주고, 그 수익으로 가난하고 어려운 백성을 구제하여, 만백성의 영과 육을 함께 구원하는 선지자의 임무를 수행하라고 저에게 명하셨습니다.

· 하늘에서 내려 주신 말씀의 보화를 만백성에게 나누어 주는 것이 선지자의 임무라고 하셨습니다. 새로운 성경을 통해서 얻는 재물을 사용할 곳도 하나님께서 일일이 명해 주십니다. 모든 재물은 저의 자의로 쓸 수 없고, 하나님께서 명하시는 대로만 쓰여집니다.

· 어떤 명분으로든 십일조나 각종 헌금을 거두어들이지 말라 하셨으며, 국내뿐 아니라 각국에 성전과 단독 서점을 운영하며, 한국의 많은 젊은이들을 전 세계에 지도자로 내보내라고 하셨습니다.

· 우리는 세계적으로 새로운 성경을 보급하며 어려운 이들을 돕는 역사를 해 나갈 것입니다. 지금까지 비록 몇 명 안 되는 제자들과 함께 이러한 일을 역사했지만, 앞으로도 계속 하나님께서 기뻐하시는 일들을 해 나갈 것입니다. 부족한 저희에게 여러분들의 지혜와 성원을 보내 주시기를 바랍니다. 많은 분들의 참여와 도움을 간절히 기다립니다. 감사합니다.

한국어로 내려온 《새로운 성경》 단행본을 출간하며
2016년 4월 10일

발행인 **김 용 철**

한국어로 내려온

새로운 **성 경** · 2부 · 제30권

지은이 하나님 말씀
대역자 김용철

초판인쇄 1쇄 2006년 12월 12일
재판인쇄 1쇄 2017년 4월 3일

펴낸 곳 도서출판 하얀마음
등록번호 제 10-2107호 (2001년 2월 14일)
주소 서울시 노원구 덕릉로86길 5, 2층
전화번호 02) 313-1114
팩스 02) 393-5554
전자우편 book160@hanmail.net
편집위원 조나영 김미향 이석교
제작지원 민평기 양영아 민대웅 민영주 김도윤 민지영 이현종

도서상담 1600-7527
ISBN 978-89-5875-130-4 (04230)
978-89-5875-100-7 (세 트)

값 10,000원
잘못된 책은 구입하신 곳에서 바꾸어 드립니다.

※이 책은 10부로 제작되며, 각 부 16권씩 총160권으로 구성됩니다.※

1부	**2부**	3부	4부	5부	6부	7부	8부	9부	10부
1권	17권	33권	49권	65권	81권	97권	113권	129권	145권
2권	18권	34권	50권	66권	82권	98권	114권	130권	146권
3권	19권	35권	51권	67권	83권	99권	115권	131권	147권
4권	20권	36권	52권	68권	84권	100권	116권	132권	148권
5권	21권	37권	53권	69권	85권	101권	117권	133권	149권
6권	22권	38권	54권	70권	86권	102권	118권	134권	150권
7권	23권	39권	55권	71권	87권	103권	119권	135권	151권
8권	24권	40권	56권	72권	88권	104권	120권	136권	152권
9권	25권	41권	57권	73권	89권	105권	121권	137권	153권
10권	26권	42권	58권	74권	90권	106권	122권	138권	154권
11권	27권	43권	59권	75권	91권	107권	123권	139권	155권
12권	28권	44권	60권	76권	92권	108권	124권	140권	156권
13권	29권	45권	61권	77권	93권	109권	125권	141권	157권
14권	30권	46권	62권	78권	94권	110권	126권	142권	158권
15권	31권	47권	63권	79권	95권	111권	127권	143권	159권
16권	32권	48권	64권	80권	96권	112권	128권	144권	160권